BLANK / DAS EVANGELIUM NACH JOHANNES

GEISTLICHE SCHRIFTLESUNG

Erläuterungen zum Neuen Testament
für die geistliche Lesung

In Zusammenarbeit mit
Karl Hermann Schelkle und *Heinz Schürmann*
herausgegeben von
Wolfgang Trilling

4/2

DAS EVANGELIUM
NACH JOHANNES

DAS EVANGELIUM NACH JOHANNES

2. Teil

erläutert von

Josef Blank

PATMOS VERLAG DÜSSELDORF

 1. Auflage 1977 ·
Umschlaggestaltung Leo Werry · Herstellung: Clausen & Bosse, Leck/Schleswig ·
ISBN 3-491-77125-0

Beilage: Unterweisung über Geistliche Schriftlesung

EINFÜHRUNG

Mancher Leser der »Geistlichen Schriftlesung« mag überrascht sein, daß die Bände über das vierte Evangelium »nach Johannes« nicht der Reihenfolge nach mit Kapitel 1–12 beginnen, sondern mit dem zweiten Teil Kapitel 13–21, die den Bericht über das letzte Abendmahl, die Abschiedsreden, das letzte Gebet Jesu sowie den Bericht über Passion und Auferstehung Jesu enthalten. Auch sonst wird in der Methode manches anders sein als in den bisher erschienenen Bänden, doch davon später.[1]

Was den ersten gewichtigeren Punkt betrifft, so hängt er aufs engste mit der Frage zusammen, auf welche Weise man den besten Einstieg in die theologische »Sehweise«, Problematik und Absicht des letzten der kanonischen Evangelien gewinnen kann. Diese Frage ist nicht so leicht zu beantworten; denn obgleich ich mich in meinem Buch »Krisis, Untersuchungen zur johanneischen Christologie und Eschatologie«[2] ausgiebig mit dem Johannesevangelium beschäftigt habe, muß ich gestehen, daß mir der Zugang zu dieser Schrift nach wie vor äußerst schwierig vorkommt. Die Gefahr, daß man es sich allzu leicht mit diesem scheinbar »einfachen« Text macht, ist sehr groß; man hat es jedoch viel eher mit einer glatten Wand zu tun, an der man immer wieder ausrutscht oder einfach zurückprallt. Und ich verstehe Ernst Käsemann[3] sehr gut, der von sich sagt: »Ich werde über etwas sprechen, was ich noch zutiefst nicht verstehe«; mir geht es ähnlich. Aber seine Schrift hat mir auch wieder bestätigt, daß man sich mit diesem Text noch nachhaltiger einlassen muß, daß man vor allem seine theologie- und kirchengeschichtliche Situation noch stärker berücksichtigen muß, als ich das seinerzeit getan hatte.

Man denke nicht, daß solche Überlegungen dem Charakter eines Kommentars, dem es vor allem auf Meditation ankommt, wiedersprechen würden! Denn das vierte Evangelium ist seinem ganzen Charakter nach eine großangelegte *Jesus-Meditation* und

Jesus-Reflexion. Beide Momente, Meditation und Reflexion, gehen hier beständig ineinander über und sind auf das engste miteinander verbunden. Eine meditative Erschließung dieses Evangeliums muß darauf bestehen, gerade den meditativen Charakter dieser Schrift freizulegen. Die Prinzipien und Voraussetzungen dieser Meditation werden aber an keiner Stelle deutlicher ausgesprochen als in den »Abschiedsreden«. Aus diesem Grund halte ich den Einstieg, wie er hier versucht wird, für berechtigt.

Was die Einleitungsfragen über Entstehung, Traditionsgeschichte, Verfasserfrage, die Beziehungen zwischen dem vierten Evangelium und den synoptischen Evangelien betrifft,[4] sei lediglich so viel bemerkt, wie zum Verständnis der nachfolgenden Auslegung wichtig ist.[5] Die Bezeichnung »Johannes« wird aus traditionellen Gründen beibehalten. Es ist relativ gleichgültig, ob man darunter einen Gewährsmann aus dem Jüngerkreis Jesu versteht; er ist dann selbstverständlich nicht der literarische Verfasser dieser Schrift, sondern eher der Garant der johanneischen Jesus-Tradition. Oder ob man damit einen johanneischen »Kreis«, eine Art Schule, oder auch einen späteren Redaktor, der die ihm vorliegende Überlieferung zusammenfaßt und theologisch bearbeitet hat, bezeichnen will. Sprache, Stil und Theologie des vierten Evangeliums, die doch ziemlich einheitlich geprägt sind, legen für mich die Vermutung nahe, daß am Ende der Traditionskette doch eine Evangelisten-Persönlichkeit stand, ein urchristlicher Theologe von hoher Begabung, der dem Ganzen seinen Stempel aufgeprägt hat, und diesen Mann, von dem ich nicht sagen kann, wer er nun eigentlich gewesen ist, bezeichne ich mit dem überlieferten Namen Johannes.

Dieser Mann gehört sicher nicht mehr der »apostolischen« Generation an. Er hat es vielmehr als seine Aufgabe angesehen, die Fragen einer Zeit aufzunehmen und zu bedenken, die von der Frühzeit Jesu und der Urgemeinde schon beträchtlich weit entfernt war. Für diesen Johannes wird gerade die eigentümliche

Distanz zur »Urzeit« Jesu und der Apostel zum besonderen Problem, das er sehr viel stärker empfindet als die Synoptiker, und vor allem, das er sich selbst und seinen Adressaten ausdrücklich bewußt macht! Oder um es in der Sprache Sören Kierkegaards, der diesen Punkt sehr klar gesehen hat und dessen Auffassung auch R. Bultmann in seinem Johanneskommentar verpflichtet ist, zu formulieren: Ist der »Schüler zweiter Hand« – darunter sind alle zu verstehen, die nicht unmittelbar Jünger des historischen Jesus waren; die unmittelbaren Jünger sind die »Schüler erster Hand« – im Hinblick auf das Verhältnis zu Jesus in einem grundsätzlichen Nachteil gegenüber den »Schülern erster Hand«? Wie steht es überhaupt mit den Christen, die in zunehmender historischer Distanz zu Jesus leben? Welches Verhältnis können sie zu Jesus haben? Was heißt Christentum in der Zeit nach Jesus und den Uraposteln?[6]

Mit dieser Überlegung ist ein Problem berührt, das in der gegenwärtigen Theologie ziemlich stiefmütterlich behandelt wird. In der augenblicklichen Rückbesinnung auf den »historischen Jesus« tritt das Johannesevangelium aus verständlichen Gründen etwas in den Hintergrund; bei der historischen Rückfrage nach Jesus hat dieses Evangelium, darüber ist man sich in der kritischen Forschung schon seit langem einig, keinen besonders wichtigen Beitrag zu leisten. Die Reden, wie sie in diesem Evangelium von Jesus gehalten werden, gehen zumindest in der vorliegenden Fassung nicht auf Jesus zurück; sie sind Produkte des Evangelisten oder seiner Schule. Vielmehr gehören diese Reden in den Bereich der Jesus-Meditation. Daß Johannes an Jesus zentral interessiert ist, kann man gewiß nicht bestreiten; aber er ist es ebenso unbestreitbar nicht als »Historiker«, sondern als gläubiger Christ, als Theologe.

Vielleicht wird man ihn noch unter die urchristlichen Propheten zu rechnen haben, so daß bei ihm Prophetie und theologische Lehre oder Meditation eine eigentümliche Verbindung eingegangen wären. Urchristliche Prophetie hat sich häufig als Sprachrohr des erhöhten Christus verstanden, wobei die Identität des erhöhten Christus mit dem irdischen Jesus in keiner Weise bezweifelt wurde. Vom rein oder auch nur vorwiegend »historischen Interesse« her betrachtet ist also die Vernachlässigung des vierten Evangeliums einigermaßen begreiflich. Ob solche Vernachlässigung freilich auch sachlich berechtigt ist, das ist eine andere Frage; man wird sie wohl verneinen müssen. Johannes war sich darüber im klaren, daß ein naives »zurück zum historischen Jesus« nicht mehr möglich ist. Bis zu einem gewissen Grad haben das auch die Synoptiker gewußt, die man bekanntlich falsch versteht, wenn man sie als historischen »Jesus-Report« auffassen möchte; das geht weder beim Markusevangelium noch bei der Redenquelle Q. Auch bei den Synoptikern ist das theologische Ziel ihrer Arbeit nicht die historische Rekonstruktion, sondern die Vergegenwärtigung Jesu für die Kirche ihrer Zeit; doch sind sie der älteren Jesus-Tradition noch wesentlich näher als Johannes. Was Johannes von den Synoptikern unterscheidet, ist dies, daß er die wachsende Distanz zum historischen Jesus in einem viel stärkeren Maß empfindet und reflektiert als die Synoptiker.

Und nicht nur das, ihm geht es um eine positive Sinnbestimmung dieser Grunderfahrung. Ihn bewegt die Frage: Was heißt das, gegen Ende des ersten oder am Anfang des zweiten Jahrhunderts an Jesus Christus zu glauben? Warum ist für diesen Glauben die Bindung an Jesus von Nazaret nicht nur sehr wichtig, sondern unaufgebbar? Könnte man das christliche Heilsverständnis nicht viel besser mit den neuen zeitgenössischen Kategorien, vor allem denen des gnostischen Denkens, interpretieren? Reicht der gnostische Heils- und Erlösermythos, der dem Menschen eine rein geistige und jenseitige, überzeitliche und ungeschichtliche Erlösung von dieser elenden Welt verspricht, nicht hin? Warum also diese bleibende Rückkoppelung des Christentums an Jesus aus dem obskuren Nazaret? Aber ist eine derartige Rückkoppelung nicht eine fragwürdige Sache, wenn nicht zugleich der

Vorstoß in eine ganz andere Richtung erfolgt, die etwa so aussieht: Das Christentum kann Jesus und mithin seinen eigenen Ursprüngen nur auf solche Weise treu bleiben, wenn es das Wagnis einer sprachlichen und gedanklichen Neuformulierung von »Sache« und »Person« Jesu eingeht. Dieser Johannes hat sich mit seinem Evangelium auf ein kühnes theologisches Abenteuer eingelassen. Mitunter kommt er einem wie ein Seiltänzer vor, den ein falscher Tritt nach rechts oder links in den Abgrund stürzen würde. Das »hermeneutische Problem« der christlichen Theologie, an dem gerade die Besinnung auf Jesus von Nazaret in keiner Weise vorbeikommt, erreicht bei ihm ein Niveau, von dem alle nachfolgenden Generationen nur lernen können. Johannes steht an einer Grenzscheide. Der Rückbezug auf Jesus von Nazaret ist für ihn ebenso wichtig wie die Frage nach der Neuformulierung der Jesusbotschaft für seine eigene Zeit, Umwelt und Gesellschaft. Ohne den geschichtlichen Jesus, um desssen historisch-geographische Zuordnung er sich mit allen ihm zur Verfügung stehenden Mitteln bemüht, gibt es für diesen Theologen und Evangelisten kein Christentum. Aber ebenso gilt: Ohne die sprachliche Vermittlung und Interpretation der Jesusbotschaft, des Kerygmas an die Hörer aus seiner Gesellschaft, mit der von ihrem geistigen und kulturellen Milieu geprägten Gedankenwelt, mit ihrer »hellenistischen« oder »gnostisierenden« Sprache, der er sich wohl auch selber zugehörig fühlt, bleibt die Jesusbotschaft unerschlossen, bringt sie keine »Frucht«. Der missionarische Charakter des Evangeliums treibt ihn gleichsam nach vorn weiter. Wenn damit das theologische Anliegen des Johannes einigermaßen richtig getroffen ist, dann gewinnt dieses Evangelium für unsere eigene Zeit, für unsere eigenen Überlegungen und Bemühungen eine geradezu brennende Aktualität.

Wir werden dabei auch auf die Situation der »johanneischen Gemeinde« achten müssen. Der »johanneische Dualismus«, jene scharfe Trennung zwischen der Gemeinde der Glaubenden einerseits und der »ungläubigen Welt«, dem »Kosmos« andererseits, der bei Johannes sehr häufig durch »die Juden« repräsentiert wird, hat nach meiner Auffassung nicht nur theologische, religionsgeschichtliche oder weltanschaulich-geistige Hintergründe, sondern höchstwahrscheinlich auch einen bislang wenig beachteten soziologischen Hintergrund. Die christlichen Gemeinden gegen Ende des ersten und anfangs des zweiten Jahrhunderts waren weitgehend städtisch geprägt. Wir wissen über die Herkunft ihrer Mitglieder leider nur sehr wenig, aber daß sie um diese Zeit noch kaum Vertreter der Oberschicht in größerem Umfang zu Mitgliedern hatten, darf als ziemlich sicher angenommen werden. Das Hauptkontingent stellten die unteren und mittleren Schichten. Das Heils- und Glaubensverständnis war, mit Ausnahme der Glaubensverkündung und der darauf beruhenden Mitgliederwerbung, nicht auf politisch-gesellschaftliche Aktivität gerichtet. Die Christen wissen sich in dieser Zeit vor allem als »Fremdlinge und Gäste«, wie es der erste Petrusbrief formuliert (1 Petr 2,11), in einer weithin uninteressierten bis feindseligen Welt. Das »Fremdheitsgefühl« ist allgemein verbreitet. Zwischen der heidnischen Gesellschaft und der christlichen Glaubensgemeinde besteht noch ein scharfer Bruch. Wer sich dem christlichen Glauben zuwendet, der vollzieht eine Art Ausbürgerung, eine radikale Absonderung vom Hergebrachten, eine Trennung gegenüber der traditionell-heidnischen Gesellschaft mit ihren religiös geprägten Auffassungen und Wertvorstellungen. Dies scheint mir der soziologische Hintergrund für den »johanneischen Dualismus« zu sein, den man neben den religions- und geistesgeschichtlichen Faktoren stärker in Rechnung stellen müßte. Aber weil die Gruppe der Christen davon überzeugt ist – Johannes macht davon keine Ausnahme –, daß der Glaube an Jesus Christus mit dem Heil der ganzen Welt, der ganzen Gesellschaft zu tun hat, darum wird von daher auch dieser Dualismus immer wieder durchbrochen und gesprengt. Er wird nicht wie in der Gnosis als »kosmischer Dualismus« verabsolutiert, schon gar nicht als tragende Weltanschauung übernommen. Wir müssen also bei den johanneischen Aussagen die geschichtliche Situation dieser Gemeinde berücksichtigen, aber auch ihr gegenüber unsere eigene Situation mitbedenken, die geschichtlich anders ist.

Aufgrund solcher Vorüberlegungen ergibt sich auch ein etwas anderer Stil der biblischen Meditation. Seit diese Reihe begann (1961, also noch vor dem Zweiten Vaticanum), hat sich in der theologischen und kirchlichen Landschaft manches geändert, was nicht ohne Auswirkung bleiben konnte, und sei es auch nur für meine eigene Sicht der Dinge. Darum möchte ich noch meine Auffassung von der von mir übernommenen Aufgabe kurz erläutern. Ich sagte schon, daß die Form der Meditation zum Grundcharakter des vierten Evangeliums gehört. Danach wäre es eine wichtige Aufgabe, die geradewegs zur Meditation hinführt, die meditative Struktur dieses Textes aufzuzeigen. Auch wenn es nicht in meiner Absicht liegt, exegetische Einzelfragen, die man besser in den großen Kommentaren nachliest, zu behandeln, wird es doch wichtig sein, die theologischen Sachfragen, die mit der meditativen Struktur des Textes direkt zusammenhängen, möglichst deutlich zu machen. Dazu dienen vor allem die größeren Einführungen am Anfang der verschiedenen Abschnitte. Diese enthalten auch die unerläßliche exegetische Information, ohne die eine fundierte Meditation nach meiner Meinung nicht möglich ist. Weiter gehört dazu der Versuch, die theologischen Sachfragen in einer Art und Weise zu erörtern, daß sie auf unsere Situation mit ihren Problemen hin transparent werden können. Es sollte nach Möglichkeit klar werden, warum die Probleme des Johannes und seiner Gemeinde uns noch etwas angehen; auch ist zu fragen, ob diese Probleme tatsächlich noch unsere Probleme sind und weshalb sie das sind oder auch nicht (mehr) sind. Das Ideal ist nicht ein Leser, der vor dem heiligen Text in frommer Ehrfurcht erstarrt, sondern einer, der sich zum Mitdenken und Weiterdenken veranlaßt sieht; der also nicht nur den Evangelisten und was er hat sagen wollen besser verstehen möchte, sondern der mit Hilfe des Johannes auch sich selbst und darüber hinaus zentrale Probleme des Christentums von damals und heute besser verstehen will; dem neue Perspektiven aufgehen. Das ist allerdings ein hochgestecktes Ziel. Aber wenn es gelänge, diesem Ziel auch nur ein paar Schritte näher zu kommen, dann käme vielleicht auch jene Art von Meditation in Gang, wie sie von diesem Evangelium selbst vorgezeichnet ist. Recht verstandene Meditation kann nämlich nie bloß der eigenen Selbsterbauung dienen. Sie ist eher eine Art Teilnahme am Weltgeschehen des Wortes Gottes, das in Jesus Christus hat Fleisch werden wollen. Fleischwerden des Wortes aber heißt auch: Konkretion in die jeweilige geschichtliche Welt hinein.

ÜBERSICHT

TEXT UND ERLÄUTERUNG

EXEGETISCHE UND THEOLOGISCHE EINFÜHRUNG

1. Wie die Markusüberlieferung (Kap. 14–16,8), so verfügte auch die johanneische Tradition über einen zusammenhängenden Bericht über die Passion und die Auferstehung Jesu. Mit diesem Bericht scheint auch sehr früh schon eine Erzählung über ein letztes Mahl, das Jesus mit seinen Jüngern gehalten hatte, verbunden gewesen zu sein. Nach Paulus (1 Kor 11,23–26) und den Synoptikern (Mk 14,22–25; Mt 26,26–29; Lk 22,15–20) wäre bei diesem »letzten Abendmahl« Jesu auch die eucharistische Zeichenhandlung, das »Herrenmahl« eingesetzt worden. Außerdem war nach der synoptischen Auffassung das letzte Abendmahl ein Passah-Mahl, bei dem nach jüdischem Brauch das Osterlamm gegessen wurde (vgl. Mk 14,12–17 par.).
Hier liegt eine wichtige Differenz gegenüber Johannes vor. Johannes kennt nur eine Überlieferung vom letzten Abendmahl; aber im Unterschied zu den Synoptikern ist dieses letzte Mahl kein Passah-Mahl, sondern ein reines Abschiedsmahl, und was noch wichtiger ist, Johannes berichtet nichts von der Einsetzung der Eucharistie durch Jesus während dieses letzten Mahles.
Dieser Befund bereitet der Forschung bis heute die größten Schwierigkeiten. Johannes und die Synoptiker sind sich zwar auch darin einig, daß Jesus an einem Freitag, dem »Rüsttag vor dem Sabbat«, durch den römischen Prokurator Pontius Pilatus zum Tode verurteilt und am Kreuz hingerichtet wurde. Aber nach den Synoptikern war dieser Freitag der hochfestliche Passah-Tag, also der höchste jüdische Feiertag des ganzen Jahres, während nach Johannes der Freitag der Tag *vor* dem Hochfest war (vgl. 18,28). Als Datum ausgedrückt: Nach den Synoptikern starb Jesus am Freitag, dem 15. Nisan, nach Johannes am Freitag, dem 14. Nisan, und zwar zu derselben Stunde, da im Jerusalemer Tempel die rituelle Schlachtung der Passah-Lämmer stattfand. Nach Johannes erscheint Jesus als das wahre Passah-Lamm, bei

dem kein Knochen zerbrochen werden darf (vgl. 19,31–36). Wir werden noch sehen, daß Johannes in seiner Darstellung des letzten Mahles und der Passionsgeschichte eine ganze Reihe theologischer Motive verwendet; man muß von einer *symbolischen Darstellung* oder zumindest von einem symbolischen Interesse des vierten Evangelisten sprechen. Dabei darf man aber nicht übersehen, daß auch die Synoptiker keineswegs für größere »Objektivität« beansprucht werden dürfen. Auch sie verfolgen theologische Motive, wenn sie das letzte Mahl als Passah-Mahl schildern und darin die Einsetzung der Eucharistie verankern. Sämtliche Versuche, die beiden verschiedenen Traditionen zu harmonisieren, sind bis heute fehlgeschlagen. Auch die Texte von Qumran mit ihrem abweichenden Festkalender haben in diesem Fall nicht weitergeholfen, man muß sich also für die eine oder andere Tradition entscheiden.

Was die Eucharistie angeht, so ist davon im 6. Kapitel des Johannesevangeliums die Rede, im Zusammenhang der großen »Brotrede«, die am Ende in eine »eucharistische Rede« übergeht (6,51–59). Ich bin der Auffassung, daß diese »eucharistische Rede« zum ursprünglichen Bestand gehört und nicht erst nachträglich durch einen »kirchlichen Redaktor« eingefügt wurde. Das würde allerdings bedeuten, daß wir *dort* suchen müssen, was Johannes zum Thema »Eucharistie« zu sagen hat. In seiner Tradition war dann die Eucharistie ein selbständiger Überlieferungskomplex, der nicht fest mit der Abendmahlstradition verbunden war. Die andere Möglichkeit ist, daß Johannes diesen Komplex aus der Abendmahlstradition herausgenommen und verselbständigt hätte. Für das Verständnis ist jedoch die entscheidende Frage, was bei Johannes aus der Abendmahlserzählung geworden ist. Bei Johannes ist mit dem Abendmahl die Erzählung von der Fußwaschung verknüpft, deren theologischer Sinngehalt kaum überschätzt werden kann.

Zum Todesdatum Jesu ist zu sagen, daß eine beachtliche Anzahl von Forschern der Auffassung ist, daß man in diesem Fall

Johannes den Vorzug gegenüber den Synoptikern geben müsse. Denn es sei doch sehr unwahrscheinlich, daß Prozeß und Hinrichtung Jesu ausgerechnet am höchsten Feiertag stattgefunden hätten. Wäre ein derartiges Vorgehen auch den Römern zuzutrauen, so stünden dem doch von jüdischer Seite her gesehen die allergrößten Bedenken entgegen. Ich selbst halte auch dieses Argument für überzeugend. Dann wäre der Todestag Jesu der 14. Nisan gewesen. Mit Hilfe astronomischer Berechnungen – wann fiel der 14. Nisan auf einen Freitag? – kam man auf den 7. April des Jahres 30 der christlichen Ära als wahrscheinlichstem Termin. Folgt man Johannes, dann kann auch das letzte Abendmahl kein Passah-Mahl gewesen sein. Die theologische Symbolik des vierten Evangelisten hätte dann auch ein historisches Fundament.

Im übrigen hat Johannes in seine Darstellung verschiedene Traditionen aufgenommen, zu denen sich auch Parallelen bei den Synoptikern finden. Darauf wird jeweils an Ort und Stelle hingewiesen. Auf die besonderen Probleme des johanneischen Passions- und Osterberichtes wird in der Einführung zu diesem Abschnitt näher eingegangen werden.

2. Eine auffällige Besonderheit des vierten Evangeliums sind die langen Abschiedsreden, die mit 13,31 beginnen und mit dem großen Gebet Jesu (dem »hohepriesterlichen Gebet«, wie man es auch bezeichnet) schließen. Wie hat man diese Abschiedsreden zu beurteilen? Welchen Sinn haben sie?

2.1 Schon der Evangelist Lukas hat in seinem Evangelium im Anschluß an den Bericht vom letzten Mahl und der Einsetzung der Eucharistie eine Reihe weiterer Jesus-Worte als eine Art Abschiedsgespräch angehängt. Hier sind manche Parallelen zu Johannes zu verzeichnen (vgl. Lk 22,24–30. 31–34. 35–38). Der Sinn dieser Worte bei Lukas ist recht gut zu erkennen; es handelt sich um Weisungen Jesu an die Jünger, die besonders für die Zeit gedacht sind, in der Jesus nicht mehr in ihrer Mitte weilen wird. Der Nachweis, daß diese Worte in dieser Situation nicht ursprünglich sind, ist relativ leicht zu erbringen. Offenbar wollte Lukas diesen Weisungen für die Zeit der Abwesenheit Jesu besonderen Nachdruck verleihen, darum hat er sie an dieser Stelle angefügt. H. Schürmann sagt dazu: »Und alle Gemeindeordnung wurzelt hier in der Eucharistie und ist auf sie hingeordnet. Denn ein Leben des Glaubens und der Bruderliebe unter den Jüngern Jesu ist ein Leben in der Bruderschaft einer Gemeinde, die zusammen das Herrenmahl feiert.«[7] So gesehen, führt Johannes eine Tradition weiter, die sich schon vor ihm und unabhängig von ihm herausgebildet hatte. Doch haben bei Johannes die Abschiedsreden eine andere theologische Ausrichtung als bei Lukas.

2.2 Wie kommt es zu solchen Abschiedsreden, die auf den ersten Blick so etwas wie ein »Testament Jesu« zu bieten scheinen, eine Sammlung »letzter Worte«, die eben als letzte Worte mit einem besonderen Gewicht versehen werden? Auch hier muß man sich von historisierenden und psychologisierenden Vorstellungen frei machen. Im Alten Testament und in der jüdischen Tradition findet sich eine breite Überlieferung solcher testamentarischen Abschiedsreden. Hier gibt es also *literarische Vorbilder*, die einer bestimmten *literarischen Gattung*, eben der Gattung von »Abschiedsreden« zugehören.

Aus dem Alten Testament sind vor allem zu erwähnen: Die Abschiedsrede des Patriarchen Jakob an seine zwölf Söhne (Gen 49,1–27), sodann das ganze Buch Deuteronomium (das »fünfte Buch des Mose«), dessen literarischer Rahmen als eine Abschiedsrede des Mose an die Israeliten kurz vor seinem Tod und der bevorstehenden Landnahme gestaltet ist.[8] In seiner vorliegenden Gestalt gibt sich das Buch Deuteronomium als Abschiedsrede des Mose an die Israeliten. Der Rahmen (Dt 1,1–4,43; K. 31–34) stellt diese Abschiedssituation in der Form eines Rückblicks auf die Wüstenzeit und eines abschließenden Segens in Verbindung mit eindringlichen Mahnungen für die bald heraufkommende neue Zeit der Seßhaftigkeit im Lande dar. In diesem Rahmen sind Einzelweisungen untergebracht, die zum Teil älteren, zum Teil jüngeren Datums sind.[9] Die Abschiedsrede hat also den Charakter einer *literarischen Fiktion.* Mit Recht sagt G. von Rad: »Die Predigten des Dt. reden das Israel, das nach seiner Wanderung im Lande Moab angekommen ist, aus dem Munde des scheidenden Mose an. Diese Fiktion ist im ganzen Dt. konsequent durchgehalten. Sie ist aber wirklich eine Fiktion, denn angeredet von diesen Predigten ist in Wirklichkeit das Israel der späteren Königszeit . . .«[10]

Welches ist der Sinn dieser literarischen Fiktion? Die Gestaltung als Abschiedsrede des Mose soll zunächst den Ernst, die Eindringlichkeit der nachfolgenden Ermahnungen unterstreichen. Solchem Ernst dient die Kennzeichnung als »Testament«. Die Autorität des Mose wird dabei nicht als historisch-vergangene, sondern als gegenwärtige Autorität verstanden, an die auch die spätere Volksgemeinde gebunden ist, eine Auffassung, die auch im nachexilischen Judentum durchaus in Geltung blieb. Die neuen Formulierungen und Gebote werden mit der alten Mose-Tradition in Verbindung gebracht; auf diese Weise kommt die Kontinuität der Überlieferung zum Ausdruck.

Und schließlich soll mit Hilfe dieses literarischen Schemas gleichsam die ursprüngliche Entscheidungssituation vergegenwärtigt werden: Ganz Israel wird neu vor die Wahl zwischen Tod und Leben gestellt. Das Moment der Vergegenwärtigung ist dem Deuteronomium so wichtig, daß es für diesen Vorgang eine geradezu klassische Formulierung gefunden hat. Sie lautet nach der Übersetzung Martin Bubers: *»Er unser Gott hat mit uns einen Bund geschlossen am Choreb, nicht mit unsern Vätern hat er diesen Bund geschlossen, nein, mit uns selber, diesen hier heut, uns Lebendigen allen« (Dt 5,2–3).* Der Gedanke, daß der Sinaibund keine Größe der Vergangenheit, sondern eine gegenwärtige und als gegenwärtige zugleich verpflichtende Größe ist, die die jeweils lebende Generation betrifft, ist hier mit großer Klarheit ausgesprochen.

2.3 Bei den johanneischen Abschiedsreden liegen die Dinge ähnlich. Auch hier handelt es sich um eine »literarische Fiktion«. Man sollte sich gegen diese Formulierung nicht sträuben, auch wenn sie zunächst etwas ernüchternd klingen mag. Aus verschiedenen Gründen möchte ich annehmen, daß Johannes diese Form sogar bewußt vom Deuteronomium übernommen hat; unter anderem deutet darauf auch das abschließende Gebet Jesu hin, das eine Art Parallele zum Mose-Segen darstellt. Wie beim Deuteronomium steht die literarische Gattung im Dienst einer neuen Botschaft, die mit der älteren Jesus-Überlieferung verknüpft wird. Man kann die eben zitierte Formulierung von G. von Rad ohne Abstriche auf die johanneischen Abschiedsreden übertragen; dann würde sie so lauten: Die Abschiedsreden des Johannesevangeliums reden die Jüngergemeinde Jesu, die mit Jesus bis zur Grenzscheide des nahe bevorstehenden Todes gekommen ist, aus dem Munde des scheidenden Jesus an.
Diese Fiktion wird in den Abschiedsreden konsequent durchgehalten. Sie ist aber wirklich eine Fiktion; denn angeredet ist in Wirklichkeit die christliche Gemeinde um 100 nach Christus, die sich bereits in einer beträchtlichen Distanz zum historischen Jesus weiß. Von diesem Grundverständnis aus lassen sich die Probleme der Abschiedsreden am besten verstehen. Wir werden also auf den Versuch verzichten, diese Reden in irgendeiner Form auf den »historischen Jesus« zurückführen zu wollen. Aber wir müssen auch sofort dazu sagen, daß ähnlich wie im Deuteronomium Mose nicht als historisch vergangene Größe angesehen wird, sondern als eine die Gegenwart bestimmende Autorität, so bestimmt auch die Autorität Jesu das Sein der Jesus-Gemeinde. Gerade die Abschiedsreden stehen im Zentrum der johanneischen »Vergegenwärtigungs-Theologie«[11], sie bil-

den in gewissem Sinn hierzu sogar den Schlüssel. In ihnen spricht nicht der »historische Jesus«, sondern der gegenwärtige erhöhte Herr durch den Mund des autorisierten »Geistesmenschen« (Pneumatikers, vgl. 1 Kor 2,15); ob man ihn als »Propheten« oder »Evangelisten« bezeichnen mag, bleibt sich im Grunde gleich, im Endergebnis ist beides in der Gestalt des Johannes vereint. Aber dieser Pneumatiker versteht sich nicht »geschichtslos« und »traditionslos«, sondern weiß sich an Jesus und an seine in jeder Hinsicht überlegene Autorität gebunden. Die Bezugnahme auf Jesus ist für ihn wie für seine Gemeinde selbstverständlich; beide können sich nicht anders verstehen als von Jesus her. Zugleich aber sieht der Evangelist sich vor die Notwendigkeit gestellt, neue Fragen beantworten zu müssen. Wir machen uns meist zu wenig klar, wie einschneidend der Wandel war, der in der Geschichte der Urkirche stattfand, nachdem die erste »apostolische« Zeugen-Generation von der historischen Bühne abgetreten war, die Trennung vom Judentum nach 70 n. Chr. definitiv erfolgte, die nahe Erwartung der Wiederkunft des Herrn (Parusie) verebbte und man sich auf den langen Weg durch die Geschichte einrichten mußte. Daß damit auch ganz neue Probleme auftauchten, ist selbstverständlich. Johannes muß »im Namen Jesu«, unter Berufung auf Jesus, selbständig neue Antworten formulieren; er durfte die Gemeinde Jesu in dieser kritischen Situation mit ihren Fragen nicht allein lassen. Gerade die Glaubensbindung an Jesus und seine Botschaft ermutigt ihn zur Neu-Interpretation des christlichen Glaubenszeugnisses im Sinne seiner »johanneischen« Theologie.

2.4 Lassen sich diese neuen Probleme noch genauer angeben?

2.41 Zuerst noch ein Wort zum Aufbau der Abschiedsreden. Wir gliedern die Kapitel 13–17 in vier größere Einheiten auf: 1) Letztes Abendmahl und Fußwaschung (13,1–30); – 2) Erste Abschiedsrede (13,31–14,31); – 3) Zweite Abschiedsrede (K.

14–16); – 4) Das letzte Gebet Jesu (K. 17). – Daß wir es mit zwei ursprünglich selbständigen Abschiedsreden zu tun haben, läßt sich leicht daran erkennen, daß 14,31 b offenbar ein erster Teil mit der Bemerkung schließt: »Steht auf, laßt uns fortgehen.« An diese Aufforderung schloß sich ursprünglich wohl der Bericht vom Gang an den Ölberg an, wie er 18,1 eingeleitet wird: »Nach diesen Worten ging Jesus mit seinen Jüngern weg auf die andere Seite des Baches Kedron ...« Man darf vermuten, daß die ältere literarische Konzeption einen zusammenhängenden Bericht über das letzte Abendmahl mit Fußwaschung, einer Abschiedsrede und der Fortsetzung im Sinn von 18,1 ff. bot und daß die beiden andern Komplexe, die zweite Abschiedsrede und das letzte Gebet Jesu, nachträglich eingearbeitet wurden. Freilich, in Sprache und Theologie unterscheiden sich die beiden späteren Komplexe in keiner Weise von dem, was wir auch sonst als »johanneischen Stil« kennen. Sie gehen wohl auf den selben Verfasser zurück. Warum die beiden Abschnitte nachgetragen wurden, läßt sich nicht mehr mit Sicherheit sagen. In gewisser Hinsicht könnte man die beiden Abschiedsreden auch als »erste« und »zweite« Fassung bezeichnen; denn es gibt zwischen den beiden Texten eine Reihe gemeinsamer Themen und Überschneidungen.

2.42 In theologischer Hinsicht ist die Konzeption der Abschiedsreden von dem Thema des »Fortgehens Jesu« beherrscht. Das zeigt schon der programmatische Vers 13,1: »Vor dem Festtag des Passah, da wußte Jesus, daß seine Stunde gekommen war, aus dieser Welt hinüberzugehen zum Vater; und da er die Seinen, die es in der Welt gab, geliebt hatte, so liebte er sie bis ans Ende.« Immer wieder klingt dieses Motiv des Fortgehens Jesu auf; ja, es prägt auch die gefühlsmäßige Gestimmtheit der gesamten Szenerie. Aber zugleich liegt dem Evangelisten daran, seinen Hörern und Lesern klarzumachen, daß dieses Fortgehen nicht das schlechthinnige Ende bedeutet, mit dem eben »alles aus«

wäre, sondern daß in der Sicht des Glaubens das Fortgehen Jesu nur ein »Hinübergehen zum Vater«, der Eingang in die Dimension Gottes, der »göttlichen Herrlichkeit« sein kann. Gewiß, für die »Welt« ist Jesus nicht mehr da; nach Johannes ist dies freilich die Betrachtungsweise des »Unglaubens«, also der Menschen, die zu Jesus überhaupt kein Verhältnis haben. Auch wenn Glaubende mit dem Argument daherkämen: Was soll dieser Jesus uns noch bedeuten? Wir haben ihn nie persönlich kennengelernt, und man kann auch schon keinen mehr fragen, der ihn noch gekannt hätte!, dann denken und fragen sie in der Weise der »Welt«. Dann haben sie noch nicht verstanden, daß der Glaube ein anderes Verhältnis zu Jesus hat, ein Verhältnis, das auch durch die welthafte Abwesenheit Jesu in seinem letzten Sinnbezug nicht zerstört werden kann.
Die verschiedenen »Jünger-Mißverständnisse«, die ein beliebtes Stilmittel des Johannes sind, das er bewußt einsetzt, um den Hörer zu weiterem und tieferem Nachdenken zu veranlassen, finden in den Abschiedsreden ausgiebig Verwendung. Das ist kein Zufall. Denn gerade an der Frage nach der Gegenwartsbedeutung Jesu entzünden sich sowohl das gläubige Interesse als auch die besonderen Schwierigkeiten der Gemeinde. Das Problem von »nicht sehen und doch glauben« (20,29) ist von Johannes als ein zentrales Problem der christlichen Existenz in der Zeit nach Jesus erfaßt worden. Die »Mißverständnisse« sollen im Sinn des Evangelisten eine Hilfe sein, um sich mit diesem Problem zurechtfinden zu können. Ich sage ausdrücklich »sich zurechtfinden«; denn der Glaubende kann sich diesem Problem nicht entziehen, will er nicht aus der Geschichte als dem menschlichen Ort des Glaubens aussteigen; erst der Tod bzw. die Wiederkehr Christi werden diese Grundspannung des Glaubens beseitigen. Der Glaubende, der in der Welt bleibt, soll dahin gebracht werden, daß er begreift: Das Fortgehen und die dadurch bedingte Abwesenheit Jesu bilden nicht nur keinen durchschlagenden Einwand gegen den Glauben, sondern sie gehören zur

Signatur und »Struktur« christlichen Glaubens in Welt und Geschichte.
Und weiter: Der Weg Jesu als Fortgehen *zum Vater* ist als solcher auch der Weg, den der Glaubende in der Welt zu gehen hat. Die Abschiedssituation ist mithin als »typische« Übergangssituation zu verstehen und in diesem Sinne ausgesprochen gut gewählt, weil sich in diesem »Übergang« die besondere Situation des Glaubens und der Jesus-Gemeinde inmitten der Welt genau aufzeigen läßt. Hier kommt die eigenartige Dialektik des Glaubens zum Vorschein, eine Dialektik, die bei Johannes im Christus-Geschehen begründet ist, nämlich durch die »Erhöhung« und »Verherrlichung« Jesu, die Einheit von Kreuz und Auferstehung.

2.43 In diesem Zusammenhang wird auch die Akzentverschiebung deutlich, die in der »johanneischen Eschatologie« stattfindet. Johannes versteht durchaus im Sinne der urchristlichen Tradition Kreuz und Auferstehung Jesu als die gottgewirkte »eschatologische Zeitenwende«[12], die ein für allemal stattgefunden hat und die definitiv die Situation des Glaubens bestimmt. Darüber, daß man dem Auftreten Jesu, dann aber vor allem seinem Tod am Kreuz und seiner Auferstehung in der Urkirche eine »eschatologische« (endzeitliche) Bedeutung zuerkannte, herrscht in den neutestamentlichen Schriften weitgehende Übereinstimmung; die Frage ist nur, wie man diese eschatologische Bedeutung jeweils auslegte. In der ältesten Parusie-Naherwartung herrschte offenbar die »enthusiastische« und »apokalyptische« Interpretation vor; es gab sicher Gruppen, die die baldige Wiederkehr Jesu in Gestalt des himmlischen Menschensohnes erwartet haben. Schon bei Paulus verschieben sich die Akzente, aber die kosmische Parusie-Naherwartung spielt bei ihm doch noch eine wichtige Rolle. Johannes kennt offenbar solche Traditionen und setzt sich mit ihnen auseinander. Die Menschensohn-Christologie wird bei ihm radikal umgebogen,[13] und

zwar hauptsächlich mit Hilfe des »Erhöhungs«-Gedankens. Im johanneischen Begriff der »Erhöhung« wird der gekreuzigte und der zu göttlicher Ehre eingesetzte »verherrlichte« Jesus mit einem einzigen Blick zusammengeschaut; die ursprünglich verschiedenen »Phasen« finden sich in einem einheitlichen, paradoxen Gesamtbild beisammen; man denkt dabei unwillkürlich an die Ausdrucksformen expressionistischer Bilder.
Auch den Parusie-Gedanken hat Johannes nicht einfach fallen gelassen, er hat ihn freilich von der »apokalyptischen« Darstellungsform, wie sie uns besonders aus der sog. »synoptischen Apokalypse« vertraut ist (Mk 13; Mt 24–25; Lk 21,5–36), befreit. Die Wiederkehr Christi fällt schon mit der Auferstehung Jesu, mit Ostern, zusammen und vollzieht sich seitdem fortgesetzt in der Gemeinde. Die christliche Zukunftshoffnung fällt damit keineswegs unter den Tisch, vielmehr wird sie ganz vom Christus-Geschehen her geprägt: Der Weg Jesu durch den Tod hindurch in die Herrlichkeit des Vaters wird zum vorbildlichen Weg für die Glaubenden. Die Zukunftshoffnung erscheint auf diese Weise radikal mit dem Gedanken der »Nachfolge Jesu« verquickt.

2.44 Über die Spaltung zwischen der »Welt« (dem »Kosmos«) einerseits und der Jüngergemeinde andererseits wurde schon gesprochen.[14] Der globale johanneische Begriff »die Welt« als Bezeichnung für die gottfeindliche Menschenwelt, deren Feindschaft sich in der Ablehnung Jesu, aber auch seiner Jünger manifestiert, bereitet dem heutigen Denken mancherlei Schwierigkeiten; er ist mit einem Anti-Affekt besetzt. Heute versteht man unter der Welt den Lebensraum des Menschen, die Gesamtheit aller Dinge, und wenn man schon vom Kosmos spricht, dann im Sinn jenes naturwissenschaftlich verstandenen Universums, dessen Erforschung in den letzten Jahrhunderten so gewaltige Fortschritte gemacht hat. Der johanneische Welt-Begriff setzt dagegen andere Akzente. Daß damit nicht die Welt als Gottes gute Schöpfung im Sinn von Genesis 1 oder des Johannes-Prologs als »Schöpfung durch das göttliche Wort« (1,3) grundsätzlich abgewertet werden soll, ist klar. Johannes teilt nicht die (gnostische) Auffassung, wonach die Welt als solche »böse« sei oder gar »die Fülle alles Bösen«. Eine derartige »Verdinglichung des Bösen« stünde in der Tat im Gegensatz zum biblischen Schöpfungsglauben. Gemeint ist eine geschichtliche Verfassung des »Kosmos«, wie sie sich vor allem in der Ablehnung Jesu bekundet. Der Begriff »diese Welt« enthält bei Johannes das Problem des Bösen. Aber für ihn äußert sich das Böse immer konkret in einem bösen Verhalten des Menschen; es wird hauptsächlich durch die beiden Begriffe »Lüge« und »Haß« charakterisiert. Es wäre ungeschichtlich gedacht und widerspräche auch dem Text, wollte man dieses johanneische Verständnis einfach wegdeuten; ebenso ist klar, daß man es auch nicht dogmatisch festzementieren darf.

Aber es darf auch nicht übersehen werden, daß die Gemeinde des Johannes als kleine Gruppe einer Gesellschaft gegenüberstand, die für diese Botschaft und diese Gemeinde wohl nicht viel anderes als Spott und Verachtung übrighatte, und daß sich inzwischen auch die ersten Verfolgungen ereignet hatten. In diesem geschichtlichen Zusammenhang muß die Existenz der Gemeinde damals gesehen werden. Sie verstand sich als Gemeinde Jesu in einer feindseligen Welt, der sie ungesichert und rechtlos, ohne Schutz durch staatliche Gesetze, gegenüberstand. Daß diese Situation auch auf das Binnenverständnis der christlichen Gruppe einwirkte, ist begreiflich. Der innere Zusammenhalt der Gruppe wurde durch die Aggressionen von außen gestärkt. Nach innen verstand man sich als die Gemeinschaft der Jesus-Freunde, als Brüder. Manches, was zunächst wie ein Rückzug in eine reine Innerlichkeit aussieht, hat darin seinen Grund. Das zeigt sich auch daran, wie für den Binnenbereich der Gemeinschaft das Liebesgebot als die zentrale Weisung Jesu für die Seinen immer wieder herausgestellt wird. Die exklusive

Bindung an Jesus erweist sich als das wichtigste Band, das die Gemeinschaft zusammenhält, als das Fundament, das sie trägt. Man darf die häufige Erwähnung des »Gebets im Namen Jesu«, das heißt unter Berufung auf Jesus, wohl auch als Hinweis auf den Gottesdienst der Gemeinde verstehen. Der moderne Mensch denkt da eher an das individuelle, persönliche Gebet; aber für die alte Christenheit hatte der Gemeinde-Gottesdienst, gerade auch im Sinn des »Christus-Kultes«, eine höchst wichtige Bedeutung. Zusammenkunft und Handlung geschehen da »im Namen Jesu«. Von daher wird es auch verständlich, daß in zunehmendem Maß der Gedanke der *Einheit der Gemeinde Jesu* an Bedeutung gewinnt. Wahrscheinlich gibt es schon häretische Gruppen, frühchristliche Sekten (wohl gnostisierende Gruppen), die mit ihren Lehren wie mit ihrer Praxis den Zusammenhalt und damit auch die Einheit der Gemeinde gefährden.
Der erste Johannesbrief läßt dergleichen vermuten. Freilich wird bei Johannes die Einheit der Gemeinde, der Kirche, noch ganz theologisch und christologisch verstanden und begründet. Wenig später, in den Briefen des Bischofs Ignatios von Antiochien (gest. um 110 n. Chr. als Märtyrer in Rom) bekommt die Verbindung mit dem Gemeindebischof als neues institutionelles Moment der Einheit bereits ein ganz anderes Gewicht. Man muß die johanneischen Briefe mit den Ignatiosbriefen vergleichen, um die Unterschiede zu sehen. Bei Johannes spielt der Bischof für die Einheit noch keine Rolle; er ist der Überzeugung, daß der lebendige Jesus-Glaube und der Geist Gottes die Einheit sowohl schafft als auch garantiert.

2.45 Noch eine besondere Gruppe von Aussagen muß hier erwähnt werden, die in den Abschiedsreden eine bedeutsame Rolle spielen. Es handelt sich um die verschiedenen Aussagen über den »Beistand«, den »Heiligen Geist« oder den »Geist der Wahrheit«. In der exegetischen Fachsprache bezeichnet man diese Aussagen als »*Paraklet-Worte*«, im ganzen sind es fünf (1.

14,15–17; – 2. 14,25–26; – 3. 15,26–27; – 4. 16,4b–11; – 5. 16,12–15).

Der griechische Ausdruck *parákletos*, der im Neuen Testament fünfmal vorkommt, und zwar ausschließlich in der johanneischen Literatur (14,16.26; 15,26; 16,7; einmal wird er für Jesus selbst gebraucht 1 Joh 2,1), bezeichnet im Griechischen häufig denjenigen, der zugunsten eines anderen auftritt, als Mittler, Fürsprecher oder als Helfer und Beistand. Die Wortbedeutung ist dabei nicht eingeengt auf den Rechtsbeistand, den »Advokaten« vor Gericht, obgleich manche lateinischen Kirchenväter den Ausdruck so (*advocatus*) übersetzten. Inzwischen hat sich die Übersetzung von *parákletos* mit »Helfer« oder »Beistand« durchgesetzt.[15]

Als Hintergrund für die Wortwahl wird man wohl an die auch in der Antike weit verbreitete Erscheinung des »Fürsprechers« zu denken haben, sei es im Bereich der Gesellschaft, wo man bei allen möglichen Angelegenheiten eines Fürsprechers oder Mittlers bedarf, oder noch näherliegend im Sinne des jüdischen Glaubens, wo die himmlischen Fürsprecher des Menschen bei Gott in Gestalt von guten Werken, Almosen usw. oder auch als große Fromme der Vergangenheit, wie Mose oder der Prophet Jeremia, bekannt waren. Auch in der apokalyptischen Literatur sind die himmlischen Fürsprecher bekannt.

Für das Urchristentum ist es bedeutsam, daß alle aus Judentum und Hellenismus bekannten Fürsprecher-Gestalten und Mittler-Personen, gerade im religiösen Bereich, verdrängt werden durch die einzigartige Mittler-Funktion Jesu. So sagt schon der Apostel Paulus: »Christus Jesus, der gestorben ist und auferweckt wurde, sitzt zur Rechten Gottes und tritt für uns ein« (Röm 8,34). In 1 Joh 2,1 findet sich eine ähnliche Auffassung. Ihre großartige Ausgestaltung fand diese Theologie vom einzigartigen Mittler-Amt Christi als himmlischer Hohepriester im Hebräerbrief. Interessant ist jedoch, daß schon Paulus daneben eine Mittler- bzw. Fürsprecher-Funktion des Geistes kennt, in der bekannten

Wendung, daß der Geist unserer Schwachheit aufhilft und beim menschlichen Gebet als Fürsprecher bei Gott fungiert (Röm 8,26f.). In der johanneischen Tradition hat man für diese Funktion den Begriff des »Beistands«, des »Parakleten« aufgenommen, wahrscheinlich zuerst für Jesus selbst (so nach 1 Joh 2,1; aber auch Joh 14,16, wie die Wendung vom »anderen Beistand« vermuten läßt), und von daher wurde sie dann auf den Geist übertragen.

Will man die Bedeutung des »Beistands« erfassen, so muß man vom jeweiligen engeren Zusammenhang der Paraklet-Worte die Funktion dieses Beistandes zu erfassen suchen. Dann ergeben sich etwa die folgenden Momente: An die Stelle Jesu tritt ein »anderer Beistand«. Das Kommen des Geist-Beistandes setzt das Fortgehen Jesu voraus, ja dieses ist geradezu die Bedingung dafür, daß er kommen kann. Die Rede vom Geist-Beistand hat bei Johannes ihren genauen Sinn im Rahmen der Abschiedsreden. Der Geist bleibt also einerseits ganz an Person und Werk Jesu zurückgebunden, übt aber gleichzeitig gegenüber Jesus eine eigenartige Parallel-Funktion aus. Man muß beides beachten, die Gemeinsamkeit und die Verschiedenheit. Durch den Geist-Beistand bleibt Jesus bei den Seinen, er leitet die Gemeinde durch den Geist.[16] Er übt eine Binnen- und eine Außenfunktion aus: als Lehrer der christlichen Gemeinde und als Zeuge gegenüber der Welt.

Johannes kennt die Tradition der Geisterfahrung der Urkirche, das Phänomen des »pneumatischen Enthusiasmus«. Als Gemeinde der »Letzten Zeit« weiß sich die Urkirche mit der eschatologischen Gabe des Geistes ausgerüstet. Aber bei Johannes ist eine Vereinheitlichung gegenüber den sehr vielgestaltigen Erscheinungsformen der älteren Geisterfahrung (vgl. dazu vor allem 1 Kor 12–14) zu verzeichnen. Er hat die Geisterfahrung der christlichen Gemeinde konsequent an Jesus und damit auch an die Jesus-Tradition gebunden. Jesus selbst und sein Wort ist der bleibende zentrale Inhalt der Geistbelehrung. Die wichtigste

Aufgabe des Geistes besteht darin, Wort und Werk Jesu zu vergegenwärtigen.[17] Man versteht den Geist-Beistand bei Johannes wohl am besten, wenn man ihn als die dynamisch wirksame Macht der Vergegenwärtigung Jesu begreift, die das immer neue Ereignis der Jesus-Präsenz in der Geschichte, mit dem das Ereignis von Jesus-Glauben und Jesus-Gemeinde unlöslich verbunden ist, bewirkt. Auf der anderen Seite sind die Dinge bei ihm noch so offen, daß der Beistand des Geistes sich unmittelbar auf die Ganzheit aller Jesus-Jünger, auf die Gesamtheit der Kirche erstreckt und er keinen durch besondere Geistbegabung bevorzugten Kreis von Amtsträgern kennt. Er hält an der allgemeinen Geistbegabung aller Jesus-Jünger, aller Glaubenden fest. Das entscheidende Kriterium für den Geist ist bei ihm die bleibende Bindung an Jesus – dieser Punkt allerdings ist schlechthin entscheidend.

I. LETZTES ABENDMAHL UND FUSSWASCHUNG (13,1–30)

1. Die Fusswaschung (13,1–11)

1 *Vor dem Festtag des Passah, da wußte Jesus, daß seine*
Stunde gekommen war, aus dieser Welt hinüberzugehen
zum Vater; und da er die Seinen, die es in der Welt gab,
liebte, so liebte er sie bis ans Ende.
2 *Und als das Abendmahl begonnen hatte, – schon hatte es*
der Teufel dem Judas Iskariot, dem Sohn des Simon,
eingegeben, ihn auszuliefern, 3 *doch wußte (Jesus) wohl,*
daß ihm der Vater alles in die Hände gelegt hatte und daß
er von Gott gekommen war und zu Gott fortging – 4 *da*
stand er vom Tisch auf, legte das Obergewand ab und
umgürtete sich mit einem Leinentuch. 5 *Dann gießt er*
Wasser in eine Schüssel und begann, die Füße seiner Jünger
zu waschen und sie mit dem Leinentuch, das er sich
umgegürtet hatte, abzutrocknen.
6 *Da kommt er zu Simon Petrus. Der sagt zu ihm: Du,*
Herr, willst mir die Füße waschen? 7 *Jesus antwortete und*
sprach zu ihm: Was ich tue, das weißt du jetzt noch nicht;
aber später wirst du es verstehen. 8 *Spricht zu ihm Petrus:*
In alle Ewigkeit sollst du mir nicht die Füße waschen! Jesus
gab ihm zur Antwort: Wenn ich dich nicht waschen darf,
hast du an mir keinen Anteil. 9 *Darauf spricht Simon*
Petrus zu ihm: Herr, dann nicht bloß meine Füße, sondern
auch die Hände und den Kopf! 10 *Sagt zu ihm Jesus: Wer*
gebadet ist, braucht sich nur noch die Füße waschen zu
lassen, ansonsten ist er ganz rein. Auch ihr seid rein, aber
nicht alle. 11 *Denn er kannte seinen Verräter; deshalb sagte*
er: Ihr seid nicht alle rein.

Zur Exegese

Die Erzählung von der Fußwaschung bildet nach Johannes gleichsam das Portal zur Leidensgeschichte und ist schon aus diesem Grund in ihrer theologischen Bedeutung kaum zu überschätzen. Mit einem »historischen« Bericht haben wir es bei dieser Erzählung freilich nicht zu tun, auch wenn eine ältere Tradition dahinter stehen sollte, was aber nicht ausgemacht ist. Vielmehr handelt es sich um eine *symbolische Erzählung*, in der sich ein bestimmtes Verständnis Jesu und seines Todes verdichtet. Der Abschnitt ist durchsichtig gegliedert. Nach der einführenden Bemerkung (V. 1) folgen die Erzählung von der Zeichenhandlung (V. 2–5) und danach eine erste Interpretation (V. 6–11).

Vers 1 mit der Zeitangabe »vor dem Festtag des Passah« bildet mit seiner grundsätzlichen Aussage die Einleitung nicht nur zu den Abschiedsreden, sondern zum gesamten Abendmahls- und Passionsbericht. All dieses steht unter dem Vorzeichen der »Stunde Jesu«, die jetzt gekommen ist. Die Bedeutung der »Stunde« wird näher bestimmt als »Hinübergehen Jesu aus dieser Welt zum Vater«, sowie als »Liebe bis zum Ende« oder »bis zur Vollendung«. Im griechischen Text ist dieser Zusammenhang noch deutlicher zu erkennen; denn das Wort *eis télos* = bis zum Ende, oder: bis zur Vollendung, entspricht dem Wort TETÉLESTAI = es ist vollendet, es ist vollbracht (19,30b). Der Hinübergang Jesu zum Vater, der seinen Tod am Kreuz und seine Auferstehung einschließt – ebendies ist der gesamte Inhalt der »Stunde« –, wird von Johannes als die höchste Vollendung der Liebe Jesu zu den Seinen verstanden. Was Johannes im folgenden nacherzählen will, ist nicht eine banale Geschichte, die irgendwann einmal stattgefunden hat, sondern *die Geschichte der vollendeten Liebe.*

Die Verse 2–5 nehmen knapp auf das letzte Abendmahl Bezug, das Johannes aus der Tradition kennt. Auch Judas Iskariot wird gleich zu Beginn als jener eingeführt, der bei der Auslieferung Jesu eine Hauptrolle spielt. Er erscheint als Werkzeug des Teufels. Im Mittelpunkt jedoch steht die Zeichenhandlung der Fußwaschung. Vers 3 schildert echt johanneisch Jesus als den von Gott eingesetzten Träger umfassender Vollmacht – einer Heilsvollmacht –, und das heißt auch einer Freiheit und überlegenen Souveränität, die ihn auch im alles entscheidenden Augenblick der »Stunde« nicht verlassen. Nach dieser Deutung wurde Jesus nicht von einem blinden Schicksal überfallen; vielmehr hat er das ganze Geschehen, das ihn treffen wird, völlig in der Hand: Die Passion erscheint weit mehr als Aktion Jesu denn als eine Passion, als Erleiden. Der Grund für solche Überlegenheit liegt in der Verbindung Jesu mit Gott, mit dem »Vater«, die das, was einem Betrachter von außen her als unbegreiflich und sinnlos erscheinen mag, in eine andere, geheimnisvolle Dimension erhebt, in der die Liebe herrscht. Auch das Geschehen der Fußwaschung setzt diese Überlegenheit voraus. Es ist Zeichen höchster Freiheit, wenn Jesus sich zu dem niedrigsten Dienst an seinen Jüngern herbeiläßt. In ganz anderer Weise wird vom Kaiser Caligula berichtet, daß er vornehme römische Senatoren bewußt demütigte, indem er ihnen befahl, ihm die Füße zu waschen.[18] Zugleich erscheint die Fußwaschung als symbolische Sinndeutung des Todes Jesu. Jesus leistet seinen Jüngern, die er bis ans Ende liebt, den allergeringsten Sklavendienst.

Die Verse 6–11, deren Kernstück das Gespräch zwischen Petrus und Jesus bildet, bringen eine erste Auslegung der Symbolhandlung Jesu. Dabei arbeitet der Evangelist mit dem Stilmittel des »johanneischen Mißverständnisses«[19]. Petrus versteht das Geschehen zunächst überhaupt nicht, ja, er wehrt sich dagegen. Ihm erscheint es unmöglich, daß Jesus, den er als seinen Meister kennt und verehrt, ihm die Füße waschen soll.

Vers 7 läßt vieldeutig die Situation noch ganz offen. Jetzt begreift Petrus (und die Jünger, für die er als Sprecher auftritt) den Sinn des Geschehens noch nicht, aber später wird er ihn verstehen. Worauf sich dieses »später« bezieht, wird lediglich angedeutet; doch liegt es nahe, an Tod und Auferstehung Jesu zu denken. Johannes sagt auf diese Weise dem Leser, von welchem Blickwinkel her er die Geschichte verstehen soll. Gegenüber der Weigerung des Petrus besteht Jesus darauf: Wenn man an ihm Anteil haben, wenn man mit ihm Gemeinschaft haben und zu ihm gehören will, dann geht das nur unter der Bedingung, daß man sich den Sklavendienst Jesu gefallen läßt, ohne Bild gesprochen: daß man den Tod Jesu als Heilstod für sich selbst annimmt. Die stürmische Reaktion des Petrus (V. 9), der nun ganz in das andere Extrem verfällt, ist wieder ein Mißverständnis.

Der Sinn von Vers 10 ist nicht ganz klar. Manche Ausleger beziehen das »wer gebadet ist ...« auf die Taufe, und die Weiterführung »der braucht sich nur noch die Füße waschen zu lassen« auf die tägliche Buße des Christen; andere denken an die Eucharistie. Letzteres ist sehr unwahrscheinlich. Möglicherweise ist die Wendung »der braucht sich nur noch die Füße waschen zu lassen« durch einen späteren Zusatz »nur noch die Füße« entstanden, so daß es ursprünglich hieß: »der braucht sich nicht mehr waschen zu lassen, sondern ist ganz rein«.[20] Dann fällt auch die Bezugnahme auf die Taufe dahin. Zum Verständnis des Ganzen ist davon auszugehen, daß sich die Zeichenhandlung der Fußwaschung auf die *Heilsbedeutung des Todes Jesu bezieht.* Sie ist das Symbol der vollständigen, umfassenden Reinigung und deutet die Wirkung des Todes Jesu im Sinn von 1 Joh 1,7: »Und das Blut Jesu, seines Sohnes, macht uns von aller Sünde rein.« Wenn man dem Zusatz trotzdem noch einen Sinn abgewinnen will, dann kann er nur in der Weiterführung dieses Ansatzes gesucht werden und wäre schon ein erster Hinweis darauf, daß sich die Jünger auch untereinander das Modell Jesu zu eigen machen sollen. Nicht auf die Taufe ist angespielt, auch nicht auf das »Wort«, sondern auf den Heilstod Jesu, der eine

umfassende Reinigung bewirkt für alle, die sich von ihm betreffen lassen.
Wir gehen also von der christologischen und soteriologischen (= die Lehre von der Erlösung betreffenden) Bedeutung des Fußwaschungssymbols aus. Danach wird die Existenz Jesu, vor allem sein Tod am Kreuz von Johannes als Dienst der Liebe ohnegleichen verstanden, den Jesus den Menschen leistet. Johannes versteht das ganze Leben und Sterben Jesu unter diesem Zeichen des dienenden Daseins für die Andern. Darin trifft er sich mit den Aussagen des Christus-Hymnus im Philipperbrief (Phil 2,5–11) sowie mit den synoptischen Aussagen über den Jesus-Dienst (Mk 10,45; Mt 20,28; Lk 22,27). Ebendarin zeigt sich die vollendete Liebe, daß Jesus sich selbst zum Diener für alle macht, und dieses totale »Dasein für alle« ist auch zugleich der höchste Ausdruck für das Gottesverhältnis Jesu. In seiner ganzen Existenz hat Jesus Gott als die den Menschen befreiende und rettende Liebe ausgelegt. Die Symbolhandlung der Fußwaschung hat ihren klaren Sinn im Rahmen der von Jesus gebrachten Offenbarung Gottes.
V. 10b–11 blendet wieder in die geschichtliche Situation, wie der Bericht sie voraussetzt, zurück, wenn gesagt wird, daß nicht alle rein sind und wenn dies mit dem Hinweis auf den Verräter Judas begründet wird. Durch seinen Verrat hat Judas sich selbst aus der Jesus-Gemeinschaft, an der das Heil hängt, ausgeschlossen. Grundsätzlich bleibt niemand vom Heilsdienst Jesu und seiner Liebe ausgeschlossen; aber es gibt die dunkle Möglichkeit, daß einer sich selbst ausschließt. Wo und in welcher Weise dies geschieht, läßt sich von außen kaum sagen.

Zur Meditation

Nach Johannes verbindet sich mit der Person und dem Schicksal Jesu das Zeugnis der höchsten, freiesten und wahrsten Liebe, die es in der Welt je gab, einer Liebe, die dem Menschen eine Ahnung davon vermittelt, wer Gott in Wahrheit ist, nämlich der Gott solcher Liebe. Gerade in seinem Leiden und Sterben erfüllt Jesus seine Bestimmung, der Offenbarer dieses Gottes zu sein. Im Horizont solcher Gotteserfahrung kann auch der Weg Jesu ans Kreuz nicht mehr als der Weg ins Nichts, ins völlig aussichtslose Dunkel verstanden werden, sondern als »Hinübergehen aus dieser Welt zum Vater«. Der Gott und Vater Jesu ist das eigentliche »Jenseits« des Menschenlebens, wobei die Bezeichnung »Jenseits« selbst schon fragwürdig wird; denn ebendieser Gott der Liebe ist dem Menschen schon überall und immer nahe gewesen, es ist die gleiche Liebe, aus der der Mensch im Grunde schon immer lebt. Die Verbundenheit Jesu mit dieser Liebe, so sieht es Johannes, verleiht ihm die unerhörte Freiheit und Vollmacht in der entscheidenden »letzten Stunde«.

Aus dieser Grundhaltung ergibt sich auch sofort der andere Aspekt, daß der Offenbarer der göttlichen Liebe bis in den Tod hinein diese Liebe als Verbundenheit mit den Seinen, als Dasein für alle anderen, bezeugen muß. Das Engagement Jesu für die Seinen, die mitmenschliche Seite der Liebe, ist von der göttlichen Seite gar nicht zu trennen. Die Ausmaße dieser Liebe sind schlechterdings nicht zu begrenzen oder auszuschöpfen, und die Diskussionen darüber, ob »mitmenschliches Engagement« nicht die Gottesliebe zu kurz kommen lasse, sind im Grunde viel zu eng und ganz falsch angesetzt. Für die Praxis müßte die Frage eher umgekehrt lauten, ob diejenigen, die so hartnäckig auf der »Vertikalen« insistieren, bereit sind, den unendlichen Horizont der Mitmenschlichkeit auszuschreiten. Wer immer in der Liebe steht und aus der Liebe heraus handelt, der lebt jedenfalls aus der zentralen göttlichen Wirklichkeit, wie sie uns von Jesus erschlossen wurde, und der kommt auch so bald an kein Ende.

Entscheidend ist freilich das Kriterium, das durch Jesus gesetzt wurde und das im Symbol der Fußwaschung zur Darstellung kommt: Die Liebe zeigt sich in der Selbst-Erniedrigung, in der

Selbst-Beschränkung, im Dasein und Handeln für die anderen. Lieben heißt, dem anderen zum eigenen Leben, zur Freiheit, Selbständigkeit und Lebensfähigkeit zu verhelfen, ihm den menschlichen Lebensraum zu schaffen, den er braucht. Für uns hat die Symbolik der Fußwaschung viel von ihrer ursprünglichen Aussagekraft eingebüßt. In der antiken Sklavenhaltergesellschaft, wo sie ihren genuinen Sitz im Leben hat, war ihre Botschaft unmißverständlich. Jesus identifizierte sich mit denen, die nichts galten. Die Liebe, wie er sie verstand und praktizierte, schloß den Verzicht auf Macht und Herrschaft ein sowie die Bereitschaft, den verächtlichsten Dienst zu üben. Das Füßewaschen gehörte damals zur Dreckarbeit. Die Weigerung des Petrus offenbart den inneren Widerstand privilegierten Denkens gegen solche Zumutungen. Aber wenn man schon zu Jesus gehören will, dann muß man zu einer so radikalen Bewußtseinsänderung bereit sein, und das besagt, daß im Grunde erst die Liebe die wahrhaft befreiende Bewußtseinsveränderung, das Ende aller Fremdherrschaft bewirkt.
Oder anders gesagt: Nach Johannes hat Jesus den Gottesgedanken, zu dem seit alters die Begriffe von Allmacht und Herrschaft gehören, völlig neu geprägt, indem er zeigt, daß Gott dort anzutreffen ist, wo man auf jegliche Macht und Herrschaft verzichtet und offen wird für die anderen. »Wo Güte ist und Liebe, da ist Gott«, wie es in einem alten Kirchenlied heißt. Dort werden Menschen von sich selbst und füreinander frei. Freilich ist auch dieses Symbol nicht vor Mißverständnissen geschützt, etwa wo man es als liturgische Handlung einem Herrschaftssystem integriert und nicht mehr bemerkt, daß es ein »Herrschaftssystem« prinzipiell in Frage stellt. Auch »Petrus« muß sich verunsichern lassen. Johannes hatte begriffen, daß mit Jesus ein radikal neues Verständnis Gottes und des Menschen in die Welt gekommen war, ein Verständnis, das an die Fundamente der Sklavenhaltergesellschaft und der Herrschaftsverhältnisse rührte, weil es die Vollmacht der Liebe ins Zentrum alles Göttlichen

und Menschlichen rückte. Um dieses neue Verständnis zum Ausdruck zu bringen, war die Fußwaschung das am stärksten sprechende Symbol, das auch uns zu denken gibt.

2. Die Jüngerbelehrung (13,12–20)

12 *Nachdem er nun ihre Füße gewaschen hatte, zog er das Obergewand an, legte sich wieder zu Tisch und sprach zu ihnen: Begreift ihr, was ich euch getan habe?* 13 *Ihr nennt mich »der Lehrer« und »der Herr« und ihr habt recht gesprochen, denn das bin ich.* 14 *Wenn ich nun eure Füße gewaschen habe, ich als »Herr« und als »Lehrer«, dann müßt auch ihr einer dem anderen die Füße waschen.*
15 *Denn ich habe euch ein Beispiel gegeben, damit ihr genau so handelt, wie ich gehandelt habe.* 16
Amen, Amen, ich sage euch: Der Sklave steht nicht höher als sein Herr, und der Gesandte nicht höher als sein Auftraggeber. 17 *Wenn ihr das wißt, dann seid ihr glücklich zu preisen, wenn ihr das auch tut.*
18 *Ich spreche jetzt nicht von euch allen: Ich weiß, welche Leute ich ausgesucht habe; aber das Schriftwort: »Der das Brot mit mir aß, erhebt gegen mich seine Ferse« (Ps 41,10) muß sich erfüllen.* 19 *Ich sage es euch schon jetzt, bevor es geschieht, damit ihr, wenn es geschehen ist, glaubt: ich bin es.*
20 *Amen, Amen, ich sage euch: Jeder, der einen aufnimmt, den ich sende, nimmt mich auf; wer aber mich aufnimmt, nimmt den auf, der mich gesandt hat.*

Zur Exegese

An die Fußwaschung schließt sich eine Jüngerbelehrung an, die eine zweite Auslegung der Fußwaschung enthält (V. 12–15), sowie eine Reihe locker aneinandergereihter Einzelworte, den synoptischen Jesus-Logien ähnlich (V. 16–17. V. 18–19. V. 20). Hier kommt es vor allem darauf an, den Charakter dieses Abschnitts richtig zu erfassen. R. Bultmann sagt dazu: »Im *ersten Stück* ist die Gemeinschaft mit ihm das ausdrückliche Thema, und zwar so, daß ihre Begründung in dem Dienst Jesu aufgezeigt wird ... Das *zweite Stück* fügt hinzu, daß diese Gemeinschaft der Jünger mit Jesus zugleich eine Gemeinschaft der Jünger untereinander einschließt, und daß diese durch die Tat verwirklicht werden muß, wenn jene bestehen soll ... Die Konstituierung der Gemeinde und das Gesetz ihres Seins ist also in 13,1–20 dargestellt.«[21] Es geht also darum, das maßgebende »Beispiel« Jesu nicht moralistisch zu verstehen und es damit unterzubewerten, sondern daraus das »Gesetz«, das Modell oder auch die Grundstruktur der Gemeinde Jesu, der Kirche, abzulesen. Die Fußwaschung und darüber hinaus die Abschiedsreden werden falsch verstanden, wenn man sie als fromme Reden auffaßt, die auf eine innere Erbauung hinauswollen. Ihnen geht es vielmehr darum, die theologisch-seinshafte Struktur der Gemeinde Jesu aufzuzeigen. Wir werden uns wieder an den fiktiven Charakter der Abschiedsreden erinnern. Was der johanneische Jesus in dieser letzten Stunde den Jüngern sagt, zielt direkt auf das Selbstverständnis der angesprochenen johanneischen Gemeinde. Das Jesus-Verständnis des vierten Evangelisten und sein Gemeinde-Verständnis (seine »Ekklesiologie«) hängen aufs engste miteinander zusammen.

Der erste Abschnitt (V. 12–15) bringt die direkte Anwendung der Symbolhandlung Jesu. Es liegt in der Natur der Sache, daß Jesus selbst diese Interpretation gibt; er handelt, wie ausdrücklich gesagt wird, als der »Lehrer« und der »Herr« seiner Jünger. Die

Aufnahme gerade dieser beiden Hoheitstitel durch den Evangelisten zeigt, daß im folgenden nicht eine unverbindliche Mitteilung ergehen soll, sondern eine autoritativ verbindliche Weisung. Als Lehrer und als Herr, als den die Jünger Jesus mit Recht verstehen, hat er sich zum Sklaven aller gemacht; er hat vor ihren Augen gezeigt, was er unter dem richtigen Verhalten versteht. Und wenn die Jüngergemeinde Jesus als ihren Lehrer und Herrn anerkennt, dann muß sie aus ihrem Bekenntnis auch die Konsequenzen ziehen, sie darf es nicht bei einem Lippenbekenntnis belassen. Sie bleibt auf das Beispiel Jesu, und das heißt auf sein Liebes-Engagement bis zum Tod am Kreuz, verpflichtet. Vers 14 bringt diesen Verpflichtungscharakter zum Ausdruck. Das griechische Wort *opheílete* heißt wörtlich: *ihr seid verpflichtet, ihr müßt*; es ist also nicht in das Belieben der Gemeinde gestellt, ob sie sich an das beispielhafte Handeln Jesu halten will oder nicht, sondern mit dem Bekenntnis zu Jesus als dem Lehrer und Herrn ist die Verpflichtung auf sein Vorbild unmittelbar gegeben.

Das Stichwort *einander, einer dem anderen*, wird im folgenden immer wiederkehren. Es bezeichnet die neue durch Jesus begründete Partnerschaft, die den Gesamtcharakter der Gemeinde Jesu nach Johannes prägen soll. Von daher ist auch der Ausdruck *Beispiel* richtig zu verstehen: Das Symbol der Fußwaschung ist das Symbol für das totale Engagement Jesu, für seinen Lebenseinsatz bis zum Tod. Und von daher ist dieses Symbol auch vollmächtig und umfassend auf das gesamte Sein und Handeln der Gemeinde Jesu zu beziehen. Es ist das Gütezeichen, von dem alles »christliche« und »kirchliche« Handeln geprägt sein soll, als radikales Handeln aus der Liebe heraus.

Daß nur ein so entschiedenes Verständnis dem Sinn des Textes gerecht wird, zeigen die folgenden Verse 16–17. Diese haben ihre Vorbilder in den synoptischen Worten Lk 6,40; Mt 10,24 (Q). Dazu kommt die feierlich bekräftigende Einleitung durch das doppelte »Amen« = es ist ganz bestimmt so (»wahrlich«).

Das Verhältnis von Sklave und Herr oder Gesandtem (*apóstolos*) und seinem Auftraggeber, seinem Absender ist das einer strengen Über- und Unterordnung. Der Sklave und der Gesandte handeln nicht aus eigener Initiative, sondern sie handeln weisungs-gebunden. Für antikes Denken spielt dabei ein rechtliches Moment herein. Was gesagt werden soll, ist klar: Jesus ist für die Seinen die Autoritätsperson schlechthin; seiner Weisung kommt für die Jünger Autorität und Verbindlichkeit zu. Freilich ist nicht zu vergessen, daß die Autorität Jesu mit seiner Liebe verbunden, ja mit dieser identisch ist. Eben die Liebe begründet als solche die höchste Autorität, die es gibt. Wenn die Gemeinde sich von Jesus her versteht, muß sie auch die Verbindlichkeit der Liebe Jesu für sich anerkennen, dann steht sie unter ihrem fortwährenden Anspruch. Darin liegt dann auch ihre ganze Seligkeit, ihr Glück und Heil.

Der dritte Absatz (V. 18–19) blendet wieder auf den historischen Hintergrund des letzten Abendmahls zurück. Die Überlieferung weiß um den Verrat des Judas. Schon der Evangelist Markus hatte in dem Verrat Jesu durch einen seiner Freunde die Erfüllung der Schrift (Ps 41,10) gesehen. Es lag überhaupt der Urkirche nahe, das Todesschicksal Jesu nach den im Alten Testament, in der »Schrift«, vorgegebenen Sprachmustern zu gestalten. Was man als »Schriftbeweis« zu bezeichnen pflegt, darf nicht im Sinn eines logischen Beweis-Verfahrens verstanden werden, sondern ist richtiger als sprachliche Umprägung zu begreifen; man greift bekannte Bilder und Formulierungen auf, um damit die Bedeutung Jesu zu kennzeichnen. So ist es auch hier. Die Stelle lautet nach dem hebräischen Text, an den Johannes sich hier stärker anlehnt: *»Auch der mir befreundete Mann, auf den ich mich verließ, der mein Brot ißt, hebt gegen mich die Ferse«* (Ps 41,10). Der Sinn der Stelle ist folgender: In den Kreis der Feinde traten auch die intimsten Freunde ein. Der »Mann des Friedens«, wie es wörtlich heißt, ist der nächste Freund. Das Zeichen einer solchen unverletzlichen Vertrauensbindung ist das gemeinsame Mahl, die Mahlgemeinschaft stiftet *communio.* Doch alle diese geheiligten Bande der Treue, der Verläßlichkeit und Freundschaft haben diese Freunde zerrissen.[22]

In diesem Licht hat die Urkirche den Verräter Judas gesehen. Nach Johannes weiß Jesus um sein Geschick, er weiß, daß er den göttlichen Heilsplan erfüllen soll. Das ist nachösterliches Verständnis Jesu, der im Glauben der Urkirche übermenschliche Maße gewann, auch was sein Wissen betrifft. Zugleich gibt der Evangelist einen didaktischen Hinweis, wie dieses Vorauswissen Jesu gemeint ist: Die Erfüllung auch dieser dunklen Vorhersage soll den Jüngern zum Glauben an Jesus verhelfen; sie sollen glauben: *Ich bin es.* Die johanneische »Ich-bin«-Formel, die an dieser Stelle auftaucht, ist die gefüllteste Selbst-Aussage des johanneischen Christus, die Jesus als den gottgesandten Offenbarer und Heilbringer kennzeichnet.[23] Auch in der Erfüllung jener Schriftworte, die mit der zunächst ganz und gar undurchsichtigen Tragik des Verrats und der Hinrichtung Jesu zusammenhängen, sollen die Jünger in Jesus den Offenbarer Gottes erkennen und an ihn glauben. Das Motiv kommt in den Abschiedsreden öfter vor (14,29; 16,4).

Der vierte Absatz von Vers 20 kann als johanneische Version eines Jesuswortes verstanden werden, das auch in der synoptischen Tradition vorkommt (vgl. Lk 10,16; Mt 10,40; auch Mk 9,37). Es handelt sich ursprünglich um ein Wort, das in der urchristlichen Missionspredigt seinen Sitz hat. In der missionarischen Verkündung der Boten Jesu begegnet Jesus selbst, und in der Botschaft begegnet Gott dem Menschen. Wer den von Jesus gesandten und autorisierten Boten aufnimmt, der nimmt Jesus selbst auf, und wer Jesus aufnimmt, nimmt darin letztlich Gott an. Darin steckt die Überzeugung, daß in der Jesus-Verkündigung Jesus selbst gegenwärtig wird. Verkündigung ist Vergegenwärtigung Jesu. Im Zusammenhang unterstreicht das Wort noch einmal, daß die Weisung Jesu, die das Handeln der Gemeinde an

sein vorbildliches sinn- und heilstiftendes Handeln bindet, wirklich ernst zu nehmen ist; und es zeigt weiter, daß von daher auch die »Sendung« durch Jesus, die Legitimation durch ihn, die »Vollmacht« der Gemeinde begründet.
Johannes scheint diesen Boten-Grundsatz zu verallgemeinern und nicht mehr speziell an Apostel, Missionare oder Evangelisten zu denken. Der Text gibt jedenfalls keinen Anhalt für eine Beschränkung auf einen bestimmten Personenkreis. Das bedeutet dann: Jeder Jesus-Jünger oder auch die Gemeinde als die Gesamtheit aller Jesus-Jünger sind »Gesandte«, Boten Jesu. Die Legitimation durch Jesus ist keine rein formale, sondern sie ist inhaltlich bestimmt, sie ist Auftrag zum Handeln und Leben gemäß der Jesus-Norm. Wo die Jesus-Norm mißachtet wird, verlieren die Gemeinde und natürlich auch die besondere Vertretung der Gemeinde, das kirchliche Amt, ihre Autorität.

Zur Meditation

Was der johanneische Jesus in dieser Abschiedsstunde den Seinen sagt, hat testamentarische Bedeutung für die Gemeinde Jesu zu allen Zeiten. Das Anliegen des vierten Evangelisten ist es, in immer neuen Anläufen klarzumachen, welche Bedeutung die Person Jesu, sein Wort und sein Verhalten haben. Diese Bedeutung ist, weil Jesus der gottgesandte Heilbringer und Offenbarer ist, beispielhaft in einem radikalen, ja absoluten Sinn. Das heißt, nach Johannes ist Jesus selbst als »der Lehrer« und »der Herr« auch das Grundgesetz, die Grundwirklichkeit und darum auch die absolute »Norm« für die Gemeinde. Ganz ähnlich hatte es schon Paulus formuliert: »Denn ein anderes Fundament als das, welches gelegt wurde, kann niemand legen; und dieses Fundament ist Jesus Christus« (1 Kor 3,11).
An diesem Fundament und nach dieser Norm ist alles zu messen, was auf den Namen »christlich« oder »kirchlich« Anspruch erheben will. Die Person Jesu ist daher auch das »Grundgesetz« (*»lex fundamentalis«*) seiner Kirche. Nur wo diese Realität

vergessen wird, können Menschen auf die Idee kommen, daß die Gemeinde noch eines anderen »Grundgesetzes« bedürfe. Aus dem urchristlichen Offenbarungsglauben, wie ihn Johannes bezeugt, ergibt sich die Unmöglichkeit eines solchen Grundgesetzes im juristischen Sinne. Denn das Fundament der Kirche und des Christentums ist von Jesus her und durch das Verhältnis zu ihm bestimmt, also durch Glauben und Liebe, die jeder menschlichen Rechtsordnung überlegen, vorgeordnet und deshalb auch nicht mehr juristisch zu fassen sind. Über diesen durch Jesus Christus vorgezeichneten Freiheitsraum können keine menschliche Instanz, auch kein kirchliches Amt und kein kirchliches Rechtsbuch verfügen. Was Menschen allenfalls tun können, ist lediglich, Ausführungsbestimmungen zu dieser fundamentalen Weisung Jesu zu finden. Solche Ausführungsbestimmungen sind, auch in der Form eines Kirchenrechts, stets relativ, begrenzt, überholbar, verbesserungsbedürftig und veränderlich. Sie müssen sich den geschichtlichen Bedürfnissen der Gemeinde Jesu immer neu anpassen. Das Kriterium dafür ist in dem Fundament Jesus für alle Zeiten vorgezeichnet.

Konkret heißt diese Norm: Im Namen Jesu füreinander da sein. Es ist nicht von ungefähr, daß die johanneische Gemeinde sich vor allem als die Gemeinschaft der Freunde und der Brüder Jesu versteht. Das unvergleichliche Übergewicht der Person Jesu wird so stark empfunden, daß es neben ihr und außer ihr eigentlich keine anderen Autoritäten mehr geben kann, keine anderen Lehrer und Herren (vgl. auch Mt 23,8–11). In der Gemeinde gibt es noch keine Herrschaftsverhältnisse, sondern hier gilt die Forderung des »Füreinander« (griechisch: *allélous*), der rückhaltlosen Gegenseitigkeit, der Jesus-Kommunikation, der Zusammenarbeit, was alles in der Liebe Jesu gründen soll. Gewiß haben wir es in der johanneischen Gemeinde (oder den johanneischen Gemeinden) noch mit relativ überschaubaren kleinen Gruppen zu tun. Die Forderung des Füreinander ist nur im Raum einer Gemeinde praktizierbar, wo man sich gegenseitig kennt und miteinander spricht. In einem großkirchlichen Verband treten diese grundlegenden Dinge zwangsläufig in den Hintergrund. Im Lauf der Geschichte tritt die Großkirche als Institution immer stärker an die Stelle der Gemeinde. Das ist nicht unbesehen als vom Heiligen Geist gewirkter Fortschritt hinzunehmen; denn durch diese Entwicklung wurden wichtige ursprüngliche Impulse und Möglichkeiten verdrängt. Auch der kirchliche Apparat hat teil an der Abstraktheit und Kälte ähnlicher Einrichtungen; man wäre gut beraten, seine Entfremdung vom ursprünglich Christlichen einzugestehen. Gegenüber dieser Entwicklung gewinnt das johanneische Modell institutionskritischen Charakter.

Wahrscheinlich wäre in den christlichen Gemeinden mehr von Glück und Freude zu spüren, wenn man dort intensiver nach der Sache Jesu fragen würde; wenn man sich mehr Gedanken darüber machte, wie diese Sache der heutigen Welt anzubieten sei. Auf den ersten Blick nimmt sich das Modell Jesu im Symbol der Fußwaschung ziemlich kläglich aus. Geht man freilich, wie wir es hier versuchen, auf die Wurzeln dieses Bildes zurück: Der Mensch, den die Gemeinde als Herrn, als Sohn und Offenbarer Gottes verehrt und glaubt, erweist sich durch sein Verhalten als der Sklave aller, der »Sohn Gottes« kehrt durch seine Praxis Herrschaftsverhältnisse der Sklavenhaltergesellschaft um! –, dann kann man nur von einer totalen Bewußtseinsänderung sprechen. Dieses Modell Jesu ist noch immer nicht erreicht, geschweige denn überholt. Käme es in der Welt so zu Geltung, wie es nach Johannes kraft der Autorität Jesu Geltung beansprucht, dann würden nicht nur menschliche Herrschaftsansprüche in ihre Grenzen gewiesen, dann würde auch das häufig entstellte Gesicht der Gemeinde Jesu wieder zum Leuchten kommen. Man würde wieder besser so etwas wie dieses *Ich bin es* glauben können, nämlich daß dieser Jesus in seiner lauteren Menschlichkeit der Offenbarer Gottes ist. Dann gäbe es wohl auch wieder christliche Vollmacht, die nicht auf amtlicher

Einsetzung beruht, sondern auf der inneren Glaubwürdigkeit, mit der die Sache Jesu zur Sprache gebracht wird.
Die Gemeinde Jesu bleibt definitiv an dieses Modell von 13,1–20 gebunden. Im gegenwärtigen Zeitpunkt können wir freilich nur bekennen, daß es dieses Modell auf weite Strecken nicht gibt, aber auch, daß es sich in vielen hoffnungsvollen Ansätzen zeigt. Eine Sehnsucht danach ist in der heutigen Welt ganz sicher vorhanden.

3. Die Kennzeichnung des Verräters (13,21–30)

[21] *Solches sprach Jesus und ward im Innersten erschüttert;*
er bezeugte und sprach: Amen, Amen, ich sage euch, einer
unter euch wird mich verraten! [22] *Da blickten die Jünger*
einander ratlos an, wen er wohl meine. [23] *Einer aber von*
den Jüngern lag bei Tisch im Schoß Jesu, nämlich der, den
Jesus liebhatte; [24] *diesem winkte Simon Petrus zu und*
sprach zu ihm: Frag doch, wer das ist, von dem er spricht?
[25] *Da lehnte sich jener so an die Brust Jesu, daß er zu ihm*
sagen konnte: Herr, wer ist es? [26] *Jesus antwortete: Der*
ist's, dem ich das Brot, das ich eintunke, reichen werde.
Und er tunkte das Brot ein, nimmt es und gibt es dem Judas
Iskariot, dem Sohn des Simon. [27] *Und nach diesem Bissen*
fuhr der Satan in ihn hinein. Darauf spricht Jesus zu ihm:
Was du tun willst, das tue bald! [28] *Von den Tischgenossen*
aber verstand es keiner, weshalb er dies zu ihm sagte;
[29] *manche meinten, da Judas der Kassenverwalter war, daß*
Jesus ihm habe sagen wollen: Kaufe, was wir zur Festfeier
brauchen, oder er möge den Armen etwas geben. [30] *Als er*
nun den Bissen gegessen hatte, ging er gleich hinaus. Es war
aber Nacht.

Zur Exegese

Ähnlich wie die Synoptiker (Mk 14,18–21; Mt 26,21–25; Lk 22,21–23) bringt auch Johannes einen knappen Bericht von der Kennzeichnung des Verräters Judas beim letzten Abendmahl. Die vier Evangelien berichten übereinstimmend, daß Jesus durch einen Jünger aus dem engsten Kreis der »Zwölf« verraten worden sei. Der Name dieses Jüngers lautet Judas Iskariot (so Mk 3,19; 14,10.43) bzw. Judas Iskariot, Sohn des Simon (so nach Joh 6,71; 13,2). Obwohl auch gegen diese Tradition kritische Einwände vorgebracht wurden, ist sie doch, was das Faktum als solches angeht, so gut fundiert, daß man sie als gesichert betrachten darf. Freilich muß man auch hier zwischen dem historischen Tatbestand als solchem und der Interpretation durch die christliche Gemeinde oder die Evangelisten unterscheiden. Es liegt auf der Hand, daß man sich über diesen belastenden Tatbestand schon früh Gedanken machte, und daß die Figur des Verräters Judas zur Legendenbildung geradezu herausforderte.
Der Beiname Iskariot wird auf zweifache Weise gedeutet: a) als »Mann aus Kerjot«; Kerjot, eine Ortschaft, die man in Südjudäa sucht, südlich von Hebron, wäre dann die Heimat dieses *Jehuda-isch-kerjot* gewesen.[24] b) Eine andere Interpretation möchte das Iskariot von *sikarios* herleiten. »Sikarier« heißen bei Flavius Josephus die Mitglieder einer Terroristengruppe der jüdischen Freiheitsbewegung, und man versucht auf diese Weise eine Verbindung zwischen Judas und diesen Terroristen herzustellen. Nach Mk 3,19 gehörte »Judas Iskariot, der ihn auch verriet« zum Zwölferkreis, er wird in den Zwölferlisten immer als letzter aufgeführt (Mk 3,16–19; Mt 10,2–4; Lk 6,13–16). Auch Joh 6,70f. kennt diese Tradition.
In Mk 14,10–11 (vgl. Mt 26,14–16; Lk 22,3–6) wird der Verrat des Judas berichtet, und es wird gesagt, die Hohenpriester hätten sich darüber gefreut und ihm Geld dafür versprochen. Die Kennzeichnung des Verräters (Mk 14,18–21 par.) durch Jesus

gehört ohne Zweifel schon zur urchristlichen Judas-Deutung. Hier hat gewiß die Sprache der Schrift[25] nach Ps 41,10 eine wichtige Rolle gespielt. Die Urkirche hat auch den Verrat des Judas im Sinne der Schrifterfüllung verstanden, um sich dieses unbegreifliche Rätsel begreiflich zu machen. Auch das andere Motiv spielt herein, daß Jesus seinen Weg und also auch den Verrat des Judas vorausgewußt hat. Es ist jedoch nicht anzunehmen, daß erst der Schriftbeweis zur Erfindung des Judasverrats geführt hätte! Dazu kommt weiter, daß sich sehr früh schon die Legende der Judas-Gestalt bemächtigte. Man fragte nach einem Motiv für die Tat und kam auf die »Geldgier«, die Habsucht des Judas (vgl. auch 12,4–6). Legendarisch sind vor allem die Erzählungen vom bösen Ende des Judas (Mt 27,3–10; Apg 1,15–20), Texte, die eher einen Schauder erzeugen sollen, als daß ihnen ein historischer Wert zukäme. Aufgrund all dieser Voraussetzungen stellt sich die Frage: Wie hat Johannes die Gestalt des Verräters Judas verstanden?

Die Angabe, daß Jesus den Verrat des Judas vorauswußte, paßt gut in das Konzept der johanneischen Christologie. Doch wird die überlieferte Vorhersage: »Einer aus euch wird mich verraten« (V. 21) bei Johannes besonders eindringlich eingeführt. Jesus ist zutiefst erschüttert, wobei solche Erschütterung »im Geist« bei Johannes immer Anzeichen der Konfrontation Jesu mit den Unheilsmächten bzw. der Unheilsmacht schlechthin, dem Tod, ist. Daraufhin sehen die Jünger einander ratlos an, sie wissen nicht, wer gemeint ist (V. 22). An dieser Stelle wird nun zum erstenmal der »Jünger, den Jesus liebte« (V. 23), eingeführt,[26] jene eigenartige Gestalt, deren Namen das Johannesevangelium verschweigt, die jedoch schon durch die Bezeichnung als »der Jünger, den Jesus liebte« seit je das Interesse der Ausleger wie auch das fromme Gemüt faszinierte.

Die altkirchliche Tradition identifizierte ihn gewöhnlich mit dem Apostel Johannes, in dem sie auch den Verfasser des vierten Evangeliums sah; doch ist diese Auffassung seit der kritischen

Forschung fraglich geworden. Überblickt man die Stellen, an denen diese Gestalt auftritt (13,23; 19,26; 21,7.20), dann wird man eher geneigt sein, eine geschichtliche Person und nicht eine symbolische oder rein literarische Figur anzunehmen. Sie wäre näherhin als jene Autorität anzusehen, die dem johanneischen Kreis als der Garant der authentischen Jesus-Tradition galt. Diese vor allem von R. Schnackenburg begründete Hypothese sei hier übernommen. Dieser Jünger ist nicht mit dem Evangelisten identisch. Gleichwohl ist anzunehmen, daß der Evangelist diesen Zeugen an wichtigen Stellen literarisch eingesetzt hat, um seiner Tradition Gewicht zu verleihen. Für die Exegese erscheint es daher geraten, die Gestalt des »Jüngers, den Jesus liebte«, nach dem jeweiligen Zusammenhang auszulegen, ohne allzusehr darauf zu achten, wie es sich historisch jeweils verhalten mag. In den Versen 23 ff. ist der Jünger sicher erst sekundär in den Text hineingeraten.

Die Schilderung setzt die antike Sitte des »zu Tisch Liegens«, des Symposions, voraus; der Jünger liegt im Schoß Jesu, er hat offenbar seinen Kopf an Jesu Seite liegen. So wird er eingeführt, um das Rätsel, wer der Verräter sei, zu enthüllen (V. 24–26). Merkwürdig ist, daß auch Petrus sich an ihn wendet mit der Bitte, er möge Jesus fragen, wer gemeint sei, was denn auch geschieht. Die Antwort Jesu: »Der ist's, dem ich das Brot, das ich eintunke, reichen werde« setzt schon die Formulierung unter Bezugnahme auf Ps 41,10 voraus; auch die Ausführung ist von dorther motiviert. Johannes geht über die ältere Tradition (Mk 14,18–21) auch insofern einen Schritt hinaus, als er sagt, mit dem Bissen sei der Teufel in Judas hineingefahren. Die Antwort Jesu: »Was du tun willst, das tue bald« (V. 27b), im Sinn unseres »jetzt mach aber ganz schnell«, wird von den Jüngern wieder dahin mißverstanden, Jesus habe den Judas zum Einkaufen fortgeschickt oder ihn beauftragt, den Armen etwas zu geben – letzteres wäre als jüdischer Brauch am Passah-Fest anzusehen. Mit der lapidaren Feststellung: »Als er nun den Bissen gegessen

hatte, ging er gleich hinaus. Es war aber Nacht« (V. 30), deren Symbolkraft unverkennbar ist, schließt dieser Abschnitt.
Die Bedeutung der johanneischen Schilderung liegt gewiß in der Art, wie der Evangelist die Dramatik der Überlieferung verdichtet hat. Was bei Markus als stark reduzierte Mitteilung erscheint, das wird hier sehr akzentuiert und kunstvoll ausgestaltet, wobei die innere und die äußere Dramatik zueinander in Beziehung gesetzt und so dargestellt werden, daß der Leser davon unmittelbar betroffen erscheint. In der johanneischen Passionsgeschichte erreicht diese Darstellungsweise ihren Höhepunkt. Jesus weiß genau, um was es geht, und Judas weiß es auf seine Weise auch. Von den Jüngern teilt nur der eine, den Jesus liebt, dieses Wissen. Aber mitten im menschlichen Geschehen vollzieht sich etwas ganz und gar Hintergründiges. Der eigentliche Gegner Jesu ist nicht Judas, dieser ist nur das ausführende Organ. Der eigentliche Gegner ist Satan, die Macht des Bösen schlechthin, deren Finsternis Judas sich ausgeliefert hat. Der Aussagegehalt unseres Textes liegt hauptsächlich in dieser meditativen, theologisch-dichterischen Darstellungsweise. Deren Ziel ist die Betroffenheit des Hörers oder Lesers: So weit also konnte es kommen, daß einer aus dem allerengsten Freundeskreis Jesus den Offenbarer Gottes an seine Feinde ausliefert!

Zur Meditation

Der Verrat des Judas gehört zu den Zügen der Passionsgeschichte, die gleichsam die Einbruchstelle des Bösen, und zwar des Bösen in seiner rätselhaften, unbegreiflichen Gestalt in den menschlichen Geschehensablauf markieren. Verrat unter engsten Freunden, der zum Tod des so im Stich Gelassenen führt, hat zu allen Zeiten den besonderen Abscheu der Menschen hervorgerufen, und der Dichter Dante hat denn auch diesem Empfinden Ausdruck verliehen, wenn er die Verräter Brutus, Cassius und Judas in den untersten Kreis seines »Inferno« versetzt, ganz in die Nähe Satans. Geschieht solcher Verrat nicht einmal mehr aus

einer großen Gesinnung heraus, etwa weil man zu einer anderen, besseren Überzeugung gelangt ist, sondern für schnöden Mammon, dann neigen wir auch heute noch dazu, einen solchen Verräter zu verachten. Man hat immer wieder nach den Motiven gefragt, die Judas zu seinem Verrat Jesu bewogen haben könnten, z. B. ob er von Jesus deshalb enttäuscht war, weil der erhoffte große Schlag gegen die Römer ausblieb und die messianische Zeitenwende nicht eintrat. Man mag durchaus mit solchen Möglichkeiten rechnen, aber das Neue Testament gibt uns darüber keine sichere Auskunft. Ihm sind nicht die persönlichen Motive wichtig, sondern schon eher ist es der Gesichtspunkt, daß selbst ein Verräter Jesu seine Stelle im göttlichen Heilsplan hat. Selbst der Verrat der Liebe konnte den Sieg der Liebe am Kreuz nicht verhindern, er mußte noch diesem Sieg dienen. In der meditativen Annäherung an Jesus ahnt der Glaube die logisch nicht verrechenbare Einsicht, daß die göttliche Liebe größer ist als das menschliche Böse, als alles Unrecht und aller Verrat – und welcher Mensch hätte an menschlicher Untreue keinen Anteil? Bemerkenswert ist, daß nach den neutestamentlichen Zeugnissen die Haltung Jesu gegenüber Judas an keiner Stelle verurteilende Züge hat.
Daneben ist es gut, zu bedenken, daß in der christlichen Tradition mit der Judas-Gestalt auch viel Schindluder getrieben wurde. An dieser Gestalt haben sich häufig antijüdische Affekte entzündet. Aber auch für Mitchristen wurde »Judas« als Sündenbockfigur oder als Schimpfwort gebraucht. Es lassen sich aus der jüngsten Zeit sogar Beispiele höchster kirchlicher Persönlichkeiten für solchen Mißbrauch anführen, wenn man Priester, die geheiratet haben, des Judas-Verrats bezichtigte. Gegenüber solcher mißbräuchlichen Rhetorik ist stärkste Verwahrung einzulegen; kein Mensch hat das Recht, in dieser Weise über andere zu urteilen.
Verrat unter Freunden und unter solchen, die in Liebe miteinander verbunden waren, tut weh. Hier werden Menschen verwun-

det. Sieht man es so, dann wird die Frage für unseren eigenen menschlichen Bereich brisant; denn es geschieht oft, daß man einen Freund oder einen lieben Menschen aus fadenscheinigen Gründen oder auch aus purem Unvermögen fallenläßt. Oder auch aus sogenannten höheren Interessen.

Möglicherweise verkörpert Judas den Menschen, dem die Identifikation mit dem damals herrschenden System wichtiger erschienen ist als die Bindung an seinen Freund Jesus; dem es zu gefährlich war, in der Nähe eines solchen Menschen wie Jesus zu leben. Er hat die Freiheit und Liebe, die ihn in diesem Kreis beanspruchten, nicht verkraftet und wurde unsicher; der Grund dieser Unsicherheit läge dann darin, daß er das System so verinnerlicht hatte, daß er mit den ihm zugemuteten Problemen und Spannungen nicht fertig wurde. Dann würde er jene Form des Verrats darstellen, die man als »Verrat der Schwachen« bezeichnen kann, des Menschen, der so vom sozialen Über-Ich abhängt, daß er aus Ich-Schwäche heraus nur Werkzeug sein konnte, weil er nicht genügend liebesfähig war. Jedenfalls sagt das Neue Testament dies ganz deutlich: Verraten wurden nicht Wahrheiten oder Geheimnisse oder eine Lehre, sondern ein Mensch, der Mensch namens Jesus.

II. DIE ERSTE ABSCHIEDSREDE (13,31–14,31)

1. Das neue Gebot (13,31–35)

31 *Als er nun hinausgegangen war, spricht Jesus: Jetzt ist der Menschensohn verherrlicht, und Gott ist verherrlicht durch ihn;* 32 *wenn Gott durch ihn verherrlicht worden ist, wird Gott ihn auch bei sich selbst verherrlichen, und er wird ihn bald verherrlichen.*

33 *Kinder, ich bin nur noch kurze Zeit bei euch; ihr werdet mich suchen, aber wie ich zu den Juden gesagt habe: Wohin ich fortgehe, dahin könnt ihr nicht kommen, so sage ich das auch zu euch.*

34 *Ein neues Gebot gebe ich euch: Liebt einander! Genau so wie ich euch geliebt habe, sollt auch ihr einander lieben.*

35 *Daran mögen alle erkennen, daß ihr meine Jünger seid, wenn ihr Liebe habt einer zum anderen.*

Zur Exegese

Nach der Entfernung des Verräters Judas beginnt die *Erste Abschiedsrede.* Nun, da die Scheidung im engeren Jüngerkreis stattgefunden hat, ist Jesus nur noch mit denen zusammen, die seine wahren Getreuen, die »Seinen« im eigentlichen Sinne sind. Damit ist auch der Adressatenkreis dieser Rede umschrieben: Sie wendet sich nicht mehr, wie der gesamte erste Teil des Johannesevangeliums (Kap. 1–12) an die Außenstehenden, an die »Welt«, sondern sie gilt denen, die den Weg zum Glauben an Jesus gefunden haben. Sie richtet sich an die interne Gemeinde (die »Binnengruppe«) der Glaubenden. Wieder ist daran zu erinnern, daß wir es mit einer literarischen, »fiktiven« Situation zu tun haben. Der Evangelist benützt das literarische Mittel der »Scheidung«, um Außenbelehrung und Binnenbelehrung von-

einander abzuheben. Dem entspricht auch eine sachliche Differenz, die freilich nicht auf der Ebene des »historischen Jesus« zu suchen ist, sondern auf der Ebene der Gemeinde, die den Unterschied zwischen »ungläubiger Welt« und »Glaubensgemeinschaft« in ihrem Dasein erfährt. Die Themen, die behandelt werden, haben teilweise ihre Parallelen im ersten Teil des Evangeliums, doch kommen auch neue Aussagen dazu.
Der Abschnitt gliedert sich in drei verschiedene Aussagen: a) die Verse 31–32 beziehen sich unter dem Stichwort »Verherrlichung« auf die Situation Jesu selbst; b) Vers 33 beleuchtet die Abschiedssituation; c) die Verse 34–35 enthalten das Liebesgebot als die entscheidende Weisung Jesu für die Gemeinde.
a) Die Verse 31–32 handeln von Jesus unter dem Gedanken der »Verherrlichung des Menschensohns«. Die Auslegung muß vom johanneischen Verständnis ausgehen, nach dem hier nicht der irdische Jesus spricht, sondern der »johanneische Jesus«, also Jesus, wie ihn der Evangelist sieht und versteht. Der Evangelist schreibt aber rund 60–70 Jahre nach dem Tod Jesu. Beachtet man dies nicht, käme man notwendig zu einem falschen Textverständnis.
Man könnte hier den Begriff der »Rückblende« verwenden, ähnlich wie beim Film. Sowohl der Verfasser als auch seine Hörer wissen ja, daß sie keine Zeitgenossen Jesu sind. Ja, noch mehr, sie wissen genau, was der Glaube von Jesus sagt, daß er der Auferstandene, der Erhöhte und Verherrlichte ist, aber sie wissen auch um die Identität des Verherrlichten mit dem irdischen Jesus. Diese Identität des irdischen mit dem verherrlichten Jesus, des »historischen Jesus« mit dem »Christus des Glaubens« bildet die theologische Voraussetzung unseres Textes, so daß man den Gedanken mitvollziehen muß, daß der verherrlichte Jesus als der irdische vorgestellt wird und zur Gemeinde spricht. Das ergibt eine eigentümliche Übergangssituation: einerseits Rückblende in die Vergangenheit, andererseits Vorausblick in die Zukunft. Durch die Verklammerung beider Momente entsteht eine

besondere Weise von Gegenwart, in welche die Hörer einbezogen werden.
Diese Übergangssituation mit ihrer Verklammerung von Vergangenheit und Zukunft in der oder als Gegenwart ist aber, und darin liegt die Genauigkeit der johanneischen Sprache, zugleich identisch mit der »Zeit des Glaubens«. Denn der Glaube kommt von der Geschichte Jesu her und er richtet sich auf die Zukunft Jesu. Er ist geschichtlicher Glaube in Zeit und Welt, zugleich greift er über die gegenwärtige Weltzeit hinaus auf die in Jesus offenbar gewordene, in ihm schon gegenwärtige göttliche Zukunft. So steht die Struktur des Glaubens in einer genauen Entsprechung zur Identität des irdischen mit dem verherrlichten Jesus.
Das Wort wird als »Menschensohnwort« eingeführt und entspricht in seiner Form (Jesus redet vom »Menschensohn« in der 3. Person Singular) den Menschensohn-Logien in den Evangelien. Johannes hat die Menschensohn-Bezeichnung aus der urchristlichen (palästinensischen) Jesus-Überlieferung aufgenommen[27], ihr aber ein eigenständiges theologisches Gepräge gegeben.[28] Davon seien nur die wichtigsten Züge hervorgehoben:
Johannes verbindet mit dem Menschensohn-Titel den Offenbarungsgedanken. Als Menschensohn ist Jesus der Offenbarer Gottes, der die eschatologische Offenbarung bringt, die definitive »Wahrheit Gottes«, und der den Menschen das Heil, das »ewige Leben« im Glauben vermittelt. Dazu kommt weiter das Motiv vom »Abstieg und Aufstieg« des Menschensohns: Er kommt aus der göttlichen Welt in die irdische Menschenwelt herab und kehrt von dieser wieder in jene zurück. Und schließlich spricht Johannes von der »Erhöhung« und »Verherrlichung« des Menschensohns, um damit die urchristliche Verkündigung von Kreuz und Auferstehung Jesu zu formulieren. So finden wir in der johanneischen Menschensohn-Anschauung eine eigentümliche Verschmelzung des (apokalyptischen) Men-

schensohn-Titels mit der Jesus-Überlieferung, mit der urchristlichen Verkündigung und dem Offenbarungsgedanken (und vielleicht auch mit gnostischen Vorstellungen); dabei geht es vor allem um die bleibende Bedeutung der Jesus-Offenbarung.
Mit »Herrlichkeit«, »verherrlichen« wird in der deutschen von der Bibel beeinflußten Sprache die griechische Wortgruppe *dóxa, doxázein*, (hebr. *kabod*), wiedergegeben, deren Bedeutungsgehalt verschiedene Gedankenverbindungen erweckt: Göttliche Licht-Herrlichkeit, Glanz oder Ausstrahlung Gottes, Klarheit und Macht der göttlichen Offenbarung, Ansehen; im verbalen Gebrauch: zu Glanz, Macht und Ansehen bringen, Anteil an der göttlichen Sphäre verleihen. »Herrlichkeit« bezeichnet also die göttliche Sphäre im Unterschied zum irdisch-diesseitigen Bereich, und »verherrlichen« meint dann, jemanden in die göttliche Sphäre erheben, ihm Anteil an der göttlichen Licht-Welt geben. Dazu kommt der Offenbarungsgedanke: Jesus ist für Johannes auch der Offenbarer der göttlichen Herrlichkeit in der Welt, wie vor allem die johanneischen Wunderberichte zeigen.[29]
In unserem Text geht es darum, daß Jesus von Nazaret nach dem Glaubenszeugnis der Urkirche durch Kreuz und Auferstehung in den göttlichen Bereich aufgenommen wurde, und daß er als der »Verherrlichte« weiterwirkt in seiner Gemeinde. Die Bestimmung »Jetzt« bezeichnet Tod und Auferstehung Jesu als die heilsgeschichtlich entscheidende Zeit (Kairos), in der die »Wende der Weltzeiten (Äonen)« stattfindet. In diesem Zeitpunkt wird Jesus durch Gott als Offenbarer und Heilsbringer anerkannt und bestätigt, ebenso wird Gott durch Jesus, vor allem durch seinen Todesgehorsam am Kreuz, die ihm gebührende Anerkennung zuteil. In dieser gegenseitigen Verherrlichung und Anerkennung Jesu durch Gott und Gottes durch Jesus wird jenes Grundverhältnis aufgedeckt, wie es der christliche Glaube fortan festhält und bekennt: daß nämlich Jesus selbst als Messias und Gottessohn die volle und endgültige Offenbarung Gottes in der Welt ist. Für den christlichen Glauben ist Gott nicht mehr unabhän-

gig von Jesus zu denken und Jesus nicht ohne Gott zu verstehen.

Das Geschehen der Verherrlichung Jesu bleibt jedoch nicht der Vergangenheit verhaftet, sondern enthält bereits seine eigene Zukunft; es begründet eine neue Zeit: Die Verherrlichung Jesu wird in alle Zukunft hinein erfolgen, in erster Linie dadurch, daß die »Sache Jesu« in der Geschichte weiterwirkt, vor allem im Raum der Jesus-Gemeinde. In Glaube und Liebe der »Seinen« wirkt sich Jesu Verherrlichung durch Gott aus.

b) In Vers 33 wird die Abschiedssituation knapp beleuchtet. Nur noch eine kurze Zeit wird Jesus bei den Jüngern sein, dann wird er mit unbekanntem Ziel fortgehen in einen den zurückbleibenden Jüngern unzugänglichen Bereich. Gewiß steht im Hintergrund der Gedanke, daß das Fortgehen Jesu ein Fortgehen zum Vater sein wird; darüber wird später ausführlicher gesprochen. An dieser Stelle geht es darum, die entscheidende Schwelle, den Wendepunkt zu markieren: Die Zeit der irdischen Gegenwart Jesu geht mit dem Zeitpunkt der Verherrlichung unwiderruflich zu Ende. Damit erhebt sich nicht bloß die Frage, wohin Jesus fortgeht, sondern auch die weitere Frage, in welcher Weise die Gemeinde nach dem Fortgehen Jesu an ihn gebunden und mit ihm verbunden sein wird.

Es geht also nicht naiv vordergründig um »Abschied und Fortgehen mit unbekanntem Ziel«, wie man zunächst vermuten könnte. Vielmehr stellt Johannes die grundsätzliche Frage nach dem Verhältnis der irdisch-geschichtlichen Jesus-Zeit zur nachösterlichen Zeit des Glaubens an den nicht mehr unmittelbar gegenwärtigen Jesus, und zwar zunächst in negativer Form. Dazu kommt der weitere Gedanke, daß nach Johannes der göttliche Bereich dem Menschen an sich unzugänglich ist, erst durch Jesus gewinnt der Mensch dazu den Zugang. Versteht man die Funktion von Vers 33 so, wird auch sofort seine Stellung zwischen der Verherrlichungs-Aussage und dem anschließenden Liebesgebot verständlich.

c) Damit bekommt nun auch das »neue Gebot« der Liebe sein volles Gewicht (V. 34f.). Es erscheint bei Johannes als das erste und wichtigste Vermächtnis Jesu für seine Jünger. Die Stellung des Liebesgebots am Beginn der ersten Abschiedsrede hat wohl grundsätzliche Bedeutung. Vergleicht man die johanneische Fassung des Liebesgebots mit den entsprechenden synoptischen Fassungen (Mk 12,28–34; Mt 22,36–40; Lk 10,25–28), so fällt auf, daß bei Johannes der Hinweis auf das Gebot der Gottesliebe fehlt, und daß der Begriff »Nächster« nicht vorkommt. Die johanneische Formulierung lautet vielmehr: »Liebt einander«. Dieses »einander«, einer den anderen, steckt in umfassender Weise die sicher grenzenlos gemeinte »Reichweite« des neuen Gebots ab und versteht die Liebe als ein Handeln oder Verhalten in Gegenseitigkeit.
Dazu kommt weiter eine Begründung des Liebesgebots von der Christus-Erkenntnis her: »Genauso wie ich euch geliebt habe, sollt auch ihr einander lieben« (V. 34b). Die Formulierung, die das umfassend als »Liebe« verstandene Verhalten Jesu als normativ und verbindlich für die Jünger bezeichnet, weist zugleich auf das Fußwaschungs-Symbol zurück. Schließlich kommt noch eine missionarische, zeugnishafte Komponente hinzu: durch ihre gegenseitige Liebe, in der die Jünger untereinander das Beispiel Jesu verwirklichen, werden sie ein für »alle« sichtbares Zeichen ihrer Jesus-Zugehörigkeit geben. Sie werden durch ihre eigene Praxis den Kern der Jesus-Offenbarung für die Welt sichtbar machen.
Die Bezeichnung des Liebesgebots als »neues Gebot« besagt, daß Johannes dieses Gebot in seiner Begründung von Christus her als die eschatologische Weisung schlechthin versteht; der Begriff des »Neuen« ist als eschatologischer Qualitätsbegriff gemeint. In der Liebe wird das Verhalten Gottes zur Welt (vgl. 3,16) zum tragenden Motiv für das menschliche Handeln.
Man kann die johanneische Fassung des Liebesgebots nur im Zusammenhang der ganzen johanneischen Offenbarungs-Theo-

logie und Heilslehre richtig verstehen. Am besten nimmt man den ersten Johannesbrief als Kommentar dazu (besonders 1 Joh 3,11–18; 4,7–21). Das Evangelium wie der erste Johannesbrief stimmen darin überein, daß sie das Gebot des »Einander-Liebens« als die entscheidende, einzige und einzigartige Weisung Jesu überliefern. Andere Weisungen Jesu werden – etwa im Unterschied zur mattäischen Bergpredigt – in den johanneischen Schriften nicht genannt. Nach Johannes bilden »Glauben« und »Lieben« die beiden Zentral- und Schlüsselbegriffe für das Ganze des christlichen Verhaltens. Beide Begriffe sind radikal gemeint: Sie bestimmen von der Wurzel her das Wesen der christlichen Existenz, es bedarf dazu nach Johannes keiner weiteren Bestimmungen mehr.

Und beide Begriffe sind umfassend, »total« gemeint: Glauben und Lieben sollen das ganze christliche Verhalten in allen seinen Ausprägungen durchwirken und formen. Die Begründung des »genauso wie ich . . .« bezieht sich nicht auf ein gleichbleibendes Gefühl, das Jesus immer gehabt hätte, sondern sie weist konkret auf den Liebes-Tod Jesu am Kreuz: »Darin habt ihr die Liebe kennengelernt, daß jener sein Leben für uns zum Einsatz brachte; ebenso müssen auch wir unser Leben für die Brüder einsetzen« (1 Joh 3,16). Solche Liebe hat ihren Ursprung in Gott (1 Joh 4,7ff.); sie ist die Offenbarung der göttlichen Wirklichkeit schlechthin. Der Satz: »Gott ist Liebe, und wer in der Liebe bleibt, der bleibt in Gott und Gott bleibt in ihm« (1 Joh 4,16b), enthält in konzentrierter Form das Ganze der johanneischen Offenbarungs-Theologie. Die »ethische« Grundforderung des Christentums, das Gebot der Liebe, erscheint hier als letztlich in Gott gegründet: Die eine Liebe, die Gott ist, wird durch Jesus in der Welt offenbar, und zwar entscheidend in Jesu Tod am Kreuz, und sie wird in der gegenseitigen Liebe der Jünger wirksam, wenn sie sich von der Jesus-Norm bestimmen lassen. Insofern ist »Liebe« nach Johannes der Grundbegriff der gesamten Jesus-Offenbarung, Gehalt und Essenz des Christentums.

Zur Meditation

Jede Beschäftigung mit dem Johannes-Evangelium, die sich auch nur ein wenig unter die Oberfläche des Textes vorwagt, erweist sich sehr bald als ein Vorstoß zu den christlichen Zentralproblemen. Da werden keine Randfragen des Christentums verhandelt, da geht es immer um das Ganze. Wenn man das Christentum und seine Geschichte nicht nur kultur-, geistes- oder religionsgeschichtlich verstehen möchte, sondern von seiner »Mitte« her, dann ging es seit den Tagen der Apostel und der ihnen nachfolgenden Generation der »Urkirche« stets darum, die »Jesus-Erinnerung« und damit auch die »Sache Jesu« festzuhalten, die Bedeutung Jesu für die eigene Zeit zu erfassen und neu zu formulieren. Es ging um die »Gegenwart Jesu«. Der Glaube konnte sich nie mit einem rein »historischen Jesus«, der einer fernen Vergangenheit angehört und den man eventuell mit den Mitteln historischer Methodik rekonstruieren kann, begnügen; er war immer auf der Suche nach dem Jesus hier und heute, dem »Jesus für uns«. Die Ausstrahlungskraft des Christentums, zumal in seinen glaubwürdigen Erscheinungen, war stets so groß wie seine Fähigkeit und Kraft, die Gestalt Jesu in die jeweilige Gegenwart hereinzuholen und seiner Stimme Gehör zu verschaffen. Der Glaube an die Auferweckung Jesu von den Toten ist – gerade in seiner Paradoxie und mit seiner Zumutung an das sogenannte »normale Denken« – der entschiedenste Ausdruck dafür, daß es nicht um einen »toten Jesus« einer Vergangenheit geht, sondern um den »lebendigen Jesus«, der uns etwas zu sagen hat. Dieses Problem hat Johannes in aller Schärfe erfaßt, wenn er den irdischen Jesus zugleich als den durch Gott verherrlichten vorstellt und diesen als den geschichtlichen Jesus zu uns sprechen läßt.

Das Entscheidende im neutestamentlichen Christus-Zeugnis, insbesondere der Evangelien, liegt darin, daß man die Bindung an den historischen Jesus von Nazaret, den »wahren Menschen«

Jesus, wie die Dogmatik sagt, nicht preisgab.[30] In der Rückbindung an das geschichtliche Jesus-Ereignis drückt sich der Wille zur geschichtlichen Kontinuität aus, und zwar aus dem sicheren Gefühl heraus, daß das spezifisch Christliche verlorengeht, wenn die irdisch-menschliche Gestalt Jesu aus dem Blick verschwindet. Für Irenäus von Lyon (gest. um 205 n. Chr.) wird deshalb die Ablehnung der Inkarnation zum Kennzeichen jeder Häresie: »Nach keiner einzigen Lehre der Häretiker ist das Wort Gottes Fleisch geworden.«[31] Christlicher Glaube hält daran fest, daß die Geschichte Jesu in all ihrer menschlichen Bedingtheit und Endlichkeit der Ort einer einzigartigen und bleibend gültigen »eschatologischen« Sinn-Erschließung oder Offenbarung Gottes ist. Das christliche Heils-Geheimnis ist das Geheimnis der Gegenwart Gottes in der Geschichte Jesu.

Die Urkirche, dies zeigt uns auch das Johannesevangelium, war von der Erfahrung der Gegenwärtigkeit Jesu geprägt, vor allem im gottesdienstlichen Geschehen. Verkündigung, Glauben, Gebet und gemeinsame Feier des Herrenmahles erschließen die Teilhabe am gegenwärtigen Heil. Ohne Zweifel ist die Frage nach der Gegenwart Jesu auch unser Problem. Die Bedeutung des Gottesdienstes für diese Erfahrung hat das Zweite Vatikanum in seiner Liturgie-Konstitution betont, wenn dort von der »Gegenwart Jesu« im Meßopfer, in den Sakramenten, im Wort der Heiligen Schrift und im gemeinsamen Beten gesprochen wird.[32] Freilich besteht auch die Gefahr eines einseitigen »kultischen« Verständnisses der Gegenwart Jesu. Es war schon ein Fortschritt, wenn man die wirkliche Gegenwart (»Realpräsenz«) Jesu nicht mehr ausschließlich an die eucharistischen Gestalten gebunden hat, was früher zweifellos zu einem magischen Verständnis führte, das bis heute verhängnisvoll nachwirkt. Es ist eine Überlegung wert, ob nicht die exklusive Bindung der Gegenwart Jesu an Meßopfer und Hostienkult in der Vergangenheit entscheidend mit dazu beigetragen hat, daß man diese Gegenwart nicht mehr im Leben, in der Welt und in der

Gesellschaft erfuhr, so daß die vielberufene »Säkularisierung« der Welt auch eine direkte Folge dieses einseitigen Denkens wäre. Die Beschränkung der Heilserfahrung auf den kultischen Binnenraum hatte häufig eine Alibi-Funktion: hier herrschte das Heil, während draußen die heillose Welt ihr Unwesen trieb. Dagegen fragen wir heute mit Recht wieder stärker nach der Gegenwart Jesu und seines Geistes im konkreten Leben, im kirchlichen Handeln, in der menschlichen Gesellschaft.

Was steckt dahinter, wenn Menschen des zwanzigsten Jahrhunderts mit dem vielen Wissensballast, mit ihren Ängsten, Unsicherheiten und Zweifeln den Anschluß an Jesus suchen? Vielleicht ist es »die Erinnerung im Augenblick einer Gefahr« (W. Benjamin), die dazu veranlaßt; der Gefahr nämlich, sich selbst zu verlieren, sich nicht mehr auszukennen im Tohuwabohu unserer Zeit – und damit die Sehnsucht nach wahrer Menschlichkeit. Gegenwart Jesu kann für uns erfahrbar werden als gelebte Humanität und Mitmenschlichkeit.

Die im Glauben erfahrbare Gegenwart Jesu ist der erste Gesichtspunkt, den unser Text hervorhebt; der zweite hängt damit eng zusammen, wenn er das »Einander-Lieben« als das eine und einzige »neue Gebot« Jesu herausstellt. Bei Johannes ist der innere Zusammenhang von Glauben und Lieben gewahrt. Wir leiden darunter, daß die beiden Momente, die unabdingbar zusammengehören, immer wieder auseinandergerissen worden sind. So wurde aus dem lebendigen Glauben ein isoliertes »Festhalten von wahren Sätzen«, die man dem Menschen autoritär aufoktroyierte, mochte er sie begreifen oder nicht. In diesem Denken steckt jedoch, wie wir heute klarer sehen, eine magische Heilsangst, deren unmittelbare Folgen allerlei Nötigungen im Namen des orthodoxen Glaubens, von physischer bis zu geistiger Vergewaltigung, sind, wie sie bis in unsere Tage andauern.

Die Liebe wurde demgegenüber im privaten moralischen Verhalten angesiedelt, das dort, wo Recht und Autorität zu bestimmen haben, eigentlich nichts zu suchen hat. Nach neutestamentlichem Verständnis hat jedoch die Liebe den unbedingten Vorrang vor jeder noch so reinen Orthodoxie. »Daran mögen alle erkennen, daß ihr meine Jünger seid, wenn ihr Liebe habt einer zum anderen« (V. 35). Man braucht nur diesen Satz wörtlich zu nehmen und ihn als Maßstab anzulegen an das, was in Geschichte und Gegenwart als »kirchliches Handeln« praktiziert wird. Die Nichtchristen unserer Tage werden kaum auf die Idee kommen, den christlichen Kirchen zu sagen: »Seht, wie sie einander lieben« – höchstens ironisch. An diesem Punkt werden wir zum Umdenken, zur Buße aufgefordert. Dabei geht es vor allem auch um die gesellschaftliche Praxis der Liebe. Denn ohne die Liebe verkommt der Glaube zur unpersönlichen Macht. Sie muß dann dazu dienen, ein autoritäres geistliches Herrschaftssystem abzudecken, es zu verschleiern. Die Liebe hat noch immer den großen Vorteil, daß sie, wenn vielleicht auch unwissend, wenn auch manchmal in problematischer Gestalt, unterwegs ist zur Wahrheit, zum Gott der Liebe. Weiter darf man durchaus der Überzeugung sein, daß das Liebesgebot Jesu auch in unserer Welt viel weiter verbreitet ist, als dies ein enges Kirchturm-Christentum oft wahrhaben will. Johannes XXIII. hat dies gewußt und dementsprechend gehandelt. So wie das Licht überallhin sich verbreitet und von niemandem gepachtet werden kann, so gehört die Liebe allen Menschen. Von Jesus her gesehen besteht kein Grund zu Pessimismus.

2. Voraussage der Verleugnung des Petrus (13,36–38)

36 *Spricht zu ihm Simon Petrus: Herr, wohin gehst du fort?*
Jesus antwortete ihm: Wohin ich fortgehe, dorthin kannst
du mir jetzt nicht nachfolgen; aber später wirst du
nachfolgen. 37 *Spricht Petrus zu ihm: Herr, und warum*

kann ich dir nicht schon jetzt nachfolgen? Ich bin bereit, mein Leben für dich einzusetzen! [38] *Da gibt ihm Jesus zur Antwort: Du willst für mich dein Leben einsetzen? Amen, Amen, ich sage dir: Ehe der Hahn kräht, wirst du mich dreimal verleugnen.*

Zur Exegese

Mit der Voraussage der Verleugnung des Petrus durch Jesus nimmt Johannes wieder ein Stück Überlieferung auf (vgl. Mk 14,29–31; Mt 26,33–35; Lk 22,31–34). Die Voraussage der Verleugnung des Petrus gehört zum festen Bestand der evangelischen Passionsberichte. Interessant ist, daß schon der Evangelist Lukas dieses Traditionsstück in seine kurze »Abschiedsrede« (Lk 22,21–38) einbaute und es noch durch eine Petrus-Verheißung erweiterte (Lk 22,31 f.). Ebenso findet sich in allen vier Evangelien die Erzählung von der Verleugnung Jesu durch Petrus (vgl. Mk 14,66–72; Mt 26,69–75; Lk 22,56–62; Joh 18,15–18.25–27). Die Tradition, daß Petrus seinen Meister verleugnet hat, ist gewiß nicht erfunden, sondern historisch zuverlässig. Ihre Voraussage durch Jesus darf man geradezu als ein sicheres Anzeichen für ihre Tatsächlichkeit betrachten. Wieso? Es handelt sich gewiß nicht um ein historisches Jesus-Wort, sondern um eine im nachhinein gebildete »Prophezeiung«. Ihre Absicht läßt sich leicht erraten: Das kompromittierende Versagen gerade des ersten Mannes der Urgemeinde, des Petrus, gegenüber dem Meister und Freund Jesus war für die Gemeinde eine große Belastung, ein Ärgernis, mit dem sie fertigwerden mußte. Sie versuchte, das Problem so zu bewältigen, daß sie sagte: Jesus hat das Versagen seines Jüngers vorausgewußt, ja, er hat es vorausgesagt. Ihn selbst traf auch bei dieser herben Enttäuschung nichts Unerwartetes. Selbst das Versagen der eigenen Freunde lag im höheren Wissen Jesu und im göttlichen Heilsplan beschlossen. Ein solcher Zug paßte auch

vorzüglich in das johanneische Jesusbild des vollkommen um sich selber Wissenden und absolut Freien hinein.
Johannes nahm also diesen Zug mit Emphase aus der Tradition auf, aber zugleich verlieh er ihm auch wieder ein typisch johanneisches Gepräge. Dieses zeigt sich etwa in den folgenden Einzelheiten. Im Anschluß an die Wendung vom »Fortgehen Jesu« wird die Weissagung durch die Frage des Petrus: »Wohin gehst du fort?« geschickt mit der Abschiedssituation verbunden. Dabei kommt es bei Petrus zu einem folgenschweren »Mißverständnis«, wenn er meint, Jesus auf seinem Weg nachfolgen zu können und zu sollen. Damit kommt auch das Stichwort »Nachfolge« in den Text hinein. Die Antwort Jesu ist wieder geheimnisvoll offen. Jetzt kann Petrus Jesus noch nicht nachfolgen, aber später wird er es tun. In dieser Antwort steckt wahrscheinlich ein Hinweis auf den Tod des Petrus, von dessen gewaltsamem Ende die johanneische Tradition eine nähere Kenntnis gehabt zu haben scheint (vgl. dazu auch Joh 21,18–19). Das Mißverständnis des Petrus äußert sich in seiner entschiedenen Gegenbehauptung (V. 37). Es besteht darin, daß er meint, die Nachfolge aus eigenem Willen und aus eigener Kraft leisten zu können. Aber diese Überschätzung der eigenen Möglichkeiten wird ihm zum Verhängnis. Petrus will Jesus schon jetzt nachfolgen, ja, er will sein Leben für Jesus einsetzen. Die für Johannes typische Wendung »das Leben einsetzen für« (griech.: *thènai tèn psychèn hypér*) hebt den entscheidenden Punkt des Mißverständnisses hervor. Denn ein solches »das Leben einsetzen für die anderen« ist nach Johannes nur möglich, weil Jesus selbst zuerst sein Leben für alle, für die Welt eingesetzt hat, also nur im Nachvollzug des radikalen Engagements der Liebe, wie es Jesus beispielhaft vorgemacht hat. Johannes will damit sagen, daß Petrus seine eigene Situation gegenüber Jesus völlig verkennt. Er ist es, der zuerst des Engagements Jesu bedarf, um zu der von ihm so kühn vorweggenommenen Haltung der Liebe zu kommen. Eben deshalb wird die Folge seines Mißverständnisses

zuerst einmal die Verleugnung Jesu sein, das heißt die Erfahrung der eigenen menschlichen Ohnmacht und Schwäche, des eigenen Versagens.

Zur Meditation

Bei aller Selbstüberschätzung – ein Spießer oder ein berechnender Charakter, der seine eigenen Möglichkeiten genau kalkuliert und nur dann etwas unternimmt, wenn er sich zuerst rückversichert hat, so daß nichts mehr schiefgehen kann, war nach unserer Darstellung dieser Petrus nicht. Er möchte sich gern für Jesus engagieren, sogar sein Leben riskieren. Aber er wird erfahren müssen, daß er sich zuviel zugetraut hat, ja, er wird kläglich versagen. Wenn im Neuen Testament Petrus durchweg in dieser zwielichtigen und zwiespältigen Haltung erscheint, einerseits als der bedeutendste unter den Jüngern Jesu, später als der führende Mann in der Urkirche, andererseits aber als ein schwankender Charakter, der leicht umfällt (vgl. Gal 2,11–17), wird diese Darstellung wohl eine Grundlage im Erscheinungsbild des historischen Petrus haben. Es zeugt für die Glaubwürdigkeit der neutestamentlichen Tradition, daß sie aus Petrus keinen Helden gemacht hat; das blieb erst einer späteren Periode überlassen.
Das führt uns zu der Frage nach den Maßstäben im Umgang mit der geschichtlichen Überlieferung. Es gibt Institutionen, die um ihrer gegenwärtigen Bedeutung willen ihre eigene Geschichte am liebsten im goldenen Licht einer ebenso harmonischen wie letztlich siegreichen Entwicklung sehen möchten. Unserer persönlichen Lebensgeschichte gegenüber verhalten wir uns oft ähnlich. Die problematischen und dunklen Seiten werden verdrängt, sie gehören nicht zur Fassade. Auch die Kirchen- und Papstgeschichte hat man früher gern »triumphalistisch« geschildert; die Geschichte des Christentums war ein einziger glanzvoller Siegeszug durch die Jahrhunderte. Das nicht nur private, sondern oft genug auch institutionelle Versagen, das menschliche und politische Versagen wurde mit dem Hinweis auf die

geschichtlichen Verhältnisse entschuldigt. Dafür wurde es von den Gegnern der Kirche um so geflissentlicher in einer »Chronik der Skandale« dargestellt.
Die Bibel, sowohl das Alte als auch das Neue Testament, sind freilich im Hinblick auf die menschliche Geschichte von einer entwaffnenden Ehrlichkeit. Für sie gibt es keine Helden mit Glorienschein, sondern Menschen, die sich bewähren und versagen. Beides gehört zu ihrem vollen Menschentum. Außerdem mißt die Bibel das menschliche Leben mit den höchsten Maßstäben, vor denen keine menschliche Position bestehen kann. Eine christliche Schau der Geschichte müßte sich durch ein größeres Maß an Kritik, vor allem auch an Selbstkritik auszeichnen. Das gilt auch im Hinblick auf die ehrwürdigste Institution der westlichen Kirche, das Papsttum. Auch hier stehen Licht und Schatten, Größe und Elend, hohe Berufung und Mißbrauch von Macht unvermittelt nebeneinander. Gerade wenn man die einzigartige Bedeutung Jesu anerkennt, darf man keine Angst vor dem Schmutz der Vergangenheit haben. Die Auseinandersetzung mit dieser würde zu einer Voraussetzung für eine bessere christliche Zukunft.

3. Aufforderung zum Glauben. Jesus der Offenbarer Gottes (14,1–11)

Zur Exegese

Der Abschnitt ist nach seiner literarischen Form ganz im Stil der »johanneischen Offenbarungsrede« gehalten. Er gliedert sich in vier kleinere Einheiten, die jedoch durch weiterführende Stichworte locker miteinander verknüpft sind. Er beginnt mit einer Aufforderung zum Glauben (V. 1), handelt dann von den »vielen Wohnungen im Haus des Vaters« (V. 2–4). Die beiden folgenden

Abschnitte (V. 5–7.8–11) behandeln unter verschiedenen Gesichtspunkten die Lehre von Jesus als dem eschatologischen Offenbarer Gottes.

1 *Nicht erschüttern lasse sich euer Herz! Glaubt an Gott, und an mich glaubt auch!*

Am Beginn dieser Rede steht eine eindringliche Aufforderung zum Glauben, zunächst in negativer, dann in positiver Form. Die negative Aussage lautet: »Nicht erschüttern lasse sich euer Herz!« Die Mahnung erinnert an die auch sonst in der Bibel vorkommende Aufforderung: Fürchtet euch nicht! So heißt es Jes 7,2, wo die Reaktion des Königs Achaz und der Jerusalemer Bevölkerung auf die Kunde vom Heranrücken feindlicher Heere beschrieben wird: »Da erbebte sein Herz und das Herz seines Volkes, wie Waldbäume erbeben im Sturm.« Die Erschütterung des Herzens, wie sie hier gemeint ist, ist also das Gegenteil von Glauben. Die Wendung hat die Situation der Jüngergemeinde im Blick. Wodurch kann es zu solcher Erschütterung des Herzens kommen? Durch die dauernde Anfeindung von seiten der »Welt« und durch die Abwesenheit Jesu. Das Verhalten der »Welt« gegenüber der Gemeinde bedeutet für den Glauben eine ständige Herausforderung, eine Verunsicherung und Anfechtung, die so tief gehen können, daß das Innerste, das Herz, davon betroffen wird. Gibt das Herz dieser Verunsicherung nach, dann besteht die Gefahr, daß der Mensch den Glauben preisgibt. Die Erschütterung entsteht »nicht aus menschlicher Schwäche . . ., sondern aus dem Zusammenstoß von Welt und Offenbarung.«[33] Es gibt eine Anfechtung für den Glauben, die nicht nur zeitbedingt ist, etwa durch veränderte gesellschaftliche Verhältnisse, sondern die zur geschichtlichen Situation des Glaubens als solchem gehört. Die »Abwesenheit« Jesu trägt auf ihre Weise zur Verunsicherung bei – der Glaube kann seinen »Gegenstand« und »Grund« nicht vordergründig aufzeigen – und muß immer neu

verarbeitet werden. Aber die Jünger sollen sich von dieser Erfahrung nicht bestimmen lassen. Sie sollen um die Möglichkeit der Verunsicherung wissen, sich über ihre prekäre Situation – prekär in den Augen der Welt – nicht hinwegtäuschen, aber sie sollen gleichwohl nicht verzagen, sondern glauben.
In der johanneischen Sprache wird niemals das Substantiv »der Glaube« (*pistis*), sondern stets das Verbum »glauben« (*pisteúein*) verwendet. Das ist auch hier der Fall. In Übereinstimmung mit der urchristlichen Tradition bezeichnet er mit dem Wort jenes fundamentale menschliche Verhalten, das dem Anspruch der Offenbarung, wie er sich in Jesus bekundet, entspricht. Zwar ist der Glaube Antwort auf das Wort der Heilsbotschaft, aber er ist zugleich auch ein festes Vertrauen, der »Erschütterung des Herzens« entgegengesetzt, also innere Ruhe und Festigkeit des Herzens, durch welche die Erschütterung überwunden, aufgehoben ist. In dieser Aussage werden Glauben an Gott und Glauben an Jesus zueinander in Parallele gesetzt!
Nach alttestamentlich-jüdischem Verständnis ist Glauben das Sich-Eingründen des Menschen in den göttlichen Lebensgrund, der dem Menschen Leben und Bestand verleiht, das vertrauensvolle, rückhaltlose Sich-Einlassen auf die Verheißung, Zusage und Treue Gottes. In diesem Sinn kann man eben nicht an alles mögliche »glauben«, ja eigentlich an gar nichts in der Welt, sondern nur an Gott, weil nur er allein dem Verlangen nach unbedingter Zuverlässigkeit entspricht. In diesem Sinn hat wohl auch Jesus selbst vom Glauben gesprochen. Bei Johannes hat der Begriff Glauben schon eine christliche Geschichte hinter sich und dabei eine bedeutsame Erweiterung erfahren. Der Glaube richtet sich jetzt nicht nur auf Gott, sondern auch auf Jesus selbst. Für das Urchristentum ist Jesus Christus so eng mit Gott verbunden, daß er selbst zum »Gegenstand des Glaubens« wurde. Der Gottesglaube erscheint durch Jesus vermittelt; Jesus ist zum geschichtlichen Garanten des Glaubens geworden. Umgekehrt wird der Gottesglaube zum Grund für den Glauben

an Jesus, so daß Gottesglaube und Jesusglaube nach Johannes eine unzertrennliche Einheit bilden; die nähere Begründung dafür wird in den folgenden Abschnitten gegeben.

2 *Im Hause meines Vaters sind viele Wohnungen; hätte ich euch sonst gesagt: Ich gehe hin, um euch eine Stätte zu bereiten?*
3 *Und wenn ich hingegangen bin und euch eine Stätte bereitet habe, dann komme ich wieder und werde euch zu mir holen, damit auch ihr dort seid, wo ich bin.*
4 *Wohin ich fortgehe – den Weg dorthin wißt ihr.*

Dieser Abschnitt ist nicht so sehr eine Belehrung über die »himmlischen Wohnungen« als vielmehr darüber, daß der »Weg Jesu« grundlegend, gültig und normativ, eben deshalb auch verheißungsvoll für die Jünger ist, und darüber, daß die Trennung Jesu von den Seinen keine Trennung auf Dauer sein wird. Johannes hat den urchristlichen Gedanken der Jesus-Nachfolge, der vom irdischen Jesus herkommt, vertieft und ihn gleichsam auf eine christologische Formel gebracht: »Wenn einer mir dient, soll er mir nachfolgen, und wo ich bin, da wird auch mein Diener sein« (12,26). Der Weg, den Jesus geht, ist aber der Weg des Menschensohns, der durch die Welt über Kreuz und Auferstehung zum Vater führt. Genau dieser Weg ist nun auch für die Jünger verbindlich; denn zu Jesus gehören heißt durch Glaube und Liebe in einer Art Schicksalsgemeinschaft mit ihm stehen.
Der Gedanke von »himmlischen Wohnungen«[34] kommt auch in anderen neutestamentlichen Texten vor: »die ewigen Wohnungen« in Lukas (16,9), und vor allem bei Paulus: »Denn wir wissen, wenn das Zelt unserer irdischen Wohnung abgebrochen wird, werden wir eine Wohnstätte von Gott empfangen, ein nicht von Händen erbautes, ewiges Haus im Himmel« (2 Kor 5,1). Die Vorstellungen von »Haus« und »Wohnen« sprechen offenbar ein

urmenschliches Bedürfnis an, das man als Bedürfnis nach endgültiger Geborgenheit, nach »Heimat« bezeichnen mag, nach Sicherheit und Frieden, in einem letzten Sinn. Denkt man dabei an das »ewige Haus« oder an die »ewige Heimat«, dann wird das Leben in der Welt als Leben in der Fremde empfunden oder auch als eine irdische Wanderschaft, wie dies in dem Paulus-Wort deutlich ist, wo zwischen dem »Zelt der irdischen Wohnung« und dem »ewigen Haus im Himmel« unterschieden wird. Die Bilder sind in die Sprache der christlichen Tradition eingegangen und haben vielfache Resonanz gefunden.

Johannes gebraucht dieses Bild, ohne es im einzelnen näher auszumalen. Der Akzent liegt darauf, daß im Haus Gottes, des Vaters, »viele Wohnungen« sind. Oder abstrakt formuliert: Bei Gott wird jeder die ihm entsprechende vollkommene Lebensmöglichkeit finden, die seiner Fasson angemessene ewige Seligkeit; niemand braucht sich darum zu sorgen, daß es für ihn keine Möglichkeit, keine Erfüllung gäbe. Dort jedenfalls wird keine »Wohnungsnot« mehr herrschen. – Die Wendung: »hätte ich euch sonst gesagt ...« (V. 2b) bezieht sich wohl auf andere Stellen (z. B. 12,26; 17,24). Das Fortgehen Jesu, so sieht es Johannes, hat den Sinn, daß er gleichsam als »himmlischer Quartiermacher« für seine Freunde die Wohnung bereitet. Damit ist jedoch der Gedanke verbunden, daß es für den Menschen keine andere Möglichkeit gibt, zu Gott zu gelangen, als allein durch den Offenbarer Jesus. Sein Weg ist der beispielhafte Weg des Menschen zu Gott.

In diesen Gedankengang ist nun die Wendung von der »Wiederkehr Jesu« eingeschoben. Jesus wird wiederkommen, um die Seinen abzuholen, damit sie mit ihm zusammen in ewiger Gemeinschaft leben können. Mit dieser Wendung erfolgt eine eigentümliche Umprägung der urchristlichen Wiederkunfts-Erwartung.[35] Der Glaube, der schon jetzt das Heil vermittelt und dem Menschen Anteil am ewigen Leben gewährt, hat auch eine Zukunft, die im Weg Jesu eröffnet ist. Diese Zukunft ist »der

Himmel« als der Ort Gottes. Die Bezeichnungen »Haus meines Vaters« und »Reich Gottes« in der Jesus-Botschaft bei den Synoptikern meinen nicht genau dasselbe, sie decken sich nicht einfach. Vielmehr tritt bei Johannes die erste Bezeichnung wohl doch an die Stelle der zweiten. Für ihn steht nicht das Kommen des Reiches Gottes im Vordergrund, sondern der Übergang aus der irdischen Welt in den göttlichen Bereich des »Vaters«. Die Wendung von der Wiederkunft Jesu wird vom Evangelisten zwar beibehalten, aber sie wird doch in die andere Vorstellung eingeordnet. Wahrscheinlich hat Johannes sich die Sache so gedacht, daß Jesus jeweils beim Tod des Jüngers kommt, um ihn in das »Haus des Vaters« abzuholen. Die kollektive Wendung »ich werde *euch* zu mir holen« besagt dann, daß diese Verheißung allen Jüngern gilt.
Das Ziel der Vollendung wird im letzten Absatz von Vers 3 genannt: ». . . damit auch ihr dort seid, wo ich bin«. Ähnlich heißt es 17,24: »Vater, was immer du mir gegeben hast: ich will, daß dort, wo ich bin, auch jene mit mir sein sollen, damit sie meine Herrlichkeit, die du mir gabst, schauen – daß du mich geliebt hast vor Erschaffung der Welt«. Die Heilsvollendung besteht in der ewigen Christusgemeinschaft, im Zusammensein mit Jesus bei Gott. Das ist die Verheißung, wie sie hier formuliert wird. – Vers 4, mit dem der Abschnitt schließt, dient dazu, das Stichwort »Weg« einzuführen und damit die nachfolgende Frage herauszufordern.

5 *Spricht zu ihm Tomas: Herr, wir wissen nicht, wohin du fortgehst; wie können wir da den Weg wissen?* 6 *Spricht Jesus zu ihm: Ich bin der Weg, die Wahrheit und das Leben; niemand kommt zum Vater außer durch mich.* 7 *Hättet ihr mich erkannt, würdet ihr auch meinen Vater kennen; aber von jetzt an kennt ihr ihn und habt ihn gesehen.*

Die Frage nach dem »Weg« zu dem verheißenen Ziel gibt dem Evangelisten Gelegenheit, diesen Punkt durch eine besonders feierliche Selbstaussage Jesu zu verdeutlichen. Die Frage des Tomas (V. 5) verwendet wieder das Stilmittel des »Mißverständnisses« und dient weiter dazu, das Leitwort »Weg« nochmals besonders zu betonen: »... wie können wir da den Weg wissen?« Anders gesagt, *die Frage nach dem Weg* ist das Thema, um das es geht. Bei der eher bildhaft-dichterischen (metaphorischen, symbolischen) Sprache des vierten Evangelisten ist es wichtig, die verschiedenen Klänge mitzuhören, die in seinen Grundbegriffen mitschwingen. Das Bild-Wort »Weg« schließt ein, daß der Mensch nach Orientierung sucht, wobei denn auch das ganze Leben als »Weg«, eben als »Lebensweg« bezeichnet werden kann. Dazu kommt weiter die Frage nach dem »rechten Weg« – man kann den Weg ja auch verfehlen und in die Irre gehen. Für den alttestamentlichen Frommen ist die Weisung Gottes, das Gesetz, der Weg des wahren, gottgewollten Lebens (Vgl. Ps 119). Auch in anderen Religionen wird nach dem Weg, dem rechten Pfad, der zum Heil, zur Erlösung führt, gefragt. Ebenso war »der Weg« wahrscheinlich eine Selbstbezeichnung des Urchristentums im Unterschied zur Gesetzesfrömmigkeit.[36] »Weg« ist demnach nicht in einem »übertragenen« Sinn zu verstehen, sondern im Sinne des menschlichen Selbstverständnisses »eigentlich« gemeint. Wo der Mensch so nach dem Weg fragt, fragt er zugleich nach Sinn und Ziel seiner Existenz.

Genau so ist denn auch die von Jesus gegebene Antwort gemeint: *»Ich bin der Weg, die Wahrheit und das Leben; niemand kommt zum Vater außer durch mich«* (V. 6).

Die johanneische *Ich bin*-Formel (*ego eimi*-Formel) begegnete uns schon in 13,19; an dieser Stelle legt es sich nahe, etwas genauer auf das Problem der johanneischen »christologischen Offenbarungs-Formel« einzugehen.[37] – Dem Leser des Johannesevangeliums fällt bald auf, daß in bestimmten Zusammenhängen, vor allem in den großen Reden, eine Formel

auftaucht, in welcher sich der johanneische Christus in betont feierlicher Weise über sich selbst und seine Bedeutung ausspricht. Die Formel wird gewöhnlich eingeleitet mit einem »Ich bin . . .«, dann folgt häufig, aber nicht immer, eine besondere Aussage, z. B. »der gute Hirt«. Man unterscheidet deshalb zwischen »Ich bin-Worten mit einem Bildwort« und dem »absoluten Ich bin«. Die Formeln mit Bildwort sind häufiger: Ich bin – das Brot des Lebens (6,35.48); das lebendige Brot (6,51); das Brot, das vom Himmel herabgestiegen ist (6,41); – das Licht der Welt (8,12; vgl. 9,5); – die Tür (für die Schafe) (10,7.9); – der gute Hirt (10,11.14); – die Auferstehung und das Leben (11,25); – der Weg, die Wahrheit und das Leben (14,6); – der wahre Weinstock (15,1.5). Absoluten Gebrauch der »Ich bin-Formel« (»Ich bin«, »daß Ich es bin« u. ä.) finden wir in 6,20; 8,24.58; 13,19; 18,5.6.8. Zunächst erkannte man, daß diese Formel nicht einfach der Selbstvorstellung dient, sondern mit einem in der religiösen Sprache des Altertums verbreiteten Reden-Typus zusammenhängt, in welchem eine Gottheit sich ihrem Verehrer zu erkennen gibt und ihre hilfreiche Bedeutung für diesen ausspricht.
Insbesondere stieß man im Alten Testament auf ähnlich gebaute Selbstaussagen JHWHs, wie das berühmte »Ich bin der ich bin« (Ex 3,14) und vor allem in den Reden des Deuterojesaja, wie in Jes 42,10f.: »Ihr seid meine Zeugen, spricht JHWH, und mein Knecht, den ich erwählte; daß ihr erkennt und mir glaubt und einseht, daß *ich es bin.* Vor mir ward kein Gott gebildet, und nach mir wird keiner sein. *Ich, ich JHWH* – außer mir ist kein Heiland.« Im Alten Testament ist dieses absolute »Ich bin . . .« die höchste Form der göttlichen Selbstaussage und Selbstzusage und in diesem Sinn »Offenbarungsformel« schlechthin. JHWH ist das den Menschen ansprechende »absolute Ich«, das niemals zum Es werden kann (M. Buber).
Wenn nun Johannes diese Formel aufnimmt und sie auf Jesus überträgt, dann »kann es nicht zweifelhaft sein, daß bei der Übertragung auf Jesus diesem eine für jüdische Ohren unerhörte

Dignität zugesprochen wird«, aber freilich nicht im Sinn einer platten Gleichsetzung mit Gott selbst, vielmehr: »Jesus ist Gottes eschatologischer Offenbarer, in welchem sich Gott selbst zur Sprache bringt.«[38] Die Formel dient also dazu, den höchsten Anspruch der Jesus-Offenbarung auszusagen. Aber vielleicht ist dies noch zu abstrakt und äußerlich gedacht. Wir müssen auch hier davon ausgehen, daß im Johannesevangelium der erhöhte Christus als der irdische Jesus spricht. Und wenn man von hier aus weiter fragt, wo der »Sitz im Leben« für solche Offenbarung des gegenwärtigen Christus sein mag, dann werden wir auch hier auf den urchristlichen Gottesdienst geführt und in diesem Rahmen auf die prophetische Predigt. Der vom Geist ergriffene Prophet und Künder weiß sich als die Stimme des erhöhten Christus, durch ihn spricht Christus gleichsam als durch sein menschlich-irdisches Organ; er formuliert in seiner Geist-Ergriffenheit solche Aussagen.[39] Im Rahmen des Gottesdienstes haben solche Formeln die Funktion der Vergegenwärtigung und sind ähnlich zu verstehen wie die Funktion des Einsetzungsberichts bei der Eucharistiefeier. Wenn sie ausgesprochen werden, wird die Gemeinde der Gegenwart Christi in ihrer Mitte gewahr.
Darüber hinaus hat die »Ich bin-Formel«, und dies zeigt ihre Verbindung mit den verschiedenen Bildworten, auch eine sinnerschließende Funktion: Mit Hilfe dieser Bildworte soll die Heilsbedeutung Jesu für den Menschen artikuliert werden.
Die Bildworte (vgl. oben) haben sowohl im jüdischen als auch im hellenistischen Bereich einen breiten symbolischen und teilweise mythischen Hintergrund. Es handelt sich um Bilder, in denen bedeutsame menschliche Lebenswerte, mythisch-religiöse Sinngehalte sich verdichten, die für die damalige Kultursituation das bezeichnen, was die Menschen unter dem »Heil«, der Erlösung, verstanden. Sie sind Ausdruck menschlicher Heils-Erwartung, was sich auch darin zeigt, daß manche Symbole wie »Lebensbrot« oder »Licht« und »Leben« in den allerverschiedensten mythischen Traditionen, und zwar ganz unabhängig voneinan-

der, vorkommen; sie gehören gleichsam der religiösen Sprache der ganzen Menschheit an. Überall, wo die Menschen in religiöser Sprache ihr Heilsverständnis und ihre Erlösungssehnsucht zum Ausdruck brachten, bedienten sie sich solcher und ähnlicher Symbole.

Vielleicht darf man als den gemeinsamen Kern solcher Aussagen die allgemein menschliche Sehnsucht nach dem »ewigen«, »wahren« oder »eigentlichen« Leben verstehen. Oder anders formuliert, in den Symbolen drückt sich eine letzte Sinngebung menschlicher Existenz, das fundamentale menschliche Selbstverständnis aus. Darin erschließt sich der letzte Sinn von Religion, sofern nämlich die existentielle Sinnfrage des Menschen, wie sie zu allen Zeiten gestellt wurde, das Verlangen nach Sinndeutung des Lebens eben die religiöse Frage des Menschen ist. Zur Zeit des vierten Evangelisten wurde diese Frage im Hellenismus in verschiedener Weise und bei den verschiedensten Gruppen gestellt. Eine wichtige Strömung dieser Art war auch die »gnostische Bewegung«. *Soteria*, »Heil«, »Rettung«, »Erlösung« ist eines der großen Schlagworte der Zeit. Wenn Johannes diese Bilder aufnimmt, dann will er damit offenbar sagen, daß für ihn Jesus Christus die definitive Antwort auf die in den religiösen Symbolen gestellte Sinnfrage ist; er ist die Erfüllung der religiösen Sehnsucht der Menschheit, sowohl für die Heilserwartung der Juden als auch für das religiöse Verlangen der Heiden. In Jesus verkörpern sich die höchsten Lebenswerte und Sinngehalte. Als zentraler Sinnbegriff taucht in den Bildworten immer wieder der Begriff »Leben«, »ewiges Leben« auf. Jesus ist der Offenbarer, der dem Menschen das wahre, ewige, göttliche Leben mitteilt.

Von daher ergibt sich ein doppelter Bezug. Zunächst: Daß Jesus von Nazaret als menschlich-geschichtliche Gestalt der Offenbarer Gottes und der endzeitliche Heilbringer ist, das ist die Voraussetzung der johanneischen wie der gesamten urchristlichen Heilsbotschaft. Das bedeutet einerseits, daß von diesem

Ansatz her alle anderen Heilserwartungen kritisch gesehen werden; sie können das Heil, das sie versprechen, nicht gewähren.[40] Auf der anderen Seite ergibt sich aber auch eine positive Sicht der Religionen, die man etwa so formulieren kann: Die Religionen sind mit ihren verschiedenen Formen der Sinngebung des Daseins der tiefste und mächtigste Ausdruck menschlichen Heilsverlangens. Dieses Heilsverlangen, die religiöse Sehnsucht, ist keine Illusion, sondern existentielle menschliche Wahrheit, die jeder an sich erfahren kann. Sie findet in Jesus Christus und im Gott der universalen Menschenliebe, den Jesus seinen Vater nennt, ihre überragende Erfüllung. Was vom Alten Testament ausdrücklich gesagt wird, nämlich daß es als Verheißung auf Christus hin zu verstehen sei, das gilt analog von allen Religionen. Im Christusglauben sind auch die Religionen »aufgehoben«, im hegelschen Doppelsinn des Wortes: sie sind darin erfüllt und vollendet.

Der Mensch, so haben wir im Anschluß an Vers 5 gesagt, fragt nach dem »Weg«, dem »Lebens-Weg« oder »Heils-Weg« und darin nach Sinn und Ziel seiner eigenen Existenz. Die Religionen versuchen ihrerseits, diese Frage nach dem »Weg« zu beantworten. Hier sagt Jesus von sich selbst: *Ich bin der Weg.* Das bedeutet zunächst gegenüber allen anderen »Wegen«, daß Jesus selbst der Heilsweg des Menschen zu Gott ist, neben dem für den Glauben weder der jüdische Heilsweg der Gesetzes-(Tora)-Frömmigkeit noch der gnostische einer rein innerlichen Heils-Erkenntnis in Frage kommt.

Aber das Wort sagt noch mehr. »Indem Jesus sich selbst als den Weg bezeichnet, wird deutlich: 1. daß es für die Jünger anders steht als für ihn; er braucht für sich keinen »Weg« in dem Sinn wie die Jünger; vielmehr ist er für sie der Weg; 2. daß Weg und Ziel nicht im Sinn des mythologischen Denkens getrennt werden dürfen«, sagt R. Bultmann.[41] In der *Begegnung* mit dem Offenbarer Jesus liegt das Heil des Menschen. Im Hinblick auf Jesus schließt der Begriff des »Weges« die ganze Geschichte Jesu ein, das heißt sein irdisches Wirken, seinen Tod und seine Auferstehung, – und noch einen Schritt weiter: seinen Weg aus der himmlischen Präexistenz in die Welt und wieder zurück zum Vater, sein Kommen von und sein Gehen zu Gott. Es gibt für den Menschen den Weg zu Gott, weil in Jesus Gott selbst zum Menschen gekommen ist und damit den Weg gebahnt hat. Durch die Offenbarung Gottes in Jesus ist die Frage des Menschen nach dem Weg schon überboten!

Zugleich steckt darin auch ein Hinweis auf den Glauben: Wenn Jesus selbst der Weg ist, dann ist auch der Glaube als menschliche Antwort auf die Offenbarung schon als »Weg« verstanden. Auch das Glauben ist etwas Lebendiges und Dynamisches, eine Bewegung, die das Leben des Menschen ergreift und zu einem dauernden »Unterwegs« macht. Dazu gehört freilich die Bindung an Jesus sowie das immer neue Fragen nach Jesus. *Er selbst* wird für die Orientierung des Glaubens niemals überflüssig, niemals überholt.

Für uns nicht ganz so leicht verständlich ist die Selbstbezeichnung Jesu als *»die Wahrheit«*, und zwar deshalb nicht, weil wir mit dem Begriff »Wahrheit« sehr unterschiedliche Vorstellungen verbinden. So versteht man etwa unter Wahrheit (1), daß jemand sagt, was er meint und denkt, die Übereinstimmung von Gedanke, Absicht und Rede im Gegensatz zur Täuschung oder Lüge; oder (2) die Übereinstimmung eines Gedankens, einer Aussage oder einer Lehre mit der Wirklichkeit, im Gegensatz zum Irrtum; heute kommt noch besonders (3) dazu, daß Wahrheit verstanden wird als Anleitung zur rechten »Praxis«; und schließlich (4) wird Wahrheit oft so verstanden, daß eine Aussage oder Theorie den Regeln der Vernunft, der Logik oder der wissenschaftlichen Methoden entspricht. Unsere Aussage läßt sich in keiner der genannten Auffassungen unterbringen, ein Hinweis darauf, daß das Wahrheitsverständnis hier ein anderes ist als das der Alltagssprache und der Wissenschaft. Es geht nicht darum, daß Jesus die Wahrheit gesagt hat, oder daß für ihn

Denken und Reden, aber auch Reden und Handeln übereinstimmten, daß er niemals gelogen hat. Hier geht es wohl um das urmenschliche Suchen von Wahrheit als Erfahrung von Sinn und Gewißheit. In diese fundamentale Richtung dürfte die johanneische Aussage zielen.[42]

Dabei ist besonders das alttestamentliche Verständnis von Wahrheit (hebr. *emet*) mit zu bedenken. *emet* im theologischen Sinn meint die unbedingt verläßliche Treue Gottes in seinem Handeln, in seiner Offenbarung wie in seinen Geboten. Wahrheit bedeutet die absolute Zuverlässigkeit Gottes gegenüber dem Menschen, so daß der Mensch auf Gottes Wort, auf seine Verheißung und Treue sich unbedingt verlassen kann. Aus solcher *Verläßlichkeit-Treue-Wahrheit* Gottes kann der Mensch leben; hier gewinnt er die grundlegende Konstanz und Festigkeit für sein Leben. Der Mensch, der sich auf Gottes Wort und Offenbarung verläßt und ganz praktisch damit rechnet, indem er glaubend *die Wahrheit tut*, wird der Wahrheit Gottes teilhaftig. Bei diesem Wahrheitsverständnis sind Einsicht und Tat (»Theorie und Praxis«), Erkenntnis und Erfahrung eng miteinander verknüpft.

Nun besteht die zentrale Aussage des Johannesevangeliums darin, daß dem Menschen diese Wahrheit Gottes in Jesus begegnet; in ihm haben sich »Gnade und Wahrheit ereignet« (1,17). Diese »begegnende, widerfahrende und ansprechende Wahrheit« ist es, die den Menschen frei macht: »Wenn ihr in meinem Wort bleibt, dann seid ihr wahrhaftig meine Jünger; ihr werdet die Wahrheit erkennen, und die Wahrheit wird euch frei machen« (8,31 f.). Im Umgang mit Jesus und seiner Botschaft begegnet der Mensch der befreienden Wahrheit und Wirklichkeit Gottes, er erfährt in Jesus die Wahrheit zugleich als das Heil, als Liebe; er darf »aus der Wahrheit sein«. Gewiß wird diese Wahrheit niemals zum verfügbaren Besitz. Es ist für den Glauben entscheidend, daß er die befreiende Wahrheit immer nur in der Begegnung mit Jesus und seinem Wort erfährt, sie muß ihm geschenkt werden. Aber in Jesus ist sie uns auch tatsächlich und bleibend geschenkt. Daher entspricht er in unüberbietbarer Weise dem menschlichen Verlangen nach letzter Wahrheit und letztem Sinn.

Was schließlich den Begriff *»Leben«* angeht, so ist die Bedeutung dieses Wortes im Rahmen der johanneischen Theologie kaum auszuschöpfen.[43] Im Anschluß an alttestamentlich-jüdisches Denken wird »Leben« (oder »das ewige Leben«) zum Schlüsselwort für das Heil, also für alles, was die Offenbarung dem Menschen anzubieten hat. Ist für die synoptische Tradition der Begriff »Reich Gottes« dieses Schlüsselwort für »Heil«, so für Johannes »Leben«.

Um die Bedeutung des Wortes richtig zu erfassen, können wir den modernen Begriff der »Lebensqualität« heranziehen, der besagt, daß es für den Menschen nicht bloß darauf ankommt, über das Existenzminimum, etwa in Nahrung, Kleidung und Wohnung zu verfügen, sondern daß zum vollen menschlichen Leben noch mehr gehört, wie der Anteil an einem bestimmten Lebens-Standard oder an den Kulturgütern. Der Glaube sagt, daß auch dies nicht hinreicht, sondern daß menschliches Leben erst in der Gemeinschaft mit Gott seine ganze Erfüllung findet. Wir können diese Auffassung als »eschatologische Lebensqualität« bezeichnen. Genau darum geht es dem vierten Evangelisten: Die Gottesferne als Abwesenheit von Sinn, von Glück oder Freude macht die tiefste Problematik und die eigentliche Entfremdung unseres Lebens aus, und das wahre Leben, wie es die Offenbarung vermitteln möchte, besteht darin, daß uns durch Jesus die Gottesgemeinschaft angeboten wird. Jesus, der Menschensohn, ist der »eschatologische Lebensspender«. Durch ihn ist uns jene Lebensmöglichkeit gegeben, die alle anderen Qualitäten übertrifft.

Bei Johannes kommt als entscheidendes Moment hinzu, daß dieses »ewige Leben« nicht bloß als etwas Zukünftiges verstanden wird, das uns erst in ferner Zukunft oder nach dem Tod zuteil würde, sondern daß der Glaube der Anfang dieses »ewigen Lebens« ist. Im Glauben gewinnt der Mensch bereits hier und jetzt jene neue »eschatologische Lebensqualität«. Der Glaube ist der entscheidende Schritt »aus dem Tod in das Leben«, weil er die Teilnahme des Menschen an der durch Jesus eröffneten Gottesgemeinschaft ist (Vgl. dazu 1 Joh 1,1–4).

Weg, Wahrheit und Leben bilden eine innere Einheit und bezeichnen für uns die unterschiedlichen Aspekte der in Jesus gegenwärtigen Offenbarung. All das findet der Glaube bei Jesus selbst. Johannes hat die Bedeutung Jesu mit neuen Begriffen und in einer neuen Weise zur Sprache gebracht, indem er ihn als die Antwort Gottes auf die zentrale menschliche Sinnfrage interpretiert. Was wir als »Sinnfrage« bezeichnen, das ist letztlich nichts anderes als die Frage nach dem richtigen Weg, nach der für uns selbst bleibend gültigen Wahrheit und nach dem Leben, dessen Qualität nicht mehr bloß von den verfügbaren Lebensgütern abhängt, sondern das wir als fraglos gut und verheißungsvoll akzeptieren können, weil es in seiner ganzen Fülle sogar die Todesgrenze übersteigt und im wahren Sinn das *ewige* Leben ist. Dies alles kann der Mensch in der Begegnung mit Jesus von Nazaret finden, weil er die volle Gottesgemeinschaft eröffnet. Die Aussage: »Niemand kommt zum Vater außer durch mich« (V. 6b) wird auf diesem Hintergrund verständlich. Sie bringt zum Ausdruck, daß das Verhältnis des Menschen zu Gott durch Jesus begründet wird; es gibt keinen Weg zu Gott mehr am Menschen Jesus vorbei.

Ebenso hängen, wie Vers 7 verdeutlicht, Erkenntnis Jesu und Gotteserkenntnis zusammen. Ebendies heißt »Jesus erkennen«, daß man durch ihn und in ihm Gott, den Vater, erkennt. Solange man Jesus nur nach seiner »humanen« oder »sozialen« Funktion befragt und beurteilt, hat man ihn noch nicht richtig erkannt, aber auch die religiöse Heilsfrage und Sinnfrage des Menschen noch nicht in ihrer letzten Tragweite verstanden. Nicht als ob diese Funktionen nebensächlich oder gleichgültig wären, aber sie

sind gleichwohl noch nicht *das Letzte.* Die Begriffe des »Humanen« und des »Sozialen« erfahren durch die Erkenntnis Gottes in Jesus eine letzte Sinnvertiefung, die ihnen überhaupt erst ihre umfassende Bedeutung verleiht.
Diese letzte Sinn-Dimension ist uns »von jetzt an«, das heißt seit der Erscheinung Jesu in der Welt, gegeben. Bei ihm kann man sie finden. Und die Wendung: »Aber von jetzt an kennt ihr ihn und habt ihn gesehen« (nämlich Gott) verweist nochmals auf die Endgültigkeit der Jesus-Offenbarung. Mit dem Kommen Jesu ist Gottes Offenbarung in der Geschichte *ein für allemal* erfolgt, so daß man, vorzüglich im Wort Jesu, dem Vater immer wieder begegnen kann. Was Jesus gebracht hat, ist zwar im rein historischen Sinn »Vergangenheit«, aber im eigentlichen Sinn stets neue Gegenwart, sobald Menschen sich im Glauben durch sein Wort ansprechen und ihr Leben davon bestimmen lassen. Im Hinblick auf die Gottesfrage ist darin auch die Zukunft erschlossen. Solange das Wort Jesu in der menschlichen Geschichte lebendig bleibt, solange es Menschen anrührt und Glauben findet, solange kann auch die Frage nach Gott, in welcher Form sie immer gestellt werden mag, nicht ohne Antwort bleiben, auch wenn es oft so ganz anders aussieht.

[8] *Spricht zu ihm Philippus: Herr, zeige uns den Vater, und es genügt uns.* [9] *Da sagt Jesus zu ihm: So lange bin ich schon bei euch, und du hast mich noch nicht erkannt, Philippus? Wer mich gesehen hat, der hat den Vater gesehen. Wie kannst du sagen: Zeige uns den Vater?* [10] *Oder glaubst du nicht, daß ich im Vater bin und daß der Vater in mir ist? Die Worte, die ich euch sage, rede ich nicht von mir aus; sondern der Vater, der in mir bleibt, tut seine Werke.* [11] *Glaubt mir, daß ich im Vater bin und der Vater in mir ist. Andernfalls glaubt wenigstens um der Werke willen.*

Der vorhergehende Abschnitt hatte klargemacht, daß man durch Jesus zum Vater kommt und daß man durch Jesus Gott kennenlernt. Daran knüpft die Bitte des Philippus an, die wieder in der Form des »johanneischen Mißverständnisses« formuliert ist; sie artikuliert gleichsam das unterschwellige Verlangen nach der wahren und endgültigen Erkenntnis Gottes, nach der »Schau Gottes«, und zwar als Frage, die sich im Zusammenhang der johanneischen Jesus-Rede unweigerlich einstellt. Auch hier dient das Mißverständnis dazu, das gläubige Nachdenken weiterzutreiben, um schließlich zum Kernsatz dieser Offenbarungsrede zu gelangen. Philippus vertritt mit seinem Mißverständnis gleichsam den Menschen, der noch immer nicht ganz begriffen hat, worum es geht, den religiösen Menschen, der Jesus vielleicht als Lehrer einer neuen religiösen Erkenntnis versteht, der aber der Auffassung ist, er könnte diese Erkenntnis als »objektiven Lehrinhalt«, als eine Art »Dogma über Gott« erhalten und dann anschließend auf den »Lehrer« verzichten.
Sachlich artikuliert die Bitte das Verlangen nach einer »Schau Gottes«. In diesem Verlangen, die Gottheit unmittelbar in ihrer ganzen Fülle zu »schauen«, steckt die Quintessenz aller religiösen Sehnsucht der Menschheit, der Sehnsucht, daß einem in der Begegnung mit »Gott« der »Sinn des Ganzen« aufgehe. Und die Religionen sind bei aller Verschiedenheit ihrer Antworten solche Ausdrucksweisen eines letzten, endgültigen, nicht mehr zu überbietenden »Sinnes«. Auch die Bibel kennt dieses Verlangen des Menschen, »Gott zu schauen«, aber sie verweist es immer wieder in seine Grenzen. Dem Mose, der an JHWH die Bitte richtet: »Laß mich doch deine Herrlichkeit schauen«, wird die Antwort zuteil: »Mein Angesicht kannst du nicht schauen; denn kein Mensch, der mich schaut, bleibt am Leben.« Das Höchste, was ihm gewährt werden kann, ist dies, daß er die »Rückseite« der göttlichen Herrlichkeit schauen darf, mehr jedoch nicht (vgl. Ex 34,18–23). Auch das Johannesevangelium hält an dieser Auffassung fest, daß kein Mensch Gott je gesehen hat und ihn

nicht sehen kann (1,18; 6,46; vgl. 1 Joh 4,12). Dieses Prinzip der »Unschaubarkeit Gottes« für den Menschen bildet geradezu eine Grundvoraussetzung der johanneischen Offenbarungstheologie. Freilich hat man beim Reden über Gott oft den Eindruck, daß dieser Grundsatz in Vergessenheit geriet, sonst würde man Menschen, die mit dem Gottesglauben nicht zurechtkommen, mit größerem Verständnis begegnen.

Nach biblischer Auffassung zeigt sich Gott vor allem dem »Hörer des Wortes«. Die Antwort Jesu hält sich genau in diesem Rahmen. Der Tadel: »So lange bin ich schon bei euch, und du hast mich noch nicht erkannt, Philippus?« verweist den Leser erneut auf den Umgang mit dem geschichtlichen Jesus. Jesus erkennen, das heißt eben, ihn als den Offenbarer Gottes erkennen. Man kann über Jesus vieles sagen. Wo dieser entscheidende Punkt nicht getroffen wird, da hat das Reden über Jesus seinen Ort noch nicht gefunden, da bewegt es sich immer noch im Vorläufigen und Ungefähren. Aller Umgang mit Jesus, der theologische und fromme, ebenso wie der weltliche Umgang mit ihm, muß sich dieser Frage stellen.

Und nun die positive Seite: »Wer mich gesehen hat, der hat den Vater gesehen«. In der Begegnung mit Jesus kommt die Frage nach Gott an ihr Ziel. Denn dies ist der Sinn des Glaubens an Jesus, daß man in ihm das Geheimnis, das wir Gott nennen, findet. Das »Sehen Jesu«, um das es hier geht, ist allerdings nicht das physische »Sehen«, sondern das gläubige Sehen. Der Glaube hat seine eigene Sehweise, in die er sich immer neu einüben muß. Aber was der Glaube bei Jesus schließlich zu sehen bekommt, das ist die Gegenwart Gottes im Offenbarer Jesus. Es ist klar, daß sich dann die Bitte: »Zeige uns den Vater!« erübrigt.

Nun wird der Grund genannt, warum der Glaube in Jesus den Vater sehen kann: »Oder glaubst du nicht, daß ich im Vater bin und der Vater in mir ist?« Wir finden hier eine für Johannes typische Redeform (»reziproke Immanenzformel«)[44], die ausdrückt, daß Jesus »im Vater« und der Vater »in Jesus« ist. In dieser Formel, die nicht als »räumliche Vorstellung« mißverstanden werden darf, kommt die enge Zusammengehörigkeit und Gemeinschaft von Gott und Jesus zum Ausdruck.[45] Daß Jesus »im Vater ist«, will sagen, daß er in seiner Existenz wie in seinem Wirken durch Gott, den er als seinen Vater verstand, bestimmt war, und umgekehrt, daß Gott durch Jesu Wirken offenbar wird, so daß er »in Jesus« gegenwärtig ist. Es versteht sich, daß die Wahrheit dieser Aussage erst im Glauben erschlossen wird, nicht in einer vom Glauben ablösbaren »Spekulation über Gott«: Der Glaube setzt den Menschen in eine lebendige Beziehung zu Jesus, und ebendadurch in die lebendige Beziehung zu Gott; er gewährt Anteil an der Gottesgemeinschaft. Die »Immanenzformel« ist keine theologisch-spekulative Aussage über das »Wesen Jesu« und das »immanente Verhältnis von Vater und Sohn«, sondern Umschreibung eines Zueinander, eines Verhältnisses, einer Begegnung, die als Ausdruck der Offenbarung den »offenen Raum« erschließt, zu dem der Glaube den Zugang gewinnt. Man versteht sie richtiger, wenn man sie als Beschreibung eines Liebes-Verhältnisses begreift. Das wird durch die nachfolgenden Sätze noch einmal unterstrichen: Jesus wirkt und redet ganz und gar aus seiner Gottesgemeinschaft heraus, aus seiner »Abhängigkeit« – die im Grunde seine unerhörte Freiheit ist – vom Vater heraus. Ja, in ihm spricht und wirkt Gott selbst (V. 10b.11). In Jesu »Werken« – im Begriff »Werke« bilden Worte und Zeichen eine Einheit – werden Gottes Werke kund. Der Glaube ist die lebendige Erfahrung alles dessen.

Auch hier ist daran zu erinnern, daß das Johannesevangelium theologische Jesus-Meditation ist, Sinnerschließung der Gestalt Jesu für den Glauben, nicht theologische Spekulation. Die verschiedenen Aussagen, die wir kennenlernten, beziehen sich durchweg auf den geschichtlichen Menschen Jesus von Nazaret. Sie interpretieren Jesus freilich unter einem bestimmten Aspekt, wenn sie ihn als den »Offenbarer Gottes« verstehen, als den »Ort«, an dem der Mensch Gott begegnet und an dem er im

Glauben den Sinn seines Lebens finden kann. In anderer Weise sagen dasselbe auch die synoptischen Evangelien, ebenso Paulus, ja, das ganze Neue Testament. Aber es ist notwendig, daß dieses Eine und Selbe in verschiedener Weise gesagt wird, in je verschiedener Sprache und mit anderen Begriffen.
Die Vielstimmigkeit der neutestamentlichen Zeugnisse macht uns freilich darauf aufmerksam, daß es der menschlichen Sprache, auch in der Offenbarung, immer nur *annäherungsweise* möglich ist, das Geheimnis Jesu zu umschreiben. Alle theologische Rede hat diesen Charakter der annäherungsweisen Aussage, sie ist niemals voll entsprechender Ausdruck der »Sache«. Sie bringt uns auf die Spur, sie eröffnet Wege, zeigt Aspekte; nie bekommt sie das Ganze in den Griff. Darüber hinaus erscheint Jesus hier als der Erfüller der religiösen Sehnsucht der Menschheit. Was die Religionen ahnen und zur Darstellung bringen, das findet in Jesus von Nazaret seine unbewußte Sinn-Mitte. Denn er ist »das Licht, das jeden Menschen erleuchtet« (1,9). Der eschatologische Offenbarer Gottes ist der Offenbarer und Heilbringer für alle.

Zur Meditation

Der Abschnitt hat uns mit seinen verschiedenen Aussagen und Themen etwas von der Weiträumigkeit des theologischen Denkens des Johannesevangeliums erkennen lassen. Immer wieder kamen zentrale Fragen des Glaubens zur Sprache.
(Zu V. 1)
Der Glaube ist immer »menschlicher Glaube« und damit niemals unabhängig von der geschichtlichen, persönlichen und gesellschaftlichen Situation, in der wir jeweils stehen, und gerade darin ist er auch stets »angefochtener Glaube«. Es mag eine Hilfe für unser Glaubensverständnis sein, wenn wir von Johannes erfahren, daß dies eigentlich immer so war, ja, daß die Anfechtung durch den ganzen Komplex der »Welt«, also auch durch den Widerspruch des »Unglaubens« und der vielgestaltigen Erfah-

rung von Sinnlosigkeit, Hoffnungslosigkeit, Frustration und Resignation zur Situation des Glaubens in Welt und Geschichte gehört. Durch diese Einsicht wird auch die Rede von einer besonderen »Krise des Glaubens«, in der wir angeblich stehen, relativiert. Vermutlich ist eher jenes unangefochtene Glaubensverständnis falsch, oder zumindest problematisch, wonach es für den Glauben keine Anfechtungen und Zweifel, keine Krisen geben dürfe. Der Glaube, der sich an Jesus orientiert, hat mit den Illusionen einer braven, heilen Welt, in der es keine Konflikte geben darf, nichts zu tun.

Dem Glauben, der sich inmitten der Krise auf einen zuverlässigen Halt, auf eine unerschütterliche Grundlage besinnt – das darf und soll er durchaus tun – bietet sich letztlich keine andere Grundlage an als das »Wort«, die Botschaft Jesu. Dieser Glaube findet den Sinn nicht in einer äußerlichen Ruhe, auch nicht in mehr »Zucht und Ordnung«, die heute gern gegen die »Verwirrung« aufgeboten werden, auch nicht in einer vagen Hoffnung, daß es wieder einmal besser werden wird. Er findet diesen Sinn ganz allein in sich selbst und in seinem »Gegenstand«, in Jesus und in Gott. Diesen Sinn kann ihm in der Tat die »Welt« nicht geben, aber auch nicht nehmen. Dem Glauben bleibt also stets die Sinnfrage zugeordnet, nicht die Frage nach einem äußerlichen Erfolg oder Fortschritt. Aber wenn er sich darauf einlassen würde, dann wäre er auch wieder neu bei seiner Sache, er wäre an der Stelle, wo ihm neue Gewißheit zuteil werden kann. Man kann diesen Sinn niemandem andemonstrieren, aber man kann daraus leben und ihn lebendig bezeugen, und darauf kommt es letztlich ja an.

(Zu V. 2–4)

Damit wäre auch die Frage nach dem »Jenseits« geklärt. Johannes beantwortet diese viele Menschen beunruhigende Frage kurz und bündig so: Wer sich an Jesus orientiert und in ihm den Führer zum Heil gefunden hat, der braucht sich über das »Jenseits«, über die »himmlischen Wohnungen« letztlich keine

Gedanken mehr zu machen. Auf die Fragen: Was kommt denn nach dem Tod? Ist mit dem Tod alles aus? gibt Johannes die Antwort: Die Wirklichkeit des Gottes der Liebe ist größer. Wer in diesem Leben auf Gott vertraut, der darf und soll dieses Vertrauen durchhalten. Er wird nicht ins Leere fallen. Gott ist die Liebe, die alle Menschen, alle Zeiten, die ganze Geschichte umgreift, ebenso unser kleines Leben, das auf dem Hintergrund dieser Liebe seine wahre Bedeutung bekommt. Alle Wege des Menschen enden schließlich bei ihm. Darauf kann man leben und sterben; und vielleicht ist es wichtig zu sagen: darauf kann man zuerst einmal leben! Es bedarf dazu keiner anderen Antwort mehr, keiner »jenseitigen Geographie«.

(Zu V. 5–7)

Die Ich bin-Aussage *»ich bin der Weg, die Wahrheit und das Leben«* hat uns ins Zentrum der johanneischen Offenbarungstheologie geführt. Danach ist Jesus die Antwort auf die religiöse Sehnsucht der Menschheit. Johannes ermöglicht uns mit diesen Aussagen ein positives Verständnis für Menschheitsreligionen wie des Phänomens »Religion« im ganzen. Nur eine christologische Antwort, die bei diesen und ähnlichen Aussagen des Neuen Testaments anknüpft, dürfte dem Problem der Religion(en) wirklich gerecht werden. Sie lehrt uns, die Religionen ganz ernst zu nehmen und die Sehnsucht zu spüren, die sich in ihnen bekundet, das Verlangen nach dem wahren Leben, nach einem alles erfüllenden Sinn. Auch sie sind echte Heilswege, auf denen, wenn auch für uns verborgen, das Licht der Offenbarung leuchtet.

Als solche müssen sie nicht, wie dies in der Vergangenheit so oft geschehen ist, brutal zerstört werden. Es dürfte auch verkehrt sein, wenn man ihnen ein Regiment der lateinischen Kirche autoritär aufoktroyieren würde, etwa das ganze römische Kirchenrecht mit allen Sanktionen. Das lateinische Christentum, vor allem das römisch-lateinische, ist heute zweifellos, was diesen Punkt angeht, zu kritischer Selbstbesinnung und Buße aufgefordert. Diese Buße besteht vor allem darin, daß man die eigenen Absolutheitsansprüche revidiert. Hier wurde in einem allzu naiven Selbstverständnis eine bestimmte Ausprägung des Christlichen, die ohne ihre sozialen und historischen Grundlagen überhaupt nicht verständlich ist, für das Christentum schlechthin ausgegeben und dessen nicht nur legitime, sondern auch fragwürdige Formen den »armen Heiden« aufgestülpt. Von dieser falschen Verabsolutierung des lateinischen Christentums ist jedoch das Zeugnis Jesu vom Gott der absoluten Menschenliebe genau zu unterscheiden.

Es ist etwas Richtiges an der früher oft verurteilten Auffassung, daß die Religionen der Menschheit verschiedene Wege zu dem einen Ziel sind. Ob sie dieses Ziel in der Geschichte erreichen, braucht unsere Sorge nicht zu sein. Christlicher Glaube erblickt dieses Ziel in der einen, die ganze Menschheit umfassenden göttlichen Liebe, in jenem göttlichen Leben, das Jesus als der Offenbarer verkörpert. Von daher ergibt sich wenigstens diese Konsequenz, daß Bekehrungsmethoden, die dieses Ziel auf gewaltsame, lieblose und verständnislose Weise fördern oder gar erreichen wollen, sicher falsch sind. Es geht dabei nicht um eine oberflächliche Toleranz, in der die religiöse Wahrheitsfrage nicht ernst genommen würde. Im Gegenteil, es geht um eine solche Toleranz, wie sie nach dem neutestamentlichen Zeugnis dem Gott der Liebe entspricht. Dieser Glaube muß sich nicht dauernd selbst bestätigen, er muß nicht triumphalistisch denken, etwa in großen Erfolgsziffern. Er kann warten und hoffen und durch tätige Liebe, wie sie auch im sozialen Engagement für die Dritte Welt zum Ausdruck kommt, am Heil der ganzen Menschheit mitwirken.

(Zu V. 8–11)

Der Gott Jesu, der Gott der Offenbarung, ist für den Glauben noch keineswegs am Ende. Es ist noch nicht aus mit ihm. Solange das Wort Jesu noch auf Hörer trifft und Anerkennung findet, besteht auch immer die Hoffnung, daß dieser Gott uns begegnet, daß seine Stimme uns erreicht, so daß unser Herz ihm sich zuwendet. Die Frage, ob wir in Jesus dem Vater begegnen und ihn »sehen«, kann allerdings nicht mehr mit jener dogmatischen Sicherheit wie in früheren Zeiten behandelt werden. Der lebendige Gott, den kein Kirchenamt und keine Theologie in den Griff nehmen können, muß nicht reden, er kann auch schweigen, er kann sich verbergen, wie er sich auch wieder auf neue Weise offenbaren und zu Wort melden kann.

Hier geht es zuerst um eine kritische Anfrage an die Kirchen, an die Glaubenden. Für uns heute ist die Bibel, vor allem in ihren Aussagen über Gott, kein Lehrbuch mehr mit unfehlbaren Auskünften und Rezepten, die man nur aufzusagen braucht, sondern sie ist eine Aufforderung zu kritischer Selbstbesinnung. Gerade die johanneischen Aussagen über die Gegenwart Gottes in der Gestalt Jesu erwecken in uns sehr viele Fragen, und wir können keineswegs so tun, als wären wir mit den hier vorgetragenen Aussagen auch nur annähernd fertig. Wir sind es nicht und müssen unsere eigene Unzulänglichkeit eingestehen.

So ist also unser eigener Ort in diesen Texten eher bei den Fragenden: Wie können *wir* den Weg wissen? Zeige uns den Vater, und es genügt uns! Auch unsere Fragen sind mit zahlreichen Mißverständnissen verquickt, wer wollte dies ernsthaft bestreiten? Wenn wir also unsere Ratlosigkeit zugeben, nämlich daß wir in diesem Bereich der Gottesfrage häufig auch nicht viel mehr wissen als unsere Zeitgenossen, die wir gern für das »ungläubige Geschlecht« zu halten pflegen, können uns die johanneischen Texte vielleicht wieder etwas sagen. Vielleicht bringen sie uns auf die Spuren des verborgenen Gottes, indem sie uns auf den Weg des Glaubens weisen.

4. Verheissung »grösserer Werke«. Erhörungsgewissheit beim Gebet (14,12–14)

[12] *Amen, Amen, ich sage euch: Wer an mich glaubt, der wird die Werke, die ich tue, auch selbst tun können, ja, er wird noch größere Werke tun als diese, weil ich zum Vater gehe.* [13] *Ja, worum auch immer ihr in meinem Namen bitten werdet, das werde ich tun, damit der Vater durch den Sohn verherrlicht werde.* [14] *Wenn ihr mich um irgend etwas in meinem Namen bittet, werde ich es tun.*

Zur Exegese

Die kleine Texteinheit (V. 12–14) gliedert sich in zwei Absätze: V. 12, der eine Verheißung für die Glaubenden enthält, und V. 13–14 mit einer Aussage über das »Gebet im Namen Jesu«, dem die Erhörungsgewißheit zugesprochen wird. Auch läßt sich eine innere Beziehung zwischen den beiden Aussagen herstellen, wenn man nach dem Zusammenhang von Glauben und Gebet fragt.

Der Vers 12 beginnt mit der feierlichen Bekräftigungsformel »Amen, Amen . . .«, die wir bei Johannes immer wieder finden und die der nachfolgenden Aussage einen besonderen Nachdruck verleiht. Diese hat hier die Form einer Verheißung für die Zukunft; gedacht ist an die Situation der Jüngergemeinde nach dem Fortgehen Jesu. Vergegenwärtigen wir uns wieder die aktuelle Sprechsituation des Evangelisten, wonach vor allem die johanneische Gemeinde angesprochen ist, dann gewinnt die Verheißung einen merkwürdigen Doppelcharakter. Sie erscheint dann einerseits als eine im nachhinein formulierte Prophezeiung (*»vaticinium ex eventu«*), andererseits als eine Aussage über die Bedeutung der nachösterlichen Gemeinde, sofern sie aus dem Glauben lebt. In dieser Hinsicht und in Verbindung mit dem nachfolgenden Gebetswort hat der Text eine gewisse Ähnlichkeit mit dem synoptischen Wort vom »bergeversetzenden Glauben« (Mk 11,23–24; Mt 21,21–23), wo gleichfalls eine Aussage über die Wirkung des Glaubens mit einer Gebetsverheißung verbunden ist. Die Möglichkeit, daß wir in den Versen 12–14 die johanneische Fassung der markinischen Aussage vor uns haben, ist also nicht auszuschließen.

Die Verheißung sagt, daß derjenige, der an Jesus glaubt, die gleichen »Werke« wie Jesus tun wird, ja, er wird noch größere Werke vollbringen als er.[46]

Im johanneischen Sprachgebrauch überschneiden sich die Begriffe »das Werk« (Singular) und »die Werke« (Plural), doch läßt sich grob sagen, daß der Singular den Akzent mehr auf das Ganze des »Heilswerkes« Jesu legt, während der Plural auch die »Wunder« mit einschließen kann, die nach Johannes den Charakter von Heils- und Offenbarungs-Zeichen haben, also immer auch in ihrem Bezug zum einen Heilswerk gesehen werden müssen. Von daher kann mitunter der Plural das gesamte Heilswerk Jesu bezeichnen. Dazu kommt weiter die Zuordnung von »Worten« und »Werken«, so daß die »Werke« sehr häufig die »Worte« einschließen oder mitbezeichnen. Diese eigentümlichen Überschneidungen im Sprachgebrauch sind gerade für Vers 12 in Rechnung zu stellen.

Unter die »Werke Jesu« fallen nicht nur seine Zeichen, »sondern auch und vor allem auch seine Worte, also sein gesamtes Wirken, seine gesamte Offenbarertätigkeit ... Diese Werke Jesu wird also der wahrhaft an Jesus gläubige Jünger und Christ auch wirken. Damit kann ... keine Wiederholung der einzelnen Werke Jesu in Wort und Tat gemeint sein, sondern lediglich die Fortsetzung und Vollendung des Offenbarungswirkens Jesu in Wort und Tat in der und durch die nachösterliche Jüngerkirche.«[47]

Die Begründung »weil ich zum Vater gehe«, unterstreicht die Situation, in der sich die Jüngergemeinde befindet; sie soll in der

Zeit der Abwesenheit Jesu das Wirken Jesu fortsetzen. Zugleich wird damit auch der Grund angegeben, der die Verheißung trägt: Es ist der erhöhte Christus, der beim Vater ist, der durch die Gemeinde wirkt. Daher sind die »Werke«, welche die Glaubenden vollbringen, keineswegs ihre eigenen Leistungen und Großtaten, sondern es ist das Wirken Jesu, das sich in der Gemeinde fortsetzt. So wie Jesus auf Erden nichts anderes vollbrachte als das Werk Gottes, seines Vaters, so vollbringen die glaubenden Jünger das Werk Jesu. Es ist der Glaube als der »Grund der Werke«, der diese ermöglicht, so daß es sich genau genommen um eine Verheißung für die Wirksamkeit des Glaubens handelt. – Umstritten ist unter den Auslegern, was mit den »größeren Werken« näherhin gemeint sei.[48] Man wird den Gedanken an die nachösterliche Mission dabei nicht ausschließen können: Während die Tätigkeit Jesu nur eine zeitlich und räumlich begrenzte war, hat sich die nachösterliche Kirche sowohl geographisch als auch durch die Zahl ihrer Mitglieder weit über den ursprünglichen jüdisch-palästinensischen Rahmen ausgedehnt. Ähnlich heißt es in 4,36–38: »Schon empfängt der Schnitter Lohn und sammelt Frucht für das ewige Leben, damit sich der Sämann zugleich mit dem Schnitter freue. Darin nämlich ist das Wort wahr: Einer ist's, der sät, ein anderer, der erntet. Ich habe euch ausgesandt zu ernten, was ihr nicht erarbeitet habt; andere haben gearbeitet, und ihr seid in ihre Arbeit eingetreten.« Demnach beleuchtet das Wort das Verhältnis zwischem dem Wirken des historischen Jesus und dem der nachösterlichen Gemeinde und die erstaunliche Erfahrung der Urkirche, daß die eigentliche Wirkung Jesu erst nach seinem Dahinscheiden begann. Zwischen dem Wirken Jesu und dem der Gemeinde besteht nach Johannes eine Parallele oder Entsprechung – wir werden noch öfter auf diese Auffassung stoßen. Sie besagt, daß zwischen dem Wirken Jesu und dem der Gemeinde kein prinzipieller, wesenhafter Unterschied besteht. Das Wirken der Gemeinde, auch ihre Erfahrung im Umgang mit der »Welt« hat keine andere

»Struktur« als das Wirken Jesu. Sie bleibt an das Jesus-Modell gebunden.

Und noch ein weiterer Gesichtspunkt: Das Wirken Jesu und seine Abgeschlossenheit, wie sie mit dem Fortgehen Jesu zum Vater endgültig gegeben ist, ist nicht nur ein »Ende«, sondern geradezu die *Bedingung eines neuen Anfangs.* Das Wirken Jesu begründet sein Weiterwirken in der Gemeinde und durch sie, es begründet also die Zukunft der Gemeinde. Im Bemühen um die »Sache Jesu« hat die Gemeinde die Verheißung einer »größeren Zukunft«. Auch wird man sagen dürfen: In der Zukunft wird sich die Bedeutung des Werkes Jesu immer mehr herausstellen; es bedarf geradezu der Zukunft, auch im Sinn der nachfolgenden »Kirchengeschichte«, damit das Werk Jesu voll zum Tragen kommt.

Vom Gebet, und zwar speziell vom »Gebet im Namen Jesu« (V. 13–14), ist in den Abschiedsreden wiederholt die Rede (15,7; 16,23), ein Zeichen, daß der vierte Evangelist diesem Thema besondere Bedeutung beigemessen hat. Die Formel »in meinem Namen«, »im Namen Jesu« hat zunächst den Sinn: unter Berufung auf Jesus, unter Nennung oder Anrufung des Namens Jesu. Dabei ist offenbar an die besondere himmlische »Mittler-Funktion« Jesu gedacht, eine Auffassung, die der Urkirche auch sonst geläufig war (vgl. Röm 8,34; 1 Joh 2,1–2). Danach tritt Jesus bei Gott für die Glaubenden ein. Die liturgische Gebetsformel »durch Jesus Christus unsern Herrn« (»per Christum Dominum nostrum«) ist die genaue Konsequenz des Gebets »im Namen Jesu«; sie besagt, und dies auch ganz im Sinn des Johannesevangeliums, daß mit dem Gottesverhältnis insgesamt auch der christliche Gottesdienst, der Kult, »christologisch« geprägt ist (vgl. auch die Liturgie-Konstitution des Zweiten Vatikanischen Konzils).

Es fällt auf, daß in unserem Text Jesus selbst als der »Adressat« des Gebets »im Namen Jesu« erscheint, anstelle Gottes. Er selbst wird das, worum man bittet, »tun«, also die Erfüllung der Bitte gewähren. Der »theozentrische« Charakter kommt dann allerdings in Vers 13b zum Tragen, wenn es heißt, daß es dabei letztlich wieder um die »Verherrlichung des Vaters durch den Sohn« geht. Es besteht also kein sachlicher Widerspruch, wenn hier Jesus als der Erfüller der Bitte erscheint, während an anderen Stellen der Vater selbst es ist, der das Gebet erhört. Vers 14 wiederholt und verallgemeinert die Aussage noch einmal: Ganz gleich, worum die Jünger bitten, sie werden auf jeden Fall Erhörung finden.

Das Gebet, wie es sich in allen Religionen findet, ist die lebendige Äußerung von Religion. Es gehört ohne Zweifel zum Wesen des »religiösen Menschen«, daß er betet, wobei Form und Inhalt des Gebets, wie nicht anders zu erwarten, dem Geist und der Entwicklungsstufe der betreffenden Religion entsprechen. Die alttestamentlichen Psalmen entfalten in ihrer Breite und Fülle die gesamte Glaubenswelt des alten Israel, und entsprechend ist auch das christliche Gebet in seiner reinen Form Ausdruck der christlichen Glaubenshaltung. »Beten ist allein des Glaubens Werk ... Was ist der Glaube anders als eitel Gebet? Denn er versieht sich göttlicher Gnaden ohne Unterlaß. Versieht er sich aber ihrer, so begehrt er ihrer von ganzem Herzen. Und das Begehren ist eigentlich das rechte Gebet«, heißt es bei Martin Luther.[49] Wichtig ist, was M. Luther hier mit Recht betont: *der innere Zusammenhang von Glauben und Gebet* (vgl. auch Mk 11,23–24). Darin dürfen wir den entscheidenden Punkt neutestamentlich-christlichen Gebetsverständnisses erblicken. Alles andere steht entweder damit in unmittelbarem Zusammenhang, oder es gehört mehr zu den Randerscheinungen, die es in der christlich-kirchlichen Tradition natürlich auch gibt. Der Glaube weiß um seine radikale Bindung an Gott, um das totale Angewiesensein des Menschen auf Gott. Er ist nicht eine »partikulare« Einstellung, wie es nach einer verbreiteten »religiösen Praxis« den Anschein haben könnte, wonach die Religion ein spezielles Sondergebiet neben anderen Sondergebieten ist, dem

man bei gewissen Gelegenheiten den fälligen Tribut entrichtet. Glauben meint immer den ganzen Menschen, ihm geht es seiner Dynamik nach um »das Ganze« des menschlichen Lebens.
Im echten Gebet kommt der Glaube zu Wort, in ihm sprechen sich die Dankbarkeit, die Freude, aber auch die Anfechtung, die Not und die Armut des Glaubens aus. Ist das Gebet von der Glaubenshaltung getragen und in sie eingebettet, dann ist es keine »Magie«, kein Versuch eines magischen Einwirkens auf Gott. Dem widerspricht nicht die Verheißung der Erfüllung noch die Anweisung, um »alles und jedes« zu bitten. Daß der Glaube auch »um alles Mögliche« zu bitten wagt, ist nur der Ausdruck dafür, daß sich der Glaube bis in die alltäglichen Geschäfte und Anliegen hinein erstreckt und auswirkt. Damit ist auch zugleich gesagt, daß rechtes Beten nicht ohne Denken geschieht. Freilich besteht es keineswegs nur aus Denken und Nachdenken, es enthält auch den eindringlichen Wunsch und ebenso auch die Bereitschaft zum Handeln. Aber entscheidend bleibt seine Einfügung in den Glauben und damit auch seine Bindung an das Gottesverständnis Jesu, das von der Liebe geprägt ist.

Zur Meditation

In dem Vers 12 geht es, wie wir gesehen haben, um die dem Glauben an Jesus gegebene Verheißung, um die »Zukunft des Glaubens«. In dieser Zukunft, die zugleich die Zukunft der Jüngergemeinde mit enthält, »geht die Sache Jesu weiter«, was sich in den »größeren Werken« zeigen soll. Der Rückblick auf die Geschichte des Urchristentums, der uns lehrt, daß der historische Jesus gescheitert ist, daß aber nach Karfreitag und Ostern seine Wirkung recht eigentlich erst begann und zum Zug gekommen ist, sollte uns wohl ebenso nachdenklich wie zuversichtlich machen. Genau darin haben die frühen Christen das

Wirken Gottes und seines Geistes erblickt, daß es zum Glauben an den erhöhten Jesus Christus kam.

Auch auf die heute so bedrängende Frage nach der »Zukunft des Christentums« fällt von daher einiges Licht. Man wird hier neben der verbreiteten historischen und soziologischen Betrachtungsweise vor allem die theologische Seite zur Geltung zu bringen haben. Ein Soziologe meint zu dieser Frage: »Wir wissen nicht, was die Zukunft der Religion in unserer Gesellschaft ist. Wenn wir also unser Handeln auf vermeintliches Wissen darüber fundieren wollen, dann bauen wir auf Sand ... Wenn wir glauben, wenigstens einen Zipfel religiöser Wahrheit in den Händen zu halten, dann, meine ich, sollten wir diese Wahrheit bekennen – auch wenn die sozialen Erfolgschancen ungünstig erscheinen. Und wenn wir glauben, zu wissen, welche Imperative für das gesellschaftliche Handeln, sei es auf politischem oder anderem Gebiet, sich aus unserem religiösen Engagement ergeben, dann würde ich vorschlagen, daß wir solchen Imperativen folgen – auch wenn wir über die Konsequenzen für Religion oder Kirche im Unklaren bleiben.»[50] Diese Auskunft verweist, und zwar mit Recht, die Frage an den Glauben und an die Theologie zurück.

Die Urkirche sah in Jesus und seiner Botschaft das »eschatologische Heilsgeschehen«, ebendas, was Johannes mit dem Begriff der »Werke« bezeichnet. Dazu gehört auch die Überzeugung, daß dieses Geschehen seine eigene Zukunft in radikaler Weise enthält, es ist der »weltlich« verstandenen Zukunft immer schon weit voraus, so daß neben die Formel: »Die Sache Jesu geht weiter«, die eigentlich nur einen bloßen Ablauf feststellt und fast schon fatalistisch klingt, die andere Formel treten muß: »Die Sache Jesu« ist noch gar nicht eingeholt, sie ist noch nicht angekommen, noch nicht erfüllt! Sie wäre eigentlich erst dann erledigt und passé, wenn ihre großen Verheißungen des Reiches Gottes, der verwirklichten Gerechtigkeit und Liebe, der wahren Humanität und des endgültigen Völker-Friedens schon realisiert wären. Alle bisherige Verwirklichung des Christentums in der Geschichte ist bruchstückhaft und oft sogar sehr fragwürdig. Das gilt auch für die Kirche. Die Verheißung Gottes ist noch lange nicht realisiert, wir sind erst auf dem Weg dazu. Die Wiederkunft Jesu steht immer noch bevor, für jede Zeit. Unter dem Verheißungsaspekt ist also die Frage nach der Zukunft des Christentums eine problematische Frage, eine Frage eher des Kleinglaubens. Sie kehrt sich vielmehr in die Frage um, ob wir bereit sind, die große Zukunft, die in der Botschaft Jesu liegt, anzuvisieren und ihr uns kühn entgegenzuwerfen. Die »größeren Werke« erscheinen dann gleichsam als eine »pädagogische Verheißung«, so wie man sich etwa als Erwachsener einem Kind gegenüber kleinmacht und zurücknimmt, damit es Mut bekommt, sich selbst zu regen. Die »Sache Jesu« verweist auf diese größere Zukunft, weil der eschatologische Horizont der weiteste ist, den es überhaupt gibt.

Was das Gebet betrifft, so haben wir schon damit einen neuen Einstieg gewonnen, daß wir nicht fragten: Hat es überhaupt einen Sinn, zu beten? Ist Beten nicht eine Form der Selbstbestätigung oder (weniger freundlich) frommer Selbstbetrug? Redet man da nicht an eine leere Wand oder zu sich selber? Oder ist Beten nicht von vornherein ein Verzicht auf die »Praxis«, ein Trost schwacher Leute, die nicht zu handeln verstehen? – oder wie sonst die Einwände lauten mögen. So gewichtig diese Einwände an ihrem Ort sind,[51] man wird ihnen letztlich doch nur antworten können, wenn man das Gebet von seiner christlichen Wurzel her versteht, und diese Wurzel ist der Glaube. Glaube muß und wird sich immer sprachlich ausdrücken, und das Beten ist eine seiner wichtigsten Ausdrucksformen: »Ich glaube, darum rede ich auch« (Ps 116,10; vgl. 2 Kor 4,13).

Die Schwierigkeiten beim Beten sind dann wohl zu betrachten als die Anzeichen für ein gestörtes Verhalten des Glaubens. Freilich ist zu beachten, daß eine solche Störung auch dort vorliegt, wo man zwar gewohnheitsmäßig betet, aber das Beten zum rituellen

Leerlauf geworden ist, wo es am Wirklichkeitsbezug der Sprache mangelt, wo man überkommene Formeln gedankenlos weiter benützt, obgleich sie einem nichts mehr sagen, wo man das Beten, auch im Gottesdienst, nur durch Vorschriften meint regeln zu können – und auf diese Weise der Spontaneität der glaubenden Sprache jede Möglichkeit, sich zu äußern, verwehrt, wo sich beim Beten nichts mehr verändert. Ist Beten aber wesentlich Lebensäußerung des Glaubens, dann kann es weder gott-los noch menschen-los noch welt-los geschehen, es ist dann immer der Anfang einer offenen und umfassenden Einbeziehung der Lebensbereiche.

Von hier aus wären auch Kriterien für »rechtes« und »falsches« Beten zu gewinnen. So wäre heute zu bedenken, wo man nicht mehr beten darf, weil dies einem Verzicht auf die eigene Verantwortung gleichkäme, einer bequemen Ausflucht vor den Aufgaben, für die wir selbst zuständig sind. Auch ist uns heute im Gebet eine naive, unkritische und unaufgeklärte Weltansicht nicht mehr erlaubt. Wenn es beispielsweise um die Krisen und Katastrophen geht, die von Menschen verschuldet sind und von Menschen bewältigt werden müssen, kann rechtes Beten nur heißen, daß wir unsere Verantwortung wie unsere Schuld erkennen und zu einem veränderten Denken und Handeln fähig werden. Es gibt also eine Gebetspraxis, die man als unmündig bezeichnen muß, weil sie dem Stand unseres Weltbewußtseins nicht mehr gemäß ist. Von daher ist die Auffassung, daß Beten überhaupt etwas Kindisches sei, einigermaßen verständlich. Anzustreben ist dagegen eine reife, erwachsene und mündige Form des Betens oder der gläubigen Meditation, eine Form der Selbstbesinnung »vor Gott«, die zugleich die Verbundenheit mit den Menschen und mit der Welt verwirklicht. Hier geht es dann zentral um den Glauben, den wir gerade zu unserem sozialen und politischen Handeln brauchen. Das Wort »im Namen Jesu« würde solchem Gebet die Richtung weisen: »Wenn ich handle, wenn ich dichte, / Gib du meinem Weg die Richte« (Goethe). Es bezeichnet in diesem Fall die Über-Einstimmung des betenden Menschen mit der »Sache Jesu«, die in der Welt zur Geltung kommen soll, und verweist so auf die »größeren Werke«, die dem glaubenden Handeln zugesprochen werden.

5. Von der Liebe zu Jesus. Verheissung des »Beistandes« und des »Wiedersehens« (14,15–24)

Zur Exegese

Man kann den Textabschnitt 14,15–24 wohl am besten unter dem Stichwort der »Liebe zu Jesus« sehen: »Die auf den Offenbarer gerichtete Liebe . . . wird jetzt zum ausdrücklichen Thema.«[52] Dieses Thema wird in Vers 15 knapp eingeführt. Es folgt in den Versen 16–17 der erste »Paraklet-Spruch«, danach eine Aussage über das »Wiederkommen« Jesu zu den Seinen (V. 18–20). Der folgende Abschnitt nimmt das Thema der Liebe wieder auf und gibt ihm die letzte theologische Vertiefung. Im Ganzen geht es um die Beantwortung der Frage, in welchem Verhältnis die gläubige Gemeinde zu Jesus steht, die wir auch als das zentrale Thema der Abschiedsreden bezeichnet haben: Was bedeutet für die Gemeinde die Bindung an die Person Jesu? Wie ist diese Bindung zu verstehen?

15 *Wenn ihr mich liebt, werdet ihr meine Gebote halten.*

Der Vers handelt von der Liebe zu Jesus und worin sie besteht: Jesus lieben, das heißt seine Gebote oder auch seine Worte halten. Hier findet sich erstmals der für Johannes typische Ausdruck *terein* (griech.) = bewahren, achten auf, beobachten, halten; eine Wendung, die im Alten Testament häufig vorkommt. Dort bezeichnet sie vor allem die sorgfältige Beobachtung des mosaischen Gesetzes, der Tora. Bei Johannes tritt an die Stelle des Gesetzes Jesu eigenes »Wort« oder sein »Gebot«, die es zu halten oder zu bewahren gilt.[53] Die Wendung betont das Moment der Dauer, des bewahrenden Festhaltens an ... Es geht dabei um die bleibende Verbindlichkeit des Wortes oder Gebotes Jesu, ebenso allerdings um die tätige Form solchen Festhaltens im Sinne eines »den Glauben Praktizierens«, besonders in der Liebe. Glauben und Lieben sind als Einheit, als ein umfassendes, lebendiges Ganzes verstanden. Daher können auch Singular und Plural miteinander wechseln (das Wort, das Gebot; die Worte, die Gebote), ohne daß sich am Sinn etwas ändern würde. Mit den »Geboten Jesu« sind also auf keinen Fall die »zehn Gebote« gemeint, sondern in erster Linie das »einander lieben«, worin sich nach Johannes die ganze christliche Praxis zusammenfaßt. Der Gedanke der Liebe der Jünger bzw. der Glaubenden zu Jesus findet sich im Neuen Testament äußerst selten; die Synoptiker und Paulus kennen eine derartige Wendung noch nicht. Sie kommt außer bei Johannes[54] nur noch an einer bezeichnenden Stelle im ersten Petrusbrief vor, wo es heißt: »Ihn liebt ihr, ohne ihn gesehen zu haben; an ihn glaubt ihr, ohne ihn jetzt zu schauen; ihm jubelt ihr zu in unaussprechlicher verklärter Freude, wenn ihr das Ziel eures Glaubens erreicht, eure endgültige Rettung« (1 Petr 1,8f.). Die Formulierung ist deshalb hilfreich, weil sie genau das Problem bezeichnet, um das es auch bei Johannes geht: Was heißt das: »Jesus lieben«, wenn man ihn nicht gesehen hat, zu ihm also nicht in ein solches Liebesverhältnis treten kann, wie dies unter gleichzeitig lebenden Menschen möglich ist? An dieser Stelle wird wieder deutlich, wie der »fiktive« Charakter der Abschiedsreden dazu dient, ein Problem zu formulieren, das die Gemeinde des Johannes bewegt. Es geht nicht bloß darum, »ob der Nachgeborene, der kein persönliches Verhältnis zu ihm hatte«, Jesus lieben kann;[55] denn dies ist offenbar möglich, man kann sich durchaus noch emotional »mit ganzem Herzen« für diesen Jesus begeistern, man kann ihn »lieben«, aber die Frage ist, was daraus folgt! Bleibt es bei einem gefühlsmäßigen Enthusiasmus, oder ist mehr verlangt? Darauf gibt der Text eine klare Antwort: »Jesus lieben« heißt: seine Gebote halten.

Darin kommt einmal zum Ausdruck, daß »das Wort« oder auch »die Lehre« Jesu für die Jüngergemeinde verbindlich bleibt. Die Bindung an Jesus, wie sie durch die Liebe zu ihm geprägt ist, bedeutet immer zugleich die Verpflichtung auf sein Wort. Genau dies bezeugen auch die anderen Evangelien, aus diesem Grund hat man die Worte Jesu weitergegeben. Glaube ist keine unverbindliche, freundliche Anerkennung Jesu, wie man wohl sonst bedeutende historische Größen anerkennen und sich für sie begeistern mag, sondern die verbindliche Übernahme seiner »Gebote« als Lebensweisung. Es geht um die Übernahme der »Praxis Jesu«, und ebendarin erweist sich die Liebe zu ihm. Die Aussage ist dann entsprechend zu 1 Joh 4,20 zu verstehen: »Wenn jemand sagt: Ich liebe Gott, und haßt doch seinen Bruder, der ist ein Lügner. Denn wer seinen Bruder nicht liebt, den er sieht, der kann auch Gott, den er nicht sieht, nicht lieben.« So ist es auch hier gemeint: Wer das Gebot Jesu nicht hält, der kann auch Jesus nicht lieben.

16 *Ich werde den Vater bitten, und er wird euch einen anderen Beistand geben, damit er in Ewigkeit bei euch bleibe,* 17 *den Geist der Wahrheit, den die Welt nicht empfangen kann, weil sie ihn nicht sieht und nicht erkennt. Aber ihr werdet ihn erkennen, weil er bei euch bleibt und in euch sein wird.*

Hier findet sich nun der erste »Paraklet-Spruch«.[56] Jesus verheißt den Jüngern einen Beistand oder Helfer, einen Parakleten. Unüberhörbar ist an dieser Stelle die Formel »einen anderen Parakleten . . .«, womit angedeutet ist, daß der erste Beistand, der durch einen anderen »ersetzt« oder »ergänzt« werden soll, Jesus selbst ist. Nun wird im ersten Johannesbrief tatsächlich die Bezeichnung »Paraklet« einmal auf Jesus angewendet; dort heißt es: »Meine Kinder, das schreibe ich euch, damit ihr nicht sündigt. Und wenn einer doch sündigt, dann haben wir einen Fürsprecher (oder Beistand, einen Parakleten) beim Vater, Jesus Christus den Gerechten. Er ist die Sühne für unsere Sünden, aber nicht nur für unsere Sünden, sondern für die der ganzen Welt« (1 Joh 2,1–2). In dieser Aussage geht es um die himmlische Fürsprecher- oder Mittler-Funktion Jesu beim Vater, die er als der zu Gott Erhöhte einnimmt.

Aber es ist klar, daß die Übersetzung »Fürsprecher« für den Geist-Parakleten im Johannesevangelium nicht paßt, so daß in der Auslegung eine Schwierigkeit entsteht. Die übliche Erklärung lautet etwa so wie bei Bultmann: »Was Jesus für sie (die Jünger) gewesen ist, wird der Geist für sie sein: . . . ein Helfer.«[57] Geht man aber konsequent davon aus, daß in der fiktiven Abschiedsrede nicht der irdische Jesus spricht, sondern der gegenwärtige Christus, dann kommt man zu einer anderen Auffassung. Dann ist der eine Paraklet zwar auch Jesus, aber in seiner himmlischen Mittler-Funktion bei Gott, und der andere Paraklet ist der Geist, der auf Erden bei der Gemeinde, der Kirche als ihr Beistand und Helfer wirkt.[58] Dann stehen die beiden Parakleten nicht in einem Verhältnis des zeitlichen Nacheinander, sondern in einem Parallel-Verhältnis zueinander; jedenfalls wäre dann das zeitliche Moment sekundär. Auf diese Weise würde sich am besten auch die merkwürdige »Parallel-Funktion« erklären, die dem Geist-Parakleten bei Johannes zukommt. Danach ist der »Geist« nicht so sehr der Nachfolger Jesu, sondern jene Größe, die die Vergegenwärtigung Jesu bewirkt, die Weise also, wie der erhöhte Jesus in der Gemeinde wirkt.

Geist (hebr. *ruach*; griech. *pneûma*) hat in der biblischen Sprachtradition eine eigentümliche Bedeutung, die man beachten muß, wenn man den Sinn der Aussagen über den »Heiligen Geist« recht verstehen will. Dabei gilt es für den heutigen Leser, zwei Mißverständnisse zu vermeiden: Geist im biblischen Sinn bezeichnet nicht das menschliche Denkvermögen, den menschlichen Esprit; aber auch die Bezeichnung der »dritten Person der göttlichen Trinität«, so verständlich sie dem sein mag, der die theologische Trinitätslehre kennt, führt heute fast unweigerlich zu einem Mißverständnis. Am hilfreichsten ist es noch immer, bei der hebräischen Grundbedeutung von *ruach* anzusetzen, das den bewegten Wind, die belebende Luft bezeichnet und damit von vornherein auf Dynamik, auf Bewegung verweist. Auch an das Unfaßliche des Windes hätte man dabei zu denken, was sehr gut in der Formulierung zum Ausdruck kommt: »Der Wind (das *pneuma*) weht, wo er will, du hörst sein Brausen wohl, weißt aber nicht, woher er kommt und wohin er geht; so ist es mit jedem, der aus dem Geist (dem *pneuma*) geboren ist« (3,8). Hinzuzufügen sind weiter die Momente der Offenheit, der Kommunikation, des Schöpferischen.[59]

Von »Geist« ist in der Bibel meist dort die Rede, wo etwas über *die Wechselbeziehung zwischen Gott und Mensch* gesagt werden soll. Der Begriff dient nicht als einseitige Wesensbezeichnung für das Göttliche, sondern Geist bezeichnet die Art und Weise, wie Gott dem Menschen begegnet, wie Gott für den Menschen da ist, wie der Mensch Gott und Gottes Wirken an sich erfährt, nämlich als »unfaßliche Wirklichkeit«. Man könnte an ein Wort Hölderlins erinnern: »Nah ist / und schwer zu fassen der Gott«. Diese religiöse Grunderfahrung bringt die Bezeichnung »Geist« zur Sprache.

Die Formulierung »Geist der Wahrheit« hat jüdische Vorbilder (Qumran); bei Johannes meint »Wahrheit« die in Jesus dem Menschen begegnende Gotteswirklichkeit. Damit ist klar: Wenn Johannes vom »Geist der Wahrheit« spricht, dann will er sagen, in welcher Weise Jesus und die Gottesoffenbarung Jesu für den Menschen da sind, wie sie gegenwärtig sind. Die Bezeichnung

»Beistand« benennt hauptsächlich die besondere *Funktion* dieses Daseins: Sie sind in hilfreicher Weise für die Gemeinde der Glaubenden da.

In der Aussage von Vers 16 erscheint Jesus als der Fürsprecher beim Vater, der den Vater »bittet«, er möge den Jüngern diesen »Beistand« geben. Die Gegenwart der Jesus-Offenbarung durch den Geist wird als göttliche Gabe verstanden, die niemals unabhängig vom Geber ist, die als solche auch nie in menschlichen »Besitz« übergehen kann. Die »Gabe« erscheint freilich als endgültige und bleibende Gabe. Dabei zeigt das »bei euch bleiben« oder genauer »mit euch sein«, daß mit der Offenbarung nicht ein System von »Wahrheiten« oder Aussagen gemeint ist, sondern die bleibende Gottesgemeinschaft selbst. Wenn der Beistand der Gemeinde für »ewig« zugesprochen ist, dann heißt dies, daß für sie im Glauben die Verbindung mit Jesus und durch Jesus mit Gott stets und für alle Zukunft offen ist. Aufgrund der Geist-Gegenwart wird die Gemeinde Jesu niemals mehr aus der Gottesgemeinschaft entlassen. Ist aber der Geist die Gegenwart Gottes und Jesu in der Glaubensgemeinde, dann ist auch verständlich, wenn es heißt, daß die »Welt« den »Geist der Wahrheit« nicht empfangen kann, »weil sie ihn nicht sieht und nicht erkennt«. Damit ist keine negative Wesens-Aussage über die »gottfeindliche Welt« gemacht, sondern nur über ihre Verfassung der »Verschlossenheit« gegenüber dem geist-gegenwärtigen Anspruch Gottes. Die Aussage gilt nur so weit, wie die »Welt« in ihrer Verschlossenheit befangen bleibt. In dem Augenblick, da sie sich dem Geist öffnete, hätte sie bereits aufgehört, »Welt« zu sein. Denn Geist bedeutet eben Offenheit, Kommunikation, Begegnungsraum für Wahrheit, während »Welt« das Sich-Sperren, Verschlossenheit bedeutet, die allerdings durch das Wirken des Geistes jederzeit aufgebrochen werden kann. Dies wäre dann das Wunder der »Wiedergeburt«, die Wende vom Unglauben zum Glauben.

Umgekehrt gilt dann auch: Wenn die Gemeinde der Glaubenden

die Gemeinde Jesu und Gottes, des Vaters, ist, dann ist sie das durch die Gegenwart des Geistes; dann ist sie in einem tieferen theologischen Sinn von Grund auf die »offene Gemeinde«, in der sich je und je Wahrheit als Begegnung mit Jesus und Gott ereignen kann. Dort wird man den »Geist der Wahrheit« erkennen, »weil er bei euch bleibt und in euch sein wird«. Vielleicht müßte man besser sagen: weil er »unter euch, in eurer Mitte« sein wird; denn es geht hier nicht nur um den persönlichen Geist-Besitz der einzelnen, wenn der Geist »Geschehen«, »Macht« oder »Dynamik« sein soll, also offenes, Gemeinschaft stiftendes Geschehen. Nur in solcher Weise ist der »Geist der Wahrheit« da.

[18] *Ich lasse euch nicht als Waisen zurück, sondern komme (wieder) zu euch.* [19] *Nur noch kurze Zeit, dann sieht die Welt mich nicht mehr; ihr aber werdet mich sehen, weil ich lebe und auch ihr leben werdet.* [20] *An jenem Tag werdet ihr erkennen, daß ich in meinem Vater bin und ihr in mir und ich in euch.*

Die Gegenwart des Geistes besagt die Gegenwart Gottes und Jesu. Durch ihn »kommt« Jesus fort und fort zu seiner Gemeinde. So gesehen, ist die Aussage über das »Wiederkommen Jesu« nur ein anderer Gesichtspunkt für das gleiche Geschehen, wie es im vorhergehenden Abschnitt zur Sprache kam. Es geht in diesem Text um die schon wiederholt erwähnte Akzentverschiebung in der johanneischen Eschatologie.[60] Die Wendung: »Ich lasse euch nicht als Waisen zurück« bringt wieder die Abschiedssituation zum Bewußtsein, das heißt die Grunderfahrung der »Abwesenheit des historischen Jesus«, die das Sein der Jüngergemeinde Jesu in der Welt bestimmt. Das Bild von den verwaisten Kindern, die beim Tod ihrer Eltern ohne Hilfe und Beistand in der Welt zurückbleiben müssen, wird in der Literatur häufig verwendet, wenn der geliebte »Meister« von seinen Schülern durch den Tod endgültig getrennt wird (z. B. Sokrates). Der Vergleichspunkt ist die Verlassenheit und Hilflosigkeit.

Ihr steht die hocherfreuliche Verheißung gegenüber: Ich komme wieder zu euch. Die Verlassenheit wird also nur eine kurze Zeit dauern. Vers 19 sagt ausdrücklich, daß dieser Aspekt einer »verwaisten Gruppe« nur den Außenaspekt bildet. Binnen kurzem wird es so weit sein, daß Jesus stirbt und daß er dann für die Welt verschwindet. Sie wird ihn nicht mehr sehen, und sie wird ihrerseits auf der Meinung beharren, damit sei auch die Sache Jesu endgültig zu Ende. Der Tod ist in der Tat für die »Welt« und ihre Betrachtungsweise der endgültige Schluß; für sie gibt es darüber hinaus nichts mehr. Nicht so für den Glauben. Für die Jüngergemeinde gilt: »Ihr aber werdet mich sehen, weil ich lebe und auch ihr leben werdet.« Es geht um die Ostererfahrung: »Daß der in den Tod Gegebene lebt, das ist die urchristliche Osterbotschaft, und ineins damit, daß durch sein Auferstehungsleben das Leben der Gläubigen begründet sei ... Das Besondere dieser Verheißung bei Joh und an dieser Stelle ist aber dieses, daß die Ostererfahrung als Erfüllung der *Parusieverheißung* verstanden wird ...«[61] Wenn die Formulierung: »weil ich leben werde und ihr leben werdet« in der Tat die Ostererfahrung zum Ausdruck bringt, dann wird man nicht nur die johanneischen Osterberichte (Kap. 20/21) in diesem Licht verstehen müssen, sondern wir erfahren auch, wie Johannes den Osterglauben versteht. Das »Leben« ist das eschatologische, das »ewige« und »göttliche« Leben, in das Jesus eingegangen ist. An diesem »göttlichen Leben« hat der Glaube Anteil, so daß die glaubende Begegnung mit dem Offenbarer Jesus selbst als Teilhabe an der Lebendigkeit Jesu verstanden werden kann. Vom Standpunkt der »Welt« aus betrachtet wäre dann über »Ostern« überhaupt nicht mehr zu sprechen, weil es sich da um etwas handelt, was mit den Begriffen der »Welt« absolut nicht zu erfassen ist. Wenn man mit »Ostern« etwas anfangen kann, dann steht man bereits auf der Seite des auferstandenen und lebendigen Jesus; dann ist man schon von seiner Geist-Gegenwart betroffen. Denn eben dies ist Ostern für den Glauben: Nicht, daß Jesus irgendwo lebt, sondern daß er sich immer neu, durch das Wort und den Geist, als die lebenerweckende Macht unter den Menschen bezeugt. Die Gemeinde der Glaubenden ist das bleibende Zeugnis der Gegenwart des Auferstandenen.

Von diesem Osterverständnis her kann Johannes auch die urchristliche Wiederkunfts(= Parusie)-Erwartung mit der Oster-Erfahrung verknüpfen. Darin liegt auch seine besondere theologische Leistung, mit der er gewiß eine bedrängende Frage seiner Gemeinde beantwortet. Die Frage war mit der »Parusie-Verzögerung« gegeben. Die Urgemeinde, auch Paulus, lebten in der Naherwartung der baldigen Wiederkunft Christi. Wir wissen aus dem Neuen Testament (2 Thess, 2 Petr), daß ihr Ausbleiben in manchen Gemeinden zu einer tiefgehenden Krise geführt hat. Der Verfasser des zweiten Petrusbriefes beantwortet das Problem so: »Dies eine aber, liebe Brüder, dürft ihr nicht übersehen: daß beim Herrn *ein Tag wie tausend Jahre und tausend Jahre wie ein Tag sind.* Der Herr zögert nicht mit der Verheißung, wie einige meinen, die von Verzögerung reden; er ist nur geduldig mit euch, denn er will nicht, daß jemand zugrunde geht, sondern daß alle sich bekehren« (2 Petr 3,8–9). Gottes Ewigkeit und Gottes Geduld gegenüber dem Menschen bilden hier die pastoralen Argumente. Die johanneische Antwort auf das Problem ist im Vergleich dazu radikaler. Sie erwächst aus der Mitte des johanneischen Christusglaubens: Ostern ist bereits der Beginn der Parusie; der Auferstandene selbst ist durch seinen Geist schon bei den Seinen und wird sie in Ewigkeit nicht mehr verlassen. Für den Glauben hat die Zukunft schon in Jesus begonnen, so daß eschatologische »Terminschwierigkeiten« von daher kein ernsthaftes Problem mehr stellen. Der Geist ist schon die gegenwärtige Ankunft und Zukunft Jesu, jene Zukunft, die kein Ende kennt. In dieser offenen Zukunft schlechthin lebt der Glaube. Sie ist zugleich der Anbruch des eschatologischen »Herren-Tages«, wie die Wendung »an jenem Tag« dartut, an dem die Offenheit und Klarheit Gottes in die Welt hereinbricht, an dem die volle Gottesgemeinschaft beginnt. Wenn die Jünger erkennen werden, »daß ich im Vater bin und ihr in mir und ich in euch«, dann zeigt die Verwendung der »Immanenzformel«[62], daß mit der Gegenwart Jesu im Geist in der Tat die Gemeinschaft Gottes mit den Menschen schon angefangen hat. Daß die Gemeinde im Glauben darum weiß, ist die große Gabe, die ihr anvertraut wurde und für die sie Zeugnis geben soll.

21 *Wer meine Gebote hat und sie hält, der ist es, der mich
liebt. Wer aber mich liebt, der wird von meinem Vater
geliebt werden, und auch ich werde ihn lieben und mich
ihm offenbaren.* 22 *Da sagt zu ihm Judas – nicht der Iska-
riot –: Herr, was ist denn geschehen, daß du dich uns
offenbaren willst und nicht der Welt?* 23 *Jesus antwortete
und sprach zu ihm: Wenn jemand mich liebt, wird er mein
Wort bewahren, und mein Vater wird ihn lieben, und wir
werden zu ihm kommen und Wohnung bei ihm nehmen.*
24 *Wer mich nicht liebt, bewahrt meine Worte nicht. Das
Wort aber, das ihr hört, ist nicht meines, sondern des Vaters
(Wort), der mich gesandt hat.*

Dieser Abschnitt nimmt das Stichwort von Vers 15 wieder auf, um es jetzt in vertiefter Weise weiterzuführen. Vers 21a stellt zuerst noch einmal fest: Nur wer die Gebote Jesu hält, wer sich an das Modell der Praxis Jesu gebunden weiß – und wie dieses Modell aussieht, wissen wir von der Fußwaschung her –, der ist es, der Jesus nicht bloß auf verbale Weise, sondern »in Tat und Wahrheit« liebt. Wer sich so verhält, der wird auch in das Gottesverhältnis Jesu einbezogen, so daß ihm die Liebe des

Vaters ebenso gilt wie dem Sohn Jesus. Ebenso wird auch Jesus ihn lieben, »und ich werde mich ihm offenbaren«. Nach dem von Johannes vertretenen Gedanken der Einheit zwischen Vater und Sohn ist die Formulierung verständlich; für den Glauben ist ja durch Jesus die volle Gottesgemeinschaft erschlossen; wer in diesen »göttlichen Regelkreis der Liebe« eintritt, der ist darin auch ganz und gar einbezogen, womit wieder deutlich wird, daß es in der Jesus-Offenbarung, wie Johannes sie darstellt, letztlich um die wahre und vollkommene Gottesgemeinschaft geht, um »Kommunikation«, und zwar um Kommunikation an, mit und in der umgreifenden Liebe, in der sich das eigentliche »Wesen Gottes« zu erkennen gibt. Das Wort der Botschaft steht ganz und gar im Zusammenhang mit der Offenbarung als Kommunikationsgeschehen, es hat also nicht primär den Sinn einer »Lehre«, sondern der *Mitteilung*, und zwar nicht bloß der Mitteilung einer neuen Information, sondern der erschließenden Selbst-Mitteilung Jesu und durch das Wort Jesu der Selbst-Mitteilung Gottes. Daß der Mensch Jesus der »Ort« der göttlichen Selbst-Mitteilung ist, ist der Inhalt der Aussage: »Das Wort wurde Fleisch« (1,14). Von daher ist es auch einleuchtend, daß auf die »Praxis Jesu« die »Offenbarung Jesu« folgt: »Wer bereit ist, den Willen Gottes zu tun, wird erkennen, ob die Lehre von Gott kommt oder ob ich von mir aus spreche« (7,17). Es geht hier nicht nur um die »rechte sittliche Einstellung« – als Bedingung für das Erkennen oder Verstehen der »Lehre Jesu«, der Offenbarung. Vielmehr wird hier generell gesagt, daß Glauben und Liebe in ihrer unzertrennlichen Einheit den ersten Schritt, den Anfang bilden, wodurch man zur »Erkenntnis der Offenbarung« gelangt.

In dieser Weise klärt Johannes den merkwürdigen Befund, auf den man in Sachen des Glaubens und der Offenbarung immer wieder stößt, daß theoretisch-logische Erkenntnis allein nie genügt, um zum Glauben und Verstehen Jesu zu kommen. Gewiß läßt sich an der Bibel sehr vieles auch ohne Glauben verstehen. Gegenüber einer allzu kurzschlüssigen Auskunft muß man sagen, daß die Bibel ein Buch ist, deren Texte einer kritisch-rationalen Analyse in ihrer ganzen Breite zugänglich sind; sie ist keine Sammlung esoterischer Geheimlehren. Dennoch gibt es ein tieferes Verständnis, das sich erst dem Glauben erschließt, und dieser Glaube beruht auf einer »existentiellen Öffnung« des Menschen, auf einem Engagement, das es wagt, sich auf ein persönliches »Experiment mit dem Wort«, auf ein praktisches Experiment einzulassen. Dieser Entschluß zur »Einübung im Christentum« ist selbst aber nicht mehr »theoretisierbar«, er ist jedoch die unerläßliche Bedingung zum Verstehen der Offenbarung Jesu. »Da amantem et scit quod dico« – »Hole einen Liebenden her, und er begreift, was ich sage« (Augustinus).

Das Mißverständnis (V. 22) unterstreicht durch seinen negativen Hinweis nur noch einmal das eigenartige »Wesen« der Jesus-Offenbarung, daß sie der »Welt« letztlich unzugänglich bleibt. Der Umstand, daß die Frage als solche nicht aufgenommen und beantwortet wird, bestätigt, daß es sich hier nicht um eine »echte Frage« handelt, sondern um einen literarischen Kunstgriff, um den Unterschied zwischen der »Welt«, die ohne die Offenbarung Jesu bleibt, und dem Bereich der Glaubenden bewußt zu machen. In der Tat ist vom Glauben her gesehen das Nicht-Glauben der »Welt« das schwere, ungelöste Problem, an dem sich auch der Glaube immer wieder wundreibt. Vielleicht steckt in der Frage die vertraute Überlegung: Eigentlich müßte sich doch Gott so zu erkennen geben, daß auch die »Ungläubigen« Einsicht gewinnen! Die Angst und Not der kleinen Herde spricht aus dieser Frage, die freilich nicht ungefährlich ist. Denn von dieser Überlegung bis dahin, der »ungläubigen Welt« die »Wahrheit« aufzudrängen und aufzuzwingen ist dann nur noch ein kleiner Schritt. Sucht man in dieser Richtung eine Antwort, dann ist es in der Tat nicht weit zum Ressentiment und zum »Willen zur Macht«. Sieht man es so, dann ist es auch sachlich richtig, wenn

Jesus diese Frage einfach übergeht; man darf sich erst gar nicht auf diese schiefe Bahn begeben.
Statt dessen wird der Faden wieder aufgenommen und weitergesponnen: Glauben, Liebe und die Offenbarung haben letztlich ihre Gewißheit in sich selbst. Sie hängen nicht von äußerlichen Bestätigungen durch die »Welt« ab. Würden sie davon abhängen, dann unterlägen sie ja auch dem Maßstab der »Welt« und könnten weder diese noch die Gesellschaft beunruhigen und in Frage stellen. Dann wären sie nicht der weltüberlegene »Sieg Gottes«, der immer neu bezeugt werden muß. Es bleibt also dabei, daß der Glaube an das Wort Jesu zurückverwiesen wird. Hier liegt der Grund seiner Verbindlichkeit, aber auch seiner überlegenen Hoffnung und Zuversicht. Dieses Wort führt den Glaubenden ein in den, wie wir sagten, »Regelkreis der göttlichen Liebe«. Genau in diesem Sinn ist für den christlichen Glauben die Rückbindung an die Gestalt und an das Wort Jesu von zentraler und prinzipieller Bedeutung.
Die Rückkoppelung hat also nicht nur einen »historischen« Sinn, so daß christlicher Glaube durch die Bindung an seinen nicht überholbaren Ursprung immer erst seine »Identität« gewinnt. Es stimmt durchaus und muß immer wieder gesagt werden, daß sich das »unaufgebbar und unterscheidend Christliche« nicht nach einem verfügbaren »objektiven« Kriterium bestimmen läßt, sondern nur am Kriterium Jesus selbst. Aber gerade die Frage nach Jesus als dem bleibenden Grund, der stets gültigen, »normativen« Voraussetzung aller »christlichen Identität« erweitert sich gegenüber der Gestalt Jesu merkwürdigerweise zur Frage nach »Gott«, nach der göttlichen Liebe als dem unaufgebbaren Sinn-Hintergrund der Person Jesu. Gerade darin liegt für den Glauben auch die »Einzigartigkeit« und »Unersetzbarkeit« Jesu beschlossen. Die heute oft geäußerte Frage: Warum eigentlich dieser Jesus? Kann man nicht alle christlichen Aussagen, oder das, was am Christentum bedeutsam und wesentlich ist, auch ohne Jesus haben? Warum muß man schließlich an Jesus

glauben? ist tatsächlich nur so zu beantworten: weil Jesus der Offenbarer Gottes ist. Diese Antwort hat stets den Charakter des Glaubenszeugnisses; der Glaube bekennt sich damit zu Jesus und lädt dazu ein, sich auf die Glaubens-Erfahrung einzulassen. Und man wird von daher auch sagen müssen: Solange man die Bedeutung Jesu als des einzigen und einzigartigen Sinn-Zentrums des christlichen Glaubens nicht verstanden hat, hat man auch das Christentum nicht verstanden, sondern bewegt sich noch im »Vorhof der Heiden«. Johannes unterstreicht dies auf seine Weise, wenn er jetzt dem Glauben die Verheißung gibt: »Wir werden zu ihm kommen und Wohnung bei ihm nehmen«. Hier wird die Frage nach den »himmlischen Wohnungen« noch einmal aufgenommen und gleichsam in umgekehrter Richtung beantwortet: Das »Kommen Jesu« zu den Seinen bedeutet zugleich mit dem Kommen Jesu die Ankunft Gottes! Mit der Wendung vom »Wohnung nehmen« ist auf das Endgültige und Bleibende der Gottesgegenwart und der Offenbarung aufmerksam gemacht. Nach diesem Wort ist also die Gemeinde der Glaubenden die neue eschatologische Gotteswohnung, sie ist der »Tempel Gottes« in der Welt.

Sie ist dies aber gerade als die Gemeinschaft der Glaubenden, die in Jesus die Mitte ihres Glaubens gefunden hat. Dann wird an dieser Stelle zugleich eine Frage beantwortet, die sich durch das ganze Johannesevangelium erstreckt, nämlich die Frage nach dem »Ort« der Gottesgegenwart, der neuen »Kult-Stätte«. Dieser Kult ist an kein räumliches Zentrum mehr gebunden; im Licht der Christusoffenbarung ist der Gedanke einer besonderen »heiligen Stätte« überholt (vgl. K 4). Die Glaubensgemeinde ist jetzt der einzige legitime Kultort. Ja, im Glauben wird auch der einzelne selbst zur »Wohnung Gottes im Geist«; bildlich gesprochen, in Jesus »ist der Himmel auf die Erde heruntergekommen«, und die Gottesgemeinschaft, die im Glauben beginnt, ist, nach ihrer inneren Dynamik beurteilt, »ohne Ende«. Was Johannes in seinem meditativen Umgang mit Jesus erfahren hat und in seinem Evangelium bezeugt, ist das staunenswerte Wunder der Ankunft Gottes beim Menschen. Das ist für ihn der Kern des Christentums, daß sich in Jesus das göttliche Geheimnis so erschlossen hat, daß Gott in den Menschen und durch ihn in die Menschheit eingegangen ist, so daß er für alle Zukunft hier anwesend ist und bleibt.

Zu dieser Anwesenheit gehört aber unabdingbar die Praxis Jesu. Wenn man nur in dogmatischen Behauptungen von dieser Wahrheit spricht, ohne sie mit der Praxis Jesu zu verbinden, dann werden solche Aussagen unglaubwürdig. Auch die Gemeinde Jesu steht in der dauernden Gefahr, sich an der »billigen Gnade« (D. Bonhoeffer) genügen zu lassen, einen abstrakten, lieblosen »dogmatischen« Glauben mit Eifer und Fanatismus zu propagieren. In diesem Fall wird auch für sie die Verheißung fragwürdig. Davor möchte der letzte Vers 24 warnen: »Wer mich nicht liebt, der bewahrt meine Worte nicht.« Dies ist eine Warnung vor falscher Sicherheit. Gewiß steht hinter dem Wort Jesu die ganze »göttliche Autorität«; denn das Wort Jesu ist zugleich das Wort Gottes, des Vaters. Diese Autorität begründet die Verbindlichkeit des Wortes Jesu. Doch weil diese Autorität an die Praxis der Liebe gebunden bleibt, ist sie auch nicht manipulierbar. Denn was immer man sich von Manipulation versprechen mag, eines dürfte feststehen: Jedes Manipulieren enthält einen Verzicht auf Freiheit und Liebe! Dabei werden im Verhalten gegenüber anderen Freiheit und Liebe ausgeklammert und bewußt oder unbewußt überspielt. Dagegen nimmt das »Wort Jesu« alle zusammen in Anspruch, die sich darauf berufen, und schafft auf diese Weise zugleich den Raum von Freiheit und Liebe, in dem es voll zur Geltung kommen kann.

Zur Meditation

Unter dem einführenden Stichwort der »Liebe zu Jesus« stellt der Text die Frage nach dem Verhältnis des Glaubens zu Jesus und sucht sie von verschiedenen Ansätzen her zu beantworten.

Christlicher Glaube ist an dieser Frage brennend interessiert, weil daran für ihn das Problem der »Identität des Christlichen« hängt. Das meint: In welcher Weise bewahrt christlicher Glaube im Wechsel der Zeiten und der Geschichte seine Gleichheit und Selbigkeit? Die Geschichte des Christentums zeigt uns, daß »Christentum« und »christlicher Glaube« im Lauf der Geschichte sehr verschieden verstanden werden konnten.
Die Frage ist heute besonders dringlich. Das Christentum ist seinem Ursprung und seinem Wesen nach, in Verbindung mit der alttestamentlich-jüdischen Glaubenserfahrung, eine »Geschichts-Religion«, im Unterschied zu anderen Natur- oder Volks-Religionen. Das heißt einmal, daß das Christentum sehr genau um seine historische Entstehung weiß. Die Formulierung in der Apostelgeschichte: »Dies alles hat sich ja nicht in einem Winkel zugetragen« (Apg 26,26) hat im weiteren und tieferen historischen Sinn ihre Richtigkeit. Es gibt in der Tat keine vergleichbare Religion, vom Islam vielleicht abgesehen, über deren geschichtlichen Bedingungen, Ursprünge und Kräfte wir bei allen Grenzen so genau und umfassend Bescheid wissen wie beim Christentum. Auch kulturgeschichtlich betrachtet ist das Christentum in einem fortgeschrittenen Stadium in Erscheinung getreten; es kam »in der Fülle der Zeit«. Geschichtlich sind aber auch die eigentümlichen Mittel, mit denen das Christentum seiner Eigenart Ausdruck verlieh und die es für seine eigene Dauer einsetzen mußte. Die Mitglieder der frühchristlichen Gemeinden rekrutierten sich ja nicht aus dem natürlichen Bestand der vorhandenen Gesellschaft; eine »Volkskirche« mit regelmäßiger Kindertaufe gab es noch nicht. Man war auf die Gewinnung freiwilliger Mitglieder, auf missionarische Werbung angewiesen. Man mußte allmählich eine Glaubenstradition ausbilden; man mußte zu einer Kontinuität finden, die vor allem auf der gemeinsamen Lehre und dem äußeren Zusammenhalt der Gemeinden ruhte. In dieser Form war also das Problem einer geschichtlichen Identitätsfindung von Anfang an vorhanden.

Diesen Befund spiegeln auch die neutestamentlichen Schriften wider, vor allem die vier kanonischen Evangelien. Hier wird deutlich, daß christlicher Glaube von Anfang an vor dem Problem stand, daß die »christliche Identität« nicht einfach ein vorgegebener Bestand an ausformulierten dogmatischen Lehrsätzen war, daß also »das Christliche« keine feste, deutlich umrissene Erscheinungsform war, sondern immer zugleich eine Aufgabe, die von jeder Generation neu in Angriff genommen werden mußte. Jesus hat keinen Grundbestand neuer Lehren in einer systematischen Begrifflichkeit vorgetragen. Er hat auch keine »Kirche« als fertige Institution gegründet, die mit allen Funktionen, Ämtern und Anweisungen ausgestattet war und die nach seinem Fortgehen in jeder Hinsicht voll funktionsfähig gewesen wäre. Vielmehr hat Jesus die Botschaft von der Nähe des Reiches Gottes verkündet. Er hat dessen Kommen in kürzester Zeit erwartet, auch wenn er dafür keine festen Termine angab und vielleicht auch mit einer gewissen Zwischenzeit gerechnet hat. Sein ganzes Wirken und Lehren ist von der Gewißheit des nahen Endes getragen; es war nicht langfristig vorausgeplant. Nach seinem gewaltsamen Tod am Kreuz sah sich die Jüngergemeinde Jesu wieder auf den Anfang zurückgeworfen. Der Osterglaube enthält die überraschende Wendung, daß dieser »neue Anfang« nach Jesu Tod als schöpferischer Neubeginn verstanden wurde. Für die Jünger war Ostern der göttliche Auftrag, Jesus von Nazaret, den Gekreuzigten, als »Herrn und Messias« in der Welt zu verkündigen (vgl. Apg 2,29–36). Aber auch hier dachte man nicht an eine längere Zeit weiterwährende Geschichte. Man erwartete vielmehr in Bälde die Parusie, die Wiederkunft Christi und den Hereinbruch der neuen, göttlichen Welt.

Man mußte also sich nach Ostern mit dem Problem einer längeren geschichtlichen Dauer erst vertraut machen. Wahrscheinlich wurde man vor allem durch den Tod der ersten führenden Generation der Jesus-Jünger und der Apostel in aller

Schärfe mit diesem Problem konfrontiert. Die Zukunft fiel der Urkirche nicht einfach in den Schoß; sie mußte erobert werden. Dabei trat die überragende Bedeutung der Gestalt Jesu, des »historischen Jesus«, in Verbindung mit der Jesus-Überlieferung der frühen Gemeinde(n) auf ganz neue Weise in das Gesichtsfeld der Urkirche, und zwar bemerkenswerterweise um das Jahr 70 n. Chr. (Zerstörung Jerusalems durch Titus) und in den Jahren danach, als die Verbindung mit der jüdischen Glaubensgemeinde und mit der alten judenchristlichen Tradition immer schwächer zu werden begann. Man spürte offenbar deutlich, daß das Problem einer länger andauernden Geschichte mit der Naherwartung und mit dem geistgewirkten Enthusiasmus allein nicht zu bewältigen war. Man mußte sich zu dem geschichtlichen Ursprung zurückwenden, und dieser Ursprung war eben die Person Jesu.
Die wichtigsten Dokumente dieser Rückbindung an die Person Jesu sind unsere vier kanonischen Evangelien. Im Rahmen der Entstehungsgeschichte haben diese Bücher die Funktion von Stützpfeilern, auf denen die Hauptlast des Christentums aufruht. Sie sind es in erster Linie, die die Rückkoppelung des Christentums an ihren geschichtlichen Ursprung absichern. Aber sie leisten zugleich auch den Brückenschlag nach vorn in die Zukunft! Und zwar dadurch, daß sie Jesus und die Jesus-Überlieferung im Rahmen der Christus-Verkündigung vorstellen. Es ist »der erhöhte Christus«, der in den Evangelien verkündet wird, also die Gleichheit des irdischen Jesus mit dem himmlischen Gottes- und Menschensohn, die Gleichheit des Gekreuzigten und Auferstandenen, des »Christus gestern, heute und in Ewigkeit«. Die Evangelisten haben kein »historisches Interesse« in dem Sinn verfolgt, daß sie wissen oder darstellen wollten, »wie es einmal gewesen ist«. Der Schwerpunkt ihres Interesses lag vielmehr bei der Verkündigung des »gegenwärtigen Christus«. Aber dabei und zu diesem Zweck griffen sie auf die vorhandene Jesus-Überlieferung zurück. Für sie hängt die Wahrheit und

Verbindlichkeit ihrer eigenen Verkündigung auch an der Verbindlichkeit der Verkündigung Jesu. Die Evangelien haben dabei bewußt die beiden Pole dieses »Spannungsbogens« festgehalten: den Pol der historischen Jesus-Überlieferung und den Pol der vergegenwärtigenden Verkündigung dieser Überlieferung für die Gemeinde.

Mit dieser doppelten Ausrichtung, der Rückfrage nach dem irdischen Jesus einerseits und der Vergegenwärtigung in der Verkündigung andererseits haben die Evangelisten wahrscheinlich die Grundstruktur der christlichen Verkündigung dargelegt und uns einen wichtigen Hinweis dafür gegeben, wie die Frage nach der »christlichen Identität« zu beantworten sei. Die Frage nach der »Identität des Christlichen« ist niemals ohne die Rückfrage nach den Anfängen, insbesondere nach Person und Sache Jesu, zu beantworten. Dies drückt sich in der Kanonisierung Jesu und der neutestamentlichen Schriften aus. An diese frühchristliche Richtschnur (»Kanon«) bleiben die Theologie und Verkündigung gebunden. Es gibt keine Möglichkeit, christlich oder kirchengeschichtlich wieder am Nullpunkt anzufangen. Gerade die neutestamentlichen Texte selbst weisen den nach rückwärts gewandten Blick einer rein historischen Betrachtungsweise in die andere Richtung »nach vorn«. Hier kommt dann der andere Pol, der vergegenwärtigenden Auslegung, zur Geltung. Letztlich geht es doch um die Frage, welchen Sinn es *heute* hat und haben könnte, von der Offenbarung Gottes in Jesus zu reden. Weil die Denkbewegung des christlichen Glaubens und der Theologie sich im Rhythmus dieser doppelten Grundstruktur mit ihren beiden Polen hin und her vollzieht, darum ist sie unabdingbar geschichtlich geprägt. So gesehen ist »christliche Identität« kein fester, in sich geschlossener und statischer Begriff, sondern immer neu zu vollziehende »Identität in Bewegung«, »prozeßhafte Identität«. Das Johannesevangelium ist dafür ein Musterbeispiel.

Zur Verwirklichung der christlichen Identität gehört in erster

Linie der Nachvollzug der »Praxis Jesu«, das Halten seiner Gebote. Dieses war schon in 13,35 als Kennzeichen der Jesus-Jünger genannt worden. Es genügt nicht, die Liebe zu Jesus im Herzen zu tragen oder sie mit dem Mund zu bekennen. Doch wird man bei dem heutigen Gerede von »Praxis«, das man allenthalben antreffen kann, nicht vergessen dürfen, daß »Praxis Jesu« viel weniger spektakulär und sensationell ist als viele andere Formen von Praxis. Denn ihr geht es weithin um das Menschliche und Selbstverständliche, nämlich dort zu helfen, wo gerade geholfen werden muß. Die tragende Motivation solcher Praxis wird allerdings eine Liebe sein, die »konkret« ist, wirklichkeitsbezogen und wirklichkeitsgerecht.

Bei der Bestimmung »christlicher Identität« wird auch die Frage nach dem »Heiligen Geist« eine vorrangige Rolle spielen müssen. Hier geht es vor allem darum, »Wesen und Walten des Geistes« den johanneischen Texten entsprechend zu verstehen. Der »Beistand, der Geist der Wahrheit« erscheint nach 14,16f. als der »Nachfolger und Stellvertreter Jesu« im Hinblick auf die Gemeinde. Er ist nicht ein »allgemeines Fluidum«, sondern er muß in seiner Bedeutung und Funktion von Jesus her verstanden werden. Person und Botschaft Jesu bestimmen also, was den »Inhalt« betrifft, entscheidend mit, um welchen Geist es sich handelt.

Dazu kommt die andere Aussage, daß der Geist-Beistand »in Ewigkeit« bei der Gemeinde bleiben wird. Er ist ihr für alle Zukunft versprochen; es gibt eine letztlich vom Geist bewirkte Kontinuität christlichen Glaubens und der christlichen Gemeinde. Wichtig ist ferner, daß hier nicht einzelne besonders hervorgehobene Instanzen als Geistträger bezeichnet werden, sondern die Gemeinde als ganze: Der Geist ist der Gesamtkirche gegeben, so daß alle an ihm Anteil haben. Die verschiedenen »Ämter« und »Charismen« sind dann, etwa im Sinn von 1 Kor 12, als verschiedene Gaben und Dienstleistungen dieses einen Geistes zu verstehen. Die Gegenwart des Geistes ist es denn auch, die die Gemeinde von der »Welt« unterscheidet. So garantiert der Geist selbst, von innen her gesehen, die »christliche Identität« der Gemeinde. Ist doch der Geist die im »Wort Jesu«, und von daher in der Verkündigung der Gemeinde wirksame Kraft, die in den Menschen Glaube, Hoffnung und Liebe bewirkt.

6. Zweites Wort über den »Beistand« (14,25–26)

25 *Dies habe ich zu euch geredet da ich noch bei euch war.*
26 *Der Beistand aber, der Heilige Geist, den der Vater in meinem Namen senden wird, der wird euch alles lehren und euch an alles erinnern, was ich euch gesagt habe.*

Zur Exegese

Der erste Paraklet-Spruch (14,16f.) hatte davon gehandelt, daß der Vater auf die Bitte Jesu hin den Geist-Beistand »geben« würde. Durch seine Gegenwart bei der Gemeinde begründet der »Geist der Wahrheit« das Sein der Gemeinde im Unterschied zur nichtglaubenden Welt. Er schafft gleichsam die Gemeinde als den Raum der bleibenden Gegenwart der Jesus-Offenbarung in der Welt.

Der zweite Paraklet-Spruch führt diesen Gedanken weiter. Er stellt die zwei »heilsgeschichtlichen Epochen« der »Jesus-Zeit« und der nachösterlichen »Zeit der Kirche« einander gegenüber. Zugleich werden die beiden Epochen durch das Wirken des Geistes auch wieder miteinander verknüpft und aufeinander bezogen. Der Satz: »Dies habe ich zu euch geredet, da ich noch bei euch war . . .« (V. 25) bezieht sich auf die Wirksamkeit des irdischen Jesus, die Johannes als herausgehobene »Zeit der Offenbarung«, der Gegenwart des Lichtes inmitten der Finsternis (vgl. 12,35 f.; 12,44-50) versteht und auf die der Text als ein abgeschlossenes Ganzes zurückblickt. Darin wird wieder deutlich, wie sehr Johannes von seinem eigenen kirchen- und theologiegeschichtlichen Standort her denkt. Die Jesus-Zeit ist also zu Ende, und dies hat zu einer neuen heilsgeschichtlichen Epoche geführt. Diese neue Epoche ist durch die Gegenwart des Geist-Beistandes bestimmt, der hier ausdrücklich als der »Heilige Geist« bezeichnet wird. Diesen Geist wird Gott der Vater senden, und zwar »in meinem Namen«.

Der Begriff »senden« hat bei Johannes eine gefüllte Bedeutung; er soll vor allem den göttlichen Auftrag, die Beglaubigung Jesu als Sohn und Offenbarer Gottes zum Ausdruck bringen.[63] Wird der Beistand in derselben Weise wie Jesus vom Vater »gesandt«, dann zeigt sich auch hier eine Parallelität: Der Geist tritt an die Stelle Jesu. So wie Jesus als Offenbarer der Repräsentant Gottes des Vaters war, so ist der Geist der Repräsentant Jesu. Erfolgt die Sendung »im Namen Jesu«, dann heißt dies, daß Jesus durch seine himmlische Fürsprecherrolle bei Gott aktiv daran beteiligt ist. Vater und Sohn wirken je auf ihre Weise in der Sendung des Geistes zusammen. Anschließend werden zwei Funktionen des Geistes besonders hervorgehoben, das »Lehren« und das »Erinnern«, beides zunächst auf das Wort Jesu bezogen: ». . . alles, was ich euch gesagt habe«. Der Geist-Beistand wird keine neuen Offenbarungen inhaltlicher Art über die Jesus-Offenbarung hinaus bringen, sondern er wird die Jesus-Offenbarung vergegenwärtigen und erschließen.

In der Gemeinde ist der Geist als »Lehrer« tätig (vgl. auch 6,45), eine Aussage, die häufig so verstanden wurde, daß in der Gemeinde der Heilige Geist selbst alle Glaubenden innerlich, im Herzen, belehrt. Der Gedanke geht wohl auf die berühmte Stelle Jer 31,31–34 zurück, wo vom »neuen Bund« die Rede ist und wo es dann heißt: »Ich lege mein Gesetz in ihr Inneres und schreibe es ihnen ins Herz. Ich will ihr Gott sein, und sie sollen mein Volk sein. Dann brauchen sie einander nicht mehr gegenseitig zu belehren: Erkennt den Herrn! – sondern sie alle werden mich erkennen, ob klein oder groß – Spruch des Herrn. Ja, ich verzeihe ihre Schuld, und ihrer Sünde gedenke ich nicht mehr« (Jer 31,33f.). Wenn der Geist als der »Lehrer der Gemeinde« angesprochen wird, dann soll die Autorität Jesu als des bleibenden Lehrers der Gemeinde herausgestellt werden (vgl. ähnlich auch Mt 23,2–12). Die Lehrautorität des Geistes ist keine andere als die bleibende Lehrautorität Jesu selbst.

Wenn man fragt, in welcher Weise das Lehren durch den Geist vor sich geht, dann darf man sicher nicht nur an eine »innere Erleuchtung« der Christen durch den Geist denken, sondern man wird auch auf jene Lehr- und Lernprozesse blicken müssen, wie sie von Anfang an innerhalb der christlichen Gemeinde üblich gewesen sind. »Lehren« hat in den Gemeinden von Anfang an eine entscheidende Rolle gespielt, und auch da wird der Schulbetrieb der jüdischen Synagoge mit das wichtigste Vorbild gewesen sein, neben dem antiken, insbesondere dem philosophischen Schulbetrieb. Die frühchristlichen Gemeinden haben wohl ziemlich stark das Gepräge von Lehr- und Lern-Gemeinschaften gehabt, in denen die Erwachsenen-Lehre im Vordergrund stand. Wahrscheinlich hat der Verfasser des Johannesevangeliums zu diesen, häufig auch prophetisch begabten Lehrern gehört. Als besonderes Kennzeichen kommt hinzu, daß für die Gemeinden die Lehre Jesu bzw. das Evangelium (Paulus) schlechterdings maßgeblich war. In den Gemeinden steht Christus als »Lehrer« im Mittelpunkt, dessen Autorität die aller anderen Lehrer überragt. Diesem Christus gegenüber sind alle Christen Jünger, Lernende; hier herrschte anfänglich gewiß eine durchgehende Gleichberechtigung. Bei Johannes ist diese Situation noch ganz klar: Die Berufung auf den Parakleten als »Lehrer« ist für ihn mit der Bindung der Gemeinde an die exklusive Lehrautorität Jesu identisch. Man kann sich noch nicht auf den Geist neben Jesus oder zusätzlich zu Jesus berufen.[64]

Die zweite Funktion, die dem Geist-Beistand zugesprochen

wird, ist das »Erinnern«. Der Begriff ist aktiv gemeint: etwas in die Erinnerung rufen, erinnernd etwas vergegenwärtigen. Der Gegenstand der Erinnerung wird genau angegeben: »Alles, was ich euch gesagt habe«. Die Gemeinde soll an die Worte Jesu erinnert werden. Der Begriff »Erinnern« spielt bei Johannes eine wichtige Rolle.[65] Die »Erinnerung«, wie sie der Paraklet betreibt, ist nicht bloß ein Erinnern an Vergangenes, sondern Vergegenwärtigung des Vergangenen zusammen mit einer bestimmten Ausdeutung. »Erinnerung« besagt also nicht einfach ein wortwörtliches Wiederholen dessen, was Jesus einmal gesagt hat, sondern den lebendigen Prozeß vergegenwärtigender Anwendung und Neuerschließung der Jesus-Geschichte. Geistgewirkte Theologie im Sinn des Johannesevangeliums steht demnach radikal im Dienst des Jesus-Gedächtnisses als einer produktiven und weiterführenden Aneignung der Jesus-Offenbarung. Es geht um »schöpferische Erinnerung«. Das beste Beispiel dafür ist das Johannesevangelium selbst, das den Inhalt der Jesus-Botschaft für seinen Hörer- und Leserkreis in neue Begriffe faßt und eine eigenständige Jesus-Auslegung vorlegt. Sie steht im Zusammenhang mit der Jesus-Tradition der Urkirche, führt aber doch weit darüber hinaus und formt ein eigentümliches Jesus-Bild aus.

Zur Meditation

Es ist nicht ganz leicht, das eigentümliche Verhältnis von »Bindung« und »Freiheit« zu erfassen, in dem die nachapostolische Kirche zu ihrem Ursprung Jesus von Nazaret steht. Nehmen wir die Frage nach der »christlichen Identität« wieder auf, dann läßt sich an dieser Stelle sagen, daß diese Identität im rechten harmonischen Gleichgewicht dieser beiden Faktoren zu suchen ist, wobei dieses Gleichgewicht im Lauf der Geschichte immer auch durch die Überakzentuierung eines der beiden Faktoren gefährdet erscheint, und daß es deshalb immer neu gesucht und gefunden werden muß.
Wird die *Bindung* einseitig betont und das Moment der

schöpferischen Freiheit in der Neuauslegung des Christlichen vernachlässigt oder gar verketzert, dann kommt es zu einem sterilen, ja reaktionären Traditionalismus, der nicht bloß den Anschluß an die eigene Zeit verliert, sondern die Lebendigkeit des Glaubens selbst unterdrückt. Ohne die Freiheit zum Neu-Bedenken der Jesus-Überlieferung wie der gesamten christlichen Tradition kommt der Glaube nicht zu seinem vollen Leben, kann er nicht eigene, persönlich verantwortete Überzeugung werden. Wird dagegen die *Freiheit* einseitig betont, dann besteht die große Gefahr, daß der Anschluß an die Überlieferung und damit an die Geschichte verlorengeht, daß damit auch die Inhalte des christlichen Glaubens zu kurz kommen, und daß die enthusiastische Freiheit zur unkritischen Anpassung an das jeweils Neueste wird oder im Leerlauf ihrer eigenen Begriffe versandet. Im Lauf der Geschichte ist freilich die Gefahr des reaktionären Traditionalismus bei weitem größer gewesen, so daß die Ermutigung zur Freiheit eigenen christlichen Denkens notwendiger ist.

Aber wahrscheinlich wird man die beiden Begriffe der Bindung und der Freiheit radikaler zusammendenken müssen. Sie bilden, tiefer gesehen, eine Einheit, als zwei Seiten ein und derselben Sache. Denn die Bindung an Jesus ist nicht nur die Übernahme einer vorgegebenen Doktrin; sie ist stets auch die Übernahme der Praxis Jesu, die jeden, der mit ihr sich einläßt, zu einer größeren Freiheit und Selbständigkeit anstiftet. In der Lehre Jesu steckt eine befreiende Kraft, wie sie keine Katechismusformel enthält. Wenn »Lernen« heute verstanden wird als »Veränderung von Verhaltensdispositionen (Fähigkeiten, Einstellungen) durch äußere Einflüsse«[66], dann kommt der Botschaft Jesu eine derartige Zielsetzung zu. Es ist die rechte Freiheit, die man bei Jesus lernen kann und soll.

Weil es sich dabei um einen Lernprozeß umfassender Art handelt, kann man ihn wohl auch kaum durch Einzel-Regelungen steuern. Es gibt darin mancherlei unwägbare, unfaßliche, offene Momente, die man dem Geist und seinem Wirken zusprechen darf. Viel kommt darauf an, diesen Prozeß in Gang zu bringen. Christliche Lehre gewinnt auf diese Weise ihre »mäeutische Funktion« zurück (Mäeutik = wörtlich: Hebammenkunst, nach Sokrates die entscheidende Kunst des Lehrens). Denn es geht bei diesem Lernprozeß darum, den »Schüler« in ein persönliches Verhältnis zur Sache Jesu zu bringen. Bleibt für Johannes, wie wir festgestellt haben, die Lehrautorität Jesu die schlechthin maßgebliche in der Gemeinde, dann kann kein christlicher Lehrer für sich in Anspruch nehmen wollen, sich an die Stelle Jesu zu setzen. Dann hat auch das kirchliche Lehramt keine andere Aufgabe, als selbstlos der Autorität Jesu zu dienen und diese Autorität sichtbar zu machen. Es hat letztlich immer eine »deiktische«, hinweisende Funktion, keine autoritäre. Dies gilt erst recht, wenn man bedenkt, daß im Hinblick auf das Evangelium und die Sache Jesu jeder Lehrer lebenslänglich ein Schüler Jesu ist und bleibt. Der Hinweis auf den Geist als den einzigen Lehrer der Gemeinde stellt dieses Verhältnis klar heraus. Der heilige Augustinus (354–432) hat diesen Bezug noch gesehen, wenn er in seiner Theorie vom Heiligen Geist als dem »inneren Lehrer« stets dessen sich bewußt ist, daß auch seine eigene bischöfliche Lehrautorität allein zum lebendigen, mündigen Glauben noch nicht hinreichend sei.[67] Die Berufung auf den Heiligen Geist als den wahren Lehrer der ganzen Kirche überwindet, wenn sie ernst genommen wird, das Zwei-Klassen-Schema von »lehrender« und »hörender« Kirche (wie man früher gesagt hat und wie es praktisch oft noch verstanden wird). Innerhalb der Gemeinde sind Lehren und Lernen einander zugeordnete Begriffe, die erst zusammen das ganze Lerngeschehen ausmachen. Das Lehren schließt das Lernen ein, und das Lernen soll zum Lehren ermächtigen, indem es zur christlichen Selbständigkeit im Glauben befreit. In einer christlichen Gemeinde sind alle Lehrer und Schüler zugleich.

Dem soll schließlich auch die Jesus-Erinnerung dienen. Auch

dabei geht es nicht um die Pflege frommer »Jesus-Erinnerung«, obgleich die menschliche Fähigkeit des »Eingedenkens« nicht unterschätzt werden soll. Man kann die ganze biblische Geschichte des Alten wie des Neuen Testaments unter diesem Vorzeichen des »Eingedenkens« sehen, und die Weisung: »Tut dieses zu meinem Gedächtnis« steht an einer wichtigen Stelle, im Einsetzungsbericht des Abendmahls. Das »Eingedenken« ist vor allem darin zu sehen, die »Vergangenheit« der Geschichte Jesu zu einer gegenwärtigen Größe zu machen. Unter der Führung des Geistes ist die Erinnerung Jesu ein schöpferischer und damit stets auch ein kritischer Prozeß. Entscheidend sind auch hier die Denkanstöße, die Veränderungen, die durch die Jesus-Erinnerung ausgelöst werden und die letztlich auf das Heil, die Erneuerung der Menschheit zielen. In diesem Sinn geht es um die beunruhigende und »gefährliche« Erinnerung Jesu.

7. »Friede« als Abschiedsgabe Jesu. Schlusswort der ersten Abschiedsrede (14,27–31)

27 *Frieden lasse ich euch zurück; meinen Frieden gebe ich euch. Nicht wie die Welt (ihn) gibt, gebe ich (ihn) euch. Euer Herz lasse sich nicht verwirren noch mutlos machen.*
28 *Ihr habt gehört, daß ich euch sagte: Ich gehe fort und komme (wieder) zu euch. Würdet ihr mich lieben, dann würdet ihr euch freuen, daß ich zum Vater gehe, denn der Vater ist größer als ich.* 29 *Und ich habe es euch jetzt gesagt, bevor es geschieht, damit ihr, wenn es geschieht, glaubt.*
30 *Ich habe nicht mehr viel mit euch zu reden, denn es kommt der Herrscher dieser Welt; doch auf mich hat er keinerlei Anspruch;* 31 *sondern: Die Welt soll erkennen, daß ich den Vater liebe und so handle, wie mir der Vater*

gebot.
Steht auf, laßt uns fortgehen!

Zur Exegese

Der Abschnitt 14,27–31 leitet den Schluß der ersten Abschiedsrede ein, die, wie die Schlußbemerkung: »Steht auf, laßt uns fortgehen« (V. 31b) deutlich macht, ursprünglich eine selbständige Einheit war. Danach begann wohl der Bericht vom Gang zum Ölberg.[68] Die Verse 27–31 gehören wohl als literarische Einheit zusammen, die freilich eine sachlich-thematische Struktur erkennen läßt: Vers 27 bringt den Friedenswunsch Jesu; in den Versen 28–29 folgt nochmals eine ausdrückliche Reflexion auf die Abschiedssituation Jesu; die Verse 30–31 bereiten dann den Gang zum Ölberg und damit den Passionsbericht vor.
Nach Vers 27 läßt Jesus den Seinen als Abschiedsgabe den »Frieden« zurück. Schon damit ist angedeutet, daß das Wort Friede in einem vollen, besonders bedeutsamen Sinn aufzufassen ist, als Gabe und Verheißung, die alles einschließt, was Jesus dem Glauben gewährt.
Im biblischen Sprachgebrauch hat der Begriff Frieden (hebr. *schalom*, griech. *eiréne*) einen so weitgespannten, umfassenden Bedeutungsgehalt, daß man ihn nicht auf eine einheitliche Formel bringen kann.[69] Die Grundbedeutung des hebräischen Wortes *schalom* »ist *Wohlsein*, und zwar mit einem deutlichen Übergewicht nach der materiellen Seite hin« (G. von Rad). Es geht um einen positiven Zustand, der nicht nur die Abwesenheit von Krieg und persönlicher Feindschaft ausschließt – dies ist die Voraussetzung für *schalom* –, sondern der Wohlergehen, Freude, Erfolg im Leben, glückliche Verhältnisse und das religiös verstandene Heil umfaßt. Im Grußwort entbieten sich die Menschen in Israel und im vorderen Orient bis heute *schalom*. Im Segenswunsch an den König heißt es: »Tragen mögen die Berge Frieden« (*schalom*, andere übersetzen: Heil, Wohlfahrt) »dem

Volk, Gerechtigkeit die Hügel. Er schaffe Recht dem Elenden im Volk, befreie die Söhne der Armen, trete nieder den Unterdrükker. Er lebe, solange die Sonne scheint und der Mond, von Geschlecht zu Geschlecht. Er senke sich wie Regen auf die Flur, wie Regenschauer, die das Land benetzen. In seinen Tagen sprosse das Recht und Fülle des Friedens« (*schalom*) »bis kein Mond mehr scheint« (Ps 72,2–7). Friede erscheint hier, ähnlich wie in dem bekannten Gedicht vom Messias (Jes 11,1–11), geradezu als ein kosmischer Zustand von äußerer Sicherheit, Gedeihen, Fruchtbarkeit und allgemeiner Wohlfahrt, als große Versöhnung von menschlicher Gesellschaft und Natur. Kein Zweifel, daß die messianische Ära, die kommende Heilszeit, eine Zeit umfassenden Friedens sein wird, und ganz in diesem Sinne ist auch die Engelsbotschaft im Lukasevangelium zur Geburt des Messiaskindes gemeint: »Ehre wird Gott in der Höhe zuteil, und Frieden auf Erden den Menschen seiner Huld« (Lk 2,14).
Mit dem Erscheinen des Messias beginnt die wahre, eschatologische Friedenszeit. Der Friede ist also nicht nur als eine innerliche Größe verstanden, als Herzensfriede, obschon auch diese Seite wichtig bleibt, wenn Paulus sagt: »Der Friede Gottes, der alle Vernunft übersteigt, erfülle eure Herzen und Sinne in Christus Jesus« (Phil 4,7). Die Bandbreite des Begriffs Friede reicht also vom alltäglichen Grußwort *schalom*: »alles Gute!« bis zum Frieden und Heil des Menschen, ja, der gesamten Welt. Im Hintergrund steht dabei der Gedanke, daß der Friede auf allen Ebenen letztlich eine göttliche Gabe ist.
Im Neuen Testament, das auch hier das alttestamentliche Denken aufnimmt und weiterführt, ist Friede mit der christlichen Heilsbotschaft, dem Evangelium, verknüpft. Es fällt allerdings auf, daß Jesus selbst die Vokabel »Frieden« kaum oder nur selten gebraucht hat. Ja, es gibt von ihm das Wort: »Wähnet nicht, daß ich gekommen bin, Frieden auf die Erde zu bringen! Ich bin nicht gekommen, Frieden zu bringen, sondern das Schwert« (Mt 10,34; Lk 12,51), ein Wort, das sich möglicherwei-

se gegen ein oberflächliches und falsches Gerede von Frieden gerichtet hat (vgl. Jer 6,14: »Und sie heilen den Schaden meines Volkes leichthin, indem sie sagen: Friede! Friede! – Doch wo ist Friede?«). Man darf also den Begriff Frieden nicht lasch und oberflächlich nehmen. Doch sollen die Jünger bei ihrer Missionsarbeit den Menschen mit dem Friedensgruß begegnen (Mt 10,13). Je stärker die Urkirche sich dessen bewußt wurde, daß mit Jesus von Nazaret das messianische Heil angebrochen ist, um so mehr war sie auch der Überzeugung, daß der eschatologische Friede ihr schon im Glauben geschenkt sei (vgl. Röm 5,1ff.). Im Epheserbrief findet sich die Formel: »Denn Er selbst« – gemeint ist Jesus Christus – »ist unser Friede« (Eph 2,14), die schon ganz in die Nähe der johanneischen Auffassung führt.
Formal lehnt sich die johanneische Aussage an den im Alltag üblichen Friedensgruß an, aber sie geht weit darüber hinaus. Gemeint ist der Friede als endzeitliche Gabe, als Zuspruch von Heil und Leben. »Frieden lasse ich euch zurück«, gilt hier in einem endgültigen Sinn; es handelt sich um das eschatologische Gut schlechthin, das Jesus seiner Gemeinde gleichsam testamentarisch vermacht. Mehr kann Jesus den Seinen nicht geben; aber wer verstanden hat, was darin alles steckt, wird auch nicht mehr verlangen.
Wenn noch hinzugefügt wird: »*Meinen* Frieden gebe ich euch«, so wird damit nochmals unterstrichen, daß der Friede seinen besonderen Charakter, seinen Inhalt durch Jesus selbst bekommt. Die Gabe ist auch hier vom Geber, von der Person Jesu, nicht zu trennen. In dieser Weise ist der Friede vor allem die Gabe des Auferstandenen (vgl. 20,19.21.26, wo auch deutlich wird, daß zum Frieden die Sündenvergebung gehört). Auch an dieser Stelle spricht der Erhöhte. Letztlich geht es im Frieden um die Anwesenheit der neuen Welt, die mit der Gegenwart Jesu in der Gemeinde gegeben ist.
Dieser Friede Jesu steht im Gegensatz zu dem Frieden »wie die Welt ihn gibt«. Wir treffen hier wieder auf den Abstand, der

zwischen Jesus und seiner Jüngerschaft auf der einen Seite und der »Welt« auf der anderen Seite besteht. Die Welt hat zwar auch ihren Frieden, sie hat auch ihre Weise, Frieden zu machen, ihn zu garantieren, notfalls mit Waffengewalt, und es bleibt auch in ihrem Bereich eine beständige Aufgabe, um Frieden besorgt zu sein und sich dafür einzusetzen. Aber dieser Friede ist vom Frieden Jesu grundverschieden, er gehört zu einem anderen Bereich. Aber durch Jesus ist der Friede, der nicht *von* dieser Welt ist, doch *in* dieser Welt anwesend. Und zwar ist vor allem die christliche Gemeinde, sofern sie der Raum der Gegenwart Christi ist, das heißt, sofern sie sich durch das Wort Jesu bestimmen läßt, auch der Ort dieses neuen Friedens. Dabei erfährt sie sich im Gegensatz zu einer Welt, die ihr feindselig gegenübertritt. Insofern ist ihr Friede niemals unangefochten. Die Aufforderung, sich nicht verwirren zu lassen und nicht mutlos zu werden, ist immer notwendig, weil der Friede, wie ihn Jesus versprochen hat, nicht zum großen Erfolgserlebnis gegenüber der Welt führt. Weder der Glaube noch die Gemeinschaft der Glaubenden leben in einer sturmfreien Zone; sie bleiben dem Konflikt mit der Welt ausgeliefert, und zwar nicht obwohl sie glauben, sondern gerade weil sie glauben. Trotzdem gibt es die Möglichkeit, daß sich die Friedenszusage Jesu gerade inmitten dieser dauernden Ausgesetztheit, inmitten aller Anfechtungen und Gefährdungen durchhält und bewährt.

Der Verweis auf die Abschiedssituation (V. 27–28) macht uns wieder die literarisch fiktive, aber theologisch grundsätzliche Situation der Abschiedsreden bewußt. Jesus geht fort, kommt aber wieder; die Jünger, sofern sie Jesus wirklich lieben, mit ihm durch den Glauben verbunden sind, müßten sich über sein Fortgehen freuen, da Jesus ja zum Vater geht; dazu die Begründung: »denn der Vater ist größer als ich«. Ebendies ist ein durchgängiges Thema der Abschiedsreden, das den Jüngern bzw. den Hörern und Lesern des Textes klargemacht werden soll: Jesu Fortgehen war nicht einfach der Abgang von der weltgeschichtlichen Bühne, sondern seine Rückkehr zu Gott. Und seine Wiederkunft hat schon mit Ostern begonnen; sie erfolgt weiter im steten Kommen Jesu zu seiner Gemeinde. Allgemeiner gesprochen: Für die nachösterliche Gemeinde hat Jesus gleichsam einen doppelten Ort: Er ist sowohl in der Gemeinde gegenwärtig, nämlich durch den Geist-Parakleten und durch sein Wort, er ist aber auch zugleich beim Vater, bei Gott. Beides schließt einander nicht aus, sondern die beiden Momente gehören zusammen, ja, das Fortgehen Jesu zum Vater ist geradezu die Bedingung für seine bleibende Gegenwart in der Gemeinde.

Was die Begründung betrifft: »denn der Vater ist größer als ich«, so entspricht sie dem Gefälle der johanneischen Christus-Lehre, die einerseits die enge Zusammengehörigkeit Jesu mit Gott betont, andererseits aber an einer Rangfolge bzw. Unterordnung Jesu als »Sohn« unter Gott den Vater festhält.[70]

Hier wird die Unterordnung Jesu unter Gott herausgestellt; es ist ja der Sinn der Jesus-Offenbarung, Gott zu verherrlichen und ihn als den Vater bekannt zu machen. Die Freude darüber, daß Jesus zum Vater geht, ist die eschatologische Freude, weil der Weg zu Gott ein für allemal erschlossen ist (14,1–6): »Bei Gott hat seine Stätte das menschliche Geschlecht« (J. S. Bach). Der Vers 28 bestimmt also noch einmal abschließend den »Ort« der Gemeinde. Dieser Ort ist geprägt durch ihr Verhältnis zu Jesus, der als der Auferstandene beim Vater ist und der zugleich durch den Geist-Parakleten je neu zur Gemeinde kommt und in ihr wirkt. Die Formulierung: »Und ich habe es euch jetzt gesagt, bevor es geschieht, damit ihr, wenn es geschieht, glaubt« (V. 29) bezieht sich auf die gegenwärtige Gemeinde und ihre Situation. Sie ist zum Glauben aufgefordert, und sie soll in ihrer gegenwärtigen Lage nichts »Anomales« sehen. Wenn sie ihr Verhältnis zu Jesus überdenkt, ist sie darauf schon längst vorbereitet.

Die Verse 30–31 bringen den Schluß der ersten Abschiedsrede und leiten inhaltlich zur Passionsgeschichte über. Die Zeit des

Redens ist nun endgültig vorbei. Wie andere neutestamentliche Schriftsteller, so sieht auch Johannes in der Passion Jesu nicht nur das vordergründige historische Geschehen, sondern eine hintergründige, »heilsgeschichtliche« Auseinandersetzung zwischen Jesus, dem Sohn und Offenbarer Gottes, und dem Satan als dem »Herrscher dieser Welt«. Die Bezeichnung »Herrscher dieser Welt« für Satan ist typisch johanneisch (12,31; 14,30; 16,11).[71] In der Passion Jesu hat die Entmächtigung Satans als des »Herrschers dieser Welt« stattgefunden, so daß in der Person Jesu Christi die Welt ihren neuen Herrn bekam. Johannes begreift das Erlösungsgeschehen als einen »kosmischen Herrschaftswechsel«, der als »Wende der Äonen« eine neue Welt-Situation heraufgeführt hat. Diese neue Situation ist durch den göttlichen Heilswillen bestimmt, in Christi Kreuz und Auferstehung hat sich der göttliche Liebeswille endgültig durchgesetzt. Von diesem gedanklichen Hintergrund her muß der Text verstanden werden. Nach Vers 30 erfolgt in der Stunde des Kreuzesgeschehens der entscheidende Angriff Satans auf Jesus. Aber Satan findet an Jesus nichts, worauf er einen Anspruch geltend machen könnte, was seiner Machtsphäre, also dem Tod, der Sünde, der Lüge, dem Haß usw. zugehörig wäre. Zwischen Jesus und Satan gibt es keine gemeinsamen Berührungsflächen, schon gar keine Wesensverwandtschaft. Darum wird auch an Jesus jeder Anspruch Satans zuschanden. In diesem Kampf erscheint Jesus von vornherein als der Sieger. Warum an Jesus die Macht des Bösen zerbricht, sagt Vers 31a: »Die Welt soll erkennen, daß ich den Vater liebe und so handle, wie mir der Vater gebot«. Es ist die völlige Bindung Jesu an Gott, seinen Vater, die »vollkommene Liebe«, die Jesus radikal und grundsätzlich vom Bösen scheiden. »Meine Speise ist es, den Willen dessen zu tun, der mich gesandt hat, und sein Werk zu vollenden« (4,34). Damit schließt sich der Kreis. Durch seinen Weg zum Kreuz im Gehorsam gegen den göttlichen Willen wird Jesus nun endgültig zum Offenbarer der göttlichen Liebe. So hat

Johannes den Tod Jesu verstanden. Genau das ist es auch, was die »Welt« an Jesus begreifen soll.
Mit der Aufforderung: »Steht auf, laßt uns fortgehen«, schließt dementsprechend diese Abschiedsrede ab.

Zur Meditation

Das Stichwort *Frieden* genießt in der Gegenwart weltweites Ansehen. Zunächst geht es einmal darum, die Kriege und ihre verheerenden Folgen einzudämmen und nach Kräften zu vermeiden. Ein Blick in das politische Geschehen unserer Tage lehrt uns freilich, wie schwierig diese Aufgabe ist und wie wenig Fortschritte auf diesem Gebiet trotz der bitteren Erfahrungen der großen Weltkriege gemacht worden sind. Aber vielleicht darf man die Bedeutung der Friedensidee, gar eines universalen Friedens von Welt und Menschheit[72] nicht nur nach handgreiflichen Erfolgen beurteilen. Die Tatsache, daß es diese universale Friedensidee gibt und daß man sie als politisch-moralischen Appell empfindet, um danach das politische Handeln auszurichten, ist an sich schon wichtig genug und zeigt zugleich, worauf sich die Hoffnungen von Millionen Menschen richten.
Aber ist dieser »Weltfriede«, der heute als das einzig sinnvolle und vernünftige Ziel der Weltpolitik erscheint, nicht das Gegenteil vom eschatologischen Frieden Jesu? Ist das nicht gerade dieser »Friede, wie die Welt ihn gibt«, auf den anscheinend doch kein vollständiger Verlaß ist? Was haben die beiden Friedenskonzeptionen des eschatologischen göttlichen und himmlischen Friedens und die eines universalen politischen Friedens miteinander gemein?
Es gibt eine christliche Tradition, die hier tatsächlich einen scharfen Unterschied macht und auf deren Seite sich große Namen finden, wie Augustinus und Martin Luther. Nach dieser Tradition ist der von Jesus verheißene Friede in erster Linie eine geistige und innerliche Realität, die zwar dem Menschen verheißen ist, die aber ihre volle Entfaltung erst im Jenseits oder

am Ende der Tage findet. So sagt Augustinus in der Auslegung dieser Stelle: »Den Frieden hinterläßt er uns, da er zu scheiden im Begriff stand; seinen Frieden wird er uns geben, wenn er am Ende kommen wird. Den Frieden hinterläßt er uns in dieser Welt, seinen Frieden wird er uns geben in der zukünftigen Welt. Seinen Frieden hinterläßt er uns, und wenn wir in ihm bleiben, besiegen wir den Feind; seinen Frieden wird er uns geben, wenn wir ohne Feind herrschen werden ... Wir haben also einen gewissen Frieden, weil wir Freude haben am Gesetz dem inneren Menschen nach, aber es ist kein voller Friede, weil wir ein anderes Gesetz in unsern Gliedern haben, welches dem Gesetze unseres Geistes widerstreitet.«[73] Diejenigen, die sich auf diese und ähnliche Auslegungen berufen, sind auch weitgehend der Auffassung, daß man diesen, meist individualistisch verstandenen religiösen Herzensfrieden in keiner Weise mit politischen Friedensvorstellungen und Friedensbemühungen zusammenbringen dürfe. Religion habe es mit dem »Seelenheil« zu tun, und jede politische oder gesellschaftliche Konsequenz, die daraus abgeleitet wird, erscheint ihnen als Verfälschung.

Auf der anderen Seite wird dem Christentum gerade wegen dieser Auffassung der Vorwurf gemacht, daß es in seiner zweitausendjährigen Geschichte so wenig getan habe, Kriege und andere gesellschaftlichen Konflikte einzudämmen oder abzuschaffen. Die abendländisch-christliche Menschheit hat die großen Konflikte nicht verhindern können, und sie hat ihre kolonialen Eroberungszüge unternommen, wo sie statt des Friedens des Evangeliums Sklaverei und Unterdrückung brachte. Diese berechtigte Kritik hat in den letzten dreißig Jahren doch dazu geführt, daß man auf christlicher Seite über die politische Bedeutung der biblischen Friedensauffassung intensiver nachgedacht hat. Mit seiner Enzyklika »Pacem in terris« hat Papst Johannes XXIII. einen auch von der nichtkatholischen Welt sehr beachteten, ja teilweise mit großer Begeisterung aufgenommenen Entwurf für die politische Friedensarbeit vorgelegt. Auch das

Zweite Vatikanum hat in der »Pastoralkonstitution über die Kirche in der Welt von heute« ein ganzes Kapitel[74] dem Problem des Friedens gewidmet: »Darum möchte das Konzil den wahren und hohen Begriff des Friedens klarlegen, die Unmenschlichkeit des Krieges verurteilen und mit allem Ernst einen Aufruf an alle Christen richten, mit Hilfe Christi, in dem der Friede gründet, mit allen Menschen zusammenzuarbeiten, um untereinander in Gerechtigkeit und Liebe den Frieden zu festigen und all das bereitzustellen, was dem Frieden dient.«
Dieses Verständnis wird etwa so begründet: Es ist richtig, daß der »eschatologische Friede« mit dem »politischen Frieden« nicht identisch ist; beide fallen nicht deckungsgleich zusammen. Man muß durchaus die Unterschiede sehen. Man muß auch zugestehen, daß es in dieser Welt das messianische Friedensreich, die volle Königsherrschaft Gottes nicht geben kann (der sogenannte »eschatologische Vorbehalt«). Der »eschatologische Friede« in vollem Umfang kann nur als »göttliche Wirklichkeit« verstanden werden. Aber der Glaube an die in Christus geschehene Versöhnung kann und muß so wirksam werden, daß Christen, die an diese Versöhnung glauben, sich auch nach besten Kräften um die Gestaltung des Friedens in der Welt bemühen. Der »Friede Christi«, der in den Herzen herrschen soll, treibt dazu, auf allen mitmenschlichen Ebenen und im gesellschaftlich-politischen Bereich den Frieden herzustellen und sich für ihn einzusetzen. Dazu gehört auch die Erkenntnis, daß Kriege von Menschen gemacht werden und keine unausweichlichen Naturkatastrophen sind. Man kann die Ursachen erforschen, und es ist, wenigstens dem Grundansatz nach, auch möglich, Kriege zu vermeiden. Christen, die vom »Frieden Gottes« überzeugt sind, müßten dafür besonders aufgeschlossen sein. Hier liegt sicher eine der wichtigsten Aufgaben für ein politisches Denken und Handeln aus christlicher Verantwortung heraus. Die konkreten Schwierigkeiten, die auf diesem Gebiet liegen, sollen nicht verkannt oder verharmlost werden. Aber da die Menschheit

heute den Frieden neu und gründlich lernen muß, wenn sie sich nicht zugrunde richten will, ist der christliche Einsatz für den Frieden in der Welt in sich selbst sinnvoll, und es ist ebenso sinnvoll, hier mit einer langfristigen Aufgabenstellung zu rechnen. Aber gerade angesichts der Schwierigkeiten gewinnt der Glaube an den in Jesus Christus schon gegebenen eschatologischen Frieden eine neue Bedeutung. Der glaubende Mensch kann nämlich langfristiges Bemühen kräftig unterstützen; er kann Enttäuschungen verarbeiten helfen und den Mut zum Weitermachen verleihen, wenn es aufgrund von Mißerfolgen sinnlos erscheinen mag, weiterzumachen. Er wird sich durch Mißerfolge nicht verwirren und mutlos machen lassen. Er kann zu einem kritischen und doch zugleich zuversichtlichen Realismus verhelfen. Darin kann er der Hinterlassenschaft Jesu, als die der »eschatologische Friede« erscheint, heute gerecht werden. Denn das Christentum – oder genauer die Christen – können sich heute nicht die Pflege eines abgeschiedenen Seelengärtleins erlauben, wo ringsumher Menschen mit den schwierigsten Problemen zu kämpfen haben.
In dieser Weise wird das gesellschaftlich-politische Engagement von Christen auch zu einem Zeugnis für die Gegenwart Jesu in der Gemeinde. Das Eintreten für Frieden, Humanität, für soziale und politische Gerechtigkeit und Freiheit, ebenso der Kampf gegen Hunger, Elend, Unterdrückung jeder Art gewinnen hier einen besonderen Zeugniswert. Eine christliche Gemeinde, die sich mit herrschenden Mächten verbündet, um dadurch ihre eigene Herrschaft zu sichern, hat dagegen keinen Zeugniswert, auch wenn noch so viel von Gott und Christus die Rede sein mag. Der Weg, auf den Jesus seine Jüngergemeinde geschickt hat, ist der Weg der freien, verantwortlichen Nachfolge.

III. DIE ZWEITE ABSCHIEDSREDE (15,1–16,33)

Obwohl die zweite Abschiedsrede ähnliche Themen wie die erste behandelt, wird man doch eine Akzentverschiebung feststellen können. Die erste Abschiedsrede hatte vor allem die Frage nach dem neuen Verhältnis der Gemeinde zu Jesus erörtert und dabei den theologisch bedeutsamen Unterschied zwischen der »vorösterlichen« und der »nachösterlichen« Situation reflektiert. In der zweiten Abschiedsrede dagegen tritt die Gemeinde als solche wesentlich stärker in den Vordergrund; hier kommt die *ekklesiologische Thematik* ausdrücklich zur Sprache. Wir erfahren vor allem, was nach Johannes die christliche Gemeinde ist, wodurch sie bestimmt wird, welches ihre Situation in der Welt ist und worauf sie ihre Hoffnung gründet.

1. Der wahre Weinstock (15,1–10)

1 *Ich bin der wahre Weinstock, und mein Vater ist der*
Winzer. 2 *Jede Rebe an mir, die keine Frucht bringt,*
schneidet er ab, und jede Rebe, die Frucht bringt, schneidet
er rein, damit sie noch mehr Frucht bringe. 3 *Ihr seid schon*
rein durch das Wort, das ich zu euch gesprochen habe.
4 *Bleibt in mir und ich bleibe in euch. Wie die Rebe aus*
eigener Kraft keine Frucht hervorbringen kann, wenn sie
nicht im Weinstock bleibt, so auch ihr nicht, wenn ihr nicht
in mir bleibt. 5 *Ich bin der Weinstock, ihr seid die Reben.*
Wer in mir bleibt und ich in ihm, der bringt reiche Frucht,
denn getrennt von mir könnt ihr nichts tun. 6 *Wenn*
jemand nicht in mir bleibt, wird er wie ein Rebzweig
weggeworfen und verdorrt; man trägt (die Reben) zusam-
men, wirft sie ins Feuer und verbrennt sie. 7 *Wenn ihr in*

mir bleibt und meine Worte in euch bleiben, dann könnt ihr bitten, worum ihr wollt und es wird euch zuteil.
8 *Dadurch wird mein Vater verherrlicht werden, daß ihr reiche Frucht bringt und euch als meine Jünger erweist.*
9 *Wie mich der Vater geliebt hat, so habe ich euch geliebt; bleibt in meiner Liebe!*
10 *Wenn ihr meine Gebote haltet, bleibt ihr in meiner Liebe, wie ich die Gebote meines Vaters gehalten habe und in seiner Liebe bleibe.*

Zur Exegese

Die zweite Abschiedsrede beginnt sogleich mit einer Ich-bin-Rede in Verbindung mit einem Bildwort: »Ich bin der wahre Weinstock«[75]. In dieser Rede wird das Verhältnis der Jünger zu Jesus erörtert, wobei es um Begründung und Leben der Jüngergemeinde geht.

Grundlegend für das Verständnis des Textes ist die Frage nach der Bedeutung des Bildwortes »Weinstock«. Aus welcher Tradition hat Johannes dieses Bildwort übernommen und was hat er mit ihm ausdrücken wollen?[76] Besonders R. Borig hat die zahlreichen alttestamentlichen Stellen untersucht, wo der »Weinstock« als Bildwort für das Volk Israel erscheint.[77] Er hat vor allem gezeigt, daß in der alttestamentlichen Tradition die Verbindung von Weinberg/Weinstock und Fruchtbringen, die auch für die Bildrede typisch ist, fest verankert ist, und die Folgerung, auch aus anderen Feststellungen, gezogen:[78] »Der Bildgebrauch in Joh 15,1ff. läßt sich, soweit er nicht durch die besondere joh. Verwendung bestimmt ist, deutlich aus dem AT herleiten«.[79] Das braucht eine Offenheit gegenüber anderen Traditionen nicht unbedingt auszuschließen. Als Verbindungsglied zwischen dem alttestamentlich-jüdischen Weinstock/Weinberg-Bildgebrauch und der johanneischen Bildrede vom »wahren Weinstock« darf man wohl das »Gleichnis von den bösen Winzern« (Mk 12,1–12) ansehen. Es ist zwar richtig, daß in dieser Gleichniserzählung keine ausdrückliche Gleichsetzung zwischen dem Weinberg und Jesus stattfindet. Aber es ist in der Markusfassung doch deutlich, daß die Geschichte einen christologischen Akzent hat: Der Sohn und Erbe des Weinbergs wird zwar von den Winzern getötet, aber von Gott zu Ehren gebracht. Das Wort: »Ich bin der wahre Weinstock« muß daher zunächst als christologische Offenbarungs-Aussage verstanden werden. Die zusätzliche Bezeichnung »der wahre ...« ist zuerst nicht im Sinn einer Entgegensetzung gemeint – »der wahre ...« im Unterschied zu anderen, die einen ähnlichen Anspruch erheben, es aber zu Unrecht tun – sondern als Auszeichnung Jesu, der als der Offenbarer Gottes selbst »die Wahrheit« ist.[80] Als der Sohn Gottes bezeichnet sich Jesus als »der Weinstock in dem Sinne, wie nur der Sohn Weinstock sein kann«[81]. In dieser grundsätzlichen Überlegenheit steckt dann auch das Moment der Entgegensetzung: die mit dem Bildwort »Weinstock« verbundene Qualität wird allen anderen Größen mit ähnlichem Anspruch abgesprochen. Das heißt, aus der »Herkunft des joh. Bildgebrauchs läßt sich nun folgern, daß mit dem joh. Weinstockbild sich Jesus an die Stelle setzt, die bis dahin das Volk Israel einnehmen sollte«[82]. Diese Deutung, nach der das jüdische Weinstock-Bild als Symbol für Israel nun auf Jesus übertragen wird, daß also Jesus an die Stelle des alten Israel tritt, entspricht auch der johanneischen Theologie am besten. Nach Johannes ist mit dem Kommen Jesu das Ende des israelitisch-jüdischen Tempelkults und der zu diesem Tempel gehörenden Kultgemeinde gekommen (vgl. 2,13–22; 4,21–26; 8,31–59).

Nach seiner heilsgeschichtlichen Sicht tritt aber nicht ohne weiteres die christliche Gemeinde als das »neue Israel« an die Stelle des »alten Israel«, sondern es ist zunächst *Jesus selbst* als Sohn Gottes und Offenbarer, der an die Stelle Israels tritt. Er selbst bildet das Zentrum der neuen Heilsgemeinde. So erfährt das Bild vom Weinstock zuerst eine *christologische Konzentra-*

tion als Voraussetzung für die *ekklesiologische Ausweitung*, die dann ebenso zur Sprache kommt. Zugleich gelingt es Johannes, auf diese Weise festzuhalten, daß die Heilsgeschichte in *Gott* gründet: Der Vater, also Gott, ist in dieser Bildrede der Weinbauer, wie er entsprechend in dem alttestamentlichen Weinbergbild gewöhnlich der Besitzer und Herr des Weinberges ist.

Es geht in diesem Text um die neue (eschatologische) Heilsgemeinde, die Kirche, die durch den »wahren Weinstock« Jesus begründet wird.[83] Natürlich darf man die Bildrede bei der Auslegung nicht überziehen oder sie im Sinne eines synoptischen Gleichnisses mißverstehen. Bildrede und sachlicher Gedankengang werden bei Johannes häufig sehr schroff miteinander verschränkt, so daß man den Text genau beim Wort nehmen muß.

Die Einführung der »Zweige« (V. 2) erfolgt etwas unvermittelt. Daß der Text davon jedoch ohne Überleitung reden kann, zeigt, daß in der Vorstellung vom »wahren Weinstock« von Anfang an die »Rebzweige« mitgedacht waren.[84] Es entspricht alttestamentlich-jüdischer Denkweise, wenn mit dem Weinstock und den Rebzweigen sofort das »Fruchtbringen« verbunden wird.[85] Darin liegt ja das Interesse des Weinbauern, daß sein Weinberg möglichst reichen Ertrag bringt. Der Begriff des »Fruchtbringens« ist vom Bild her ganz offen gemeint, auch der Zusammenhang ergibt keinen näheren Hinweis. Es handelt sich um den »ganzen Ertrag« eines Lebens in der Gemeinschaft mit Jesus, nicht etwa nur oder vorwiegend um die »Missionsfrucht«. (Der Missionsgedanke kommt im Zusammenhang der Weinbergrede nicht vor.) Im Alten Testament ist häufig davon die Rede, daß Israel als Weinberg JHWHs die erhoffte Frucht nicht gebracht hat (z. B. Jes 5,2.4). Dem würde dann hier die Tatsache des »Fruchtbringens« als solche entgegengestellt. Es geht um das »Fruchtbringen« überhaupt und wie es dazu kommt.

In Weiterführung des Bildes vom Winzer werden zwei Tätigkei-

ten besonders erwähnt: Das Wegschneiden der unfruchtbaren Reben und das Zurechtschneiden (= Reinigen) der guten Reben, damit sie noch mehr Frucht bringen sollen. Das Bild, das nur durch die Wendung »jede Rebe an mir ...« kurz unterbrochen wird, weist gleichsam im Vorbeigehen auf das göttliche Gericht, mit dem auch der Glaube zu rechnen hat. Doch soll der Hinweis darauf wohl hauptsächlich unterstreichen, daß es in der Jesus-Gemeinde vor allem andern auf das »Fruchtbringen« ankommt. Freilich, wenn die Gemeinde wie der einzelne Jünger das Fruchtbringen unterlassen, wenn sie nicht mehr aus der Mächtigkeit der Jesus-Gemeinschaft in Glauben und Liebe leben, dann müssen sie damit rechnen, »abgeschnitten« zu werden. Ansonsten werden sie nur »zurechtgeschnitten« und »gereinigt«.
Vers 3 sagt aus, daß die Jünger schon »rein« sind, und zwar durch das Wort Jesu. »Die Reinheit ist im Rahmen des Bildes vom Weinstock zu verstehen; es ist die Bereitschaft zum Fruchtbringen. An sittliche oder kultische Reinheit ist nicht gedacht«.[86] Die Begegnung mit dem Wort Jesu, das den Menschen in die Glaubensentscheidung stellt, hat, indem es zum Glauben führte, auch die »Reinigung« mitbewirkt, die das Fruchtbringen ermöglicht. Am Anfang steht auch hier die Gabe, das Wort Jesu, so daß das »Fruchtbringen« nicht als menschliche »Leistung« zu verstehen ist. Gleichwohl ergibt sich aus dieser Gabe auch der Anruf: »Bleibt in mir, und ich bleibe in euch« (V. 4). Der Ausdruck *bleiben* (griech. *ménein*), der im folgenden beständig variiert wird, bezeichnet bei Johannes die Endgültigkeit und Dauer des durch den Glauben begründeten Verhältnisses zu Jesus, ein Verhältnis gegenseitiger Verläßlichkeit und Treue, das zwischen ihm und den Seinen obwaltet. Die Formel »Bleiben in mir – in euch«, die dieses Verhältnis als personale Gegenseitigkeit bestimmt, ist für Johannes besonders typisch. In diesem Verhältnis ist begründet, daß der Glaubende »in ihm bleibt«, und dieses »in Jesus Bleiben« ist die Grundlage für das Fruchtbringen. Wie intensiv dieses wechselseitige »Bleiben« gedacht werden muß,

zeigt Vers 4b: Ohne die Verbindung mit dem Weinstock ist es unmöglich, daß der Rebzweig Frucht bringt; er kann »von sich aus«, aus eigener Kraft und eigenem Vermögen, gar nichts. Ebensowenig können die Jünger Frucht bringen, wenn sie nicht mit Jesus verbunden bleiben.

Nun folgt der Höhepunkt der ganzen Rede: »Ich bin der Weinstock, ihr seid die Rebzweige« (V. 5a). Man hat darauf hingewiesen, daß der johanneische Jesus nicht einfach als das »Rebholz« oder als »Stamm« bezeichnet wird, im Unterschied zu den Rebzweigen, sondern als »Weinstock«, der schon das Ganze der Zweige mitumfaßt.[87] Das Bild wäre falsch verstanden, wollte man den »Weinstock« allein auf Jesus beziehen. Vielmehr handelt es sich um eine vorgegebene Ganzheit, die zwar durch Jesus begründet ist, aber doch schon die Zweige einschließt, so daß auch von dieser Seite her der Bezug auf die Gemeinde deutlich wird. Allerdings gibt es eine unaufgebbare und auch nicht zu erschütternde Priorität Jesu: »Denn getrennt von mir könnt ihr nichts tun« (V 5c). Nur die Verbundenheit mit Jesus hat die Verheißung »reicher Frucht«, dagegen bedeutet die Trennung von ihm ebenso radikale Fruchtlosigkeit. Die Gegensätze von »Fruchtbringen« und »Fruchtlosigkeit« meinen endgültiges Heil oder Unheil, ebenso wie das »in Jesus Bleiben« endgültig gemeint ist. Das zeigt am Beispiel der äußersten negativen Möglichkeit Vers 6: Wer nicht in Jesus bleibt und ohne ihn leben und wirken will, der wird »hinausgeworfen« (vgl. Mt 5,13; 21,39), so wie man die abgeschnittenen und dürren Reben auf einen Haufen zusammenträgt und verbrennt. Unverkennbar greift Johannes die traditionelle Gerichtssprache auf und ordnet sie seiner Sicht ein: Die Trennung von Jesus, also der Unglaube, bewirkt schon das Gericht.

Überblickt man die Rede bis zu dieser Stelle (V. 1–6), dann heben sich folgende Grundlinien heraus. Es geht in dieser Bildrede um die Frage, wodurch die Gemeinde begründet wird. Jesus selbst ist der »wahre Weinstock«, der an die Stelle des alten Israel getreten ist und, so darf man hinzufügen, der durch seinen Gehorsam gegenüber dem Vater auch den neuen Grund für alles »Fruchtbringen« der Glaubenden bildet. Indem man sich von seinem Wort bestimmen läßt und glaubt, wird man schon gereinigt und in die Fruchtbarkeit des »Weinstocks« einbezogen. Dabei werden das »Fruchtbringen« und das »in Jesus Bleiben« deckungsgleich: Es gibt kein »Fruchtbringen« ohne das »Bleiben in ihm«, und es gibt keine bleibende Jesus-Gemeinschaft, die auf die Dauer fruchtlos wäre. Nur die Trennung von Jesus bewirkt die Unfruchtbarkeit. Um das Verhältnis der Gemeinde zu Jesus zu formulieren, bedient Johannes sich der Formel »ihr in mir – ich in euch«[88], die die verschiedenen Momente in sich faßt.

Vers 7 bringt durch den Hinweis auf das Gebet einen neuen Gedanken herein. Das »Bleiben« wird jetzt so bestimmt, daß die Worte Jesu in den Glaubenden bleiben. Der Glaube wird an das Wort Jesu gebunden, und das schließt auch den Gehorsam gegenüber diesem Wort, die Nachfolge, ein. Dem Einverständnis mit dem Wort Jesu wird nun auch die Gebetserhörung in vollem Umfang verheißen. In diesem Zusammenhang von Glauben, Einverständnis mit dem Wort Jesu und Fruchtbringen ist das Gebet keine »magische Handlung«, sondern eher die Einübung in den Geist und in die Praxis Jesu, und in diesem Sinne hat es an der Erhörungsgewißheit teil. Auch das Gebet ist auf das Fruchtbringen bezogen und erscheint als die dem Fruchtbringen zugeordnete Form der Meditation.

Mit Vers 8 wird der Gedankengang durch den Hinweis auf die Verherrlichung des Vaters abgerundet. Wie der Vater verherrlicht wird durch den Sohn und sein Geschick (vgl. 13,31f.), so wird er auch verherrlicht durch das Fruchtbringen der Jünger. Letztlich geschieht das »Fruchtbringen« und damit der christliche Lebensvollzug im Anschluß an Jesus »zur größeren Ehre Gottes« und damit auch zum wahren Leben des Menschen.

Man kann in den folgenden Versen 9–10 eine weitere Abwandlung der Weinstockrede sehen, eine »tieferführende Deutung der

Bildrede«[89], oder auch die Einleitung zum folgenden Abschnitt (V. 9–17)[90]. Die Verse bilden auf jeden Fall eine Art Brücke zwischen 15,1–8 und 15,11–17, indem sie eine sachliche Verbindung herstellen und auf diese Weise die innere Zusammengehörigkeit von 15,1–17 dartun. Gegenüber der Bildrede mit ihrer durchweg schwebenden und offenen Ausdrucksweise tritt jetzt wieder eine »sachbezogenere« Sprache in den Vordergrund, die das in der Bildrede Gesagte konkretisiert und durch den praktisch gefaßten Liebesgedanken ausdeutet. Jesus hat die Jünger genau so radikal geliebt, wie der Vater den Sohn »geliebt hat« (V. 9). Die Vergangenheitsform (Aorist) weist darauf hin, daß es sich bei dieser Liebe nicht um einen Tatbestand der Vergangenheit handelt, sondern um eine bleibend gültige Wirklichkeit. Nach 17,24 hat der Vater Jesus geliebt »vor Erschaffung der Welt«, also seit »eh und je«, es gibt keine Zeit, in der der Vater den Sohn nicht geliebt hätte. Diese »ewige«, »bleibende« und »unvergängliche« Liebe verheißt Jesus auch den Seinen. Sie ist selbst Teil und Ausdruck der eschatologischen Heilswirklichkeit. Insofern ist die Liebe auch die »Sache«, um die es in der ganzen Bildrede vom »wahren Weinstock« geht.
Darum kann auch der Aufruf »bleibt in mir« an dieser Stelle abgewandelt werden: »Bleibt in meiner Liebe«. Das »Fruchtbringen« ist mithin nichts anderes als das Wirken und Walten der Liebe. Damit bekommt der »Immanenz«-Gedanke (»ihr in mir – ich in euch«)[91] seine praktisch-nüchterne Fassung und wird gegen das Mißverständnis einer »mystischen« Schwärmerei geschützt. Denn, wie Vers 10 sagt, in der Liebe Jesu bleiben heißt nichts anderes als »seine Gebote halten«, womit das Tun der Liebe gemeint ist. Dafür ist Jesus selbst das Beispiel: »wie ich die Gebote meines Vaters gehalten habe und in seiner Liebe bleibe«. In welcher Weise aber hat Jesus die Gebote des Vaters gehalten? Nicht anders als durch den Weg zum Kreuz, also ganz im Sinn des Sinngehalts der Fußwaschung. Damit wird wieder die vorbildhafte Praxis Jesu zum Leitbild für die Praxis der

Jünger. Die Jünger bleiben in seiner Liebe, wenn sie sich an Jesus orientieren und sich auf sein Beispiel festlegen lassen.

Zur Meditation

Wahrscheinlich ist heute von allen theologischen Begriffen keiner so in Mißkredit geraten und von so vielen Schwierigkeiten, Mißverständnissen oder emotionalen Antipathien begleitet wie der Begriff »Kirche«. Das ist um so überraschender, als gerade dem Thema »Kirche« in diesem Jahrhundert eine enorme theologische Arbeit gewidmet wurde; eine Arbeit, an der sich die besten Kräfte beteiligten und die in der »Dogmatischen Konstitution über die Kirche« des Zweiten Vatikanums einen gewissen Abschluß fand. Das Unbehagen gilt vor allem der Kirche als Institution, der »Amtskirche«. Hier geht es nicht darum, die Frage nach den vielfachen Ursachen dieses Stimmungswandels zu untersuchen, sondern den Tatbestand zum Anlaß zu nehmen, um an dieser Stelle nach dem johanneischen Verständnis von »Kirche« oder besser »Gemeinde« zu fragen. Es kann sein, daß der Blick auf die johanneische Konzeption uns weiterhilft, so daß wir heutige Fehler und Mängel genauer sehen und besser beurteilen können.
Dazu müssen wir freilich folgendes berücksichtigen. Zur Zeit der Abfassung des Johannesevangeliums gab es noch keine durchorganisierte großkirchliche Institution, und von einer zentralistischen Kirchenleitung mit dem Papst und der römischen Kurie an der Spitze war man noch weit entfernt. An eine solche Entwicklung – über deren Recht und Notwendigkeit hier nicht zu reden ist – konnte noch keiner der neutestamentlichen Autoren denken. »Kirche«, das war in erster Linie die jeweilige Ortsgemeinde, die örtliche Gruppe der Christen mit ihren regelmäßigen Zusammenkünften, wie sie am deutlichsten im ersten Korintherbrief geschildert werden (vgl. 1 Kor 14). C. Plinius der »Jüngere«, der um 110/112 n. Chr. römischer

Statthalter in Pontus-Bithynien war und dort schon eine beachtliche Verbreitung des Christentums antraf[92], gibt in seinem berühmten Brief an den Kaiser Trajan als Außenstehender einen interessanten Einblick in das christliche Gemeindeleben. Er schreibt: »Sie (= die beim Statthalter angezeigten ehemaligen Christen) behaupten aber, ihre ganze Schuld oder auch ihre Verirrung habe darin bestanden, daß sie gewöhnlich an einem bestimmten Tag vor Sonnenaufgang zusammengekommen seien, Christus als ihrem Gott wechselseitig Lob gesungen und sich mit einem Eid verpflichtet hätten – nicht zu irgendeinem Verbrechen, sondern dazu, keinen Diebstahl, keinen Raub, keinen Ehebruch zu begehen, Vertrauen nicht zu mißbrauchen, anvertrautes Gut auf Verlangen nicht zu verweigern. Nach dem Vollzug dieser Handlungen sei es bei ihnen üblich gewesen, auseinanderzugehen und wieder zu einem Mahl zusammenzukommen, jedoch zu einem ganz gewöhnlichen und unschuldigen; selbst das hätten sie nach meinem Erlaß eingestellt, mit dem ich entsprechend Deinen Verfügungen das Bestehen von Hetärien verboten hatte.«[93] Soziologisch betrachtet entspricht dieses Bild dem Verhalten einer »Randgruppe« in der offiziellen Gesellschaft, die sich gegen ihre soziale Umwelt abgrenzt, dafür aber nach innen einen starken Zusammenhalt entwickelt. Die Zusammensetzung und innere Struktur dieser frühchristlichen Gemeinden war äußerst verschieden. Es gab, und dafür sind die johanneischen Schriften, Evangelium und Briefe, ein klares Zeugnis, noch keine einheitliche Ämterverfassung. Allerdings scheinen die Ortsgemeinden untereinander sehr bald in einem regen Kontakt und Austausch gestanden zu haben. Es gab viele Querverbindungen, die das Zusammengehörigkeitsgefühl bestärkten. Im übrigen waren jedoch die einzelnen Gemeinden selbständig, so daß – historisch gesehen – keine Rede davon sein kann, daß eine universale und einheitliche Kirchenorganisation mit zentraler Leitungsgewalt, wie sie im weströmischen Katholizismus sich allmählich entwickelt hat, die einzig mögliche Form

von Kirchenleitung wäre. Vom Neuen Testament her sind auch andere Verfassungen denkbar.
Dazu kommt weiter, daß nach dem heutigen Stand der Schriftforschung die traditionelle Lehrmeinung nicht mehr vertreten werden kann, daß der historische Jesus die Kirche zu einem bestimmten Zeitpunkt »gestiftet« und sie gleichsam mit einer Art »Stiftungs-Urkunde« versehen hätte, in der alle wesentlichen Grundelemente einer Kirchenstruktur bereits festgelegt wären.[94] Zur Gemeindebildung kommt es erst nach Karfreitag und Ostern. Entscheidend ist allerdings bei diesem Vorgang, daß er *unter Berufung auf Jesus und seine Verkündigung, auf den »Namen Jesu« hin*, stattfand. Sowohl die Paulusbriefe als auch die Evangelien bezeugen in verschiedener Weise den höchst bedeutsamen Tatbestand, daß Jesus von Nazaret, der Gekreuzigte und Auferstandene, von allen christlichen Gemeinden als *die maßgebliche Autorität* angesehen wurde, was sich vor allem in den Würdenamen Messias/Christus, Menschensohn, Sohn Gottes, Herr usw. ausdrückt. Die Gemeinde weiß sich durch den Geist mit Jesus Christus verbunden; und sie ist von der Überzeugung durchdrungen, daß letztlich der auferstandene und erhöhte Herr selbst die Gemeinde regiert, so daß demgegenüber andere menschliche Leitungsinstanzen in den Hintergrund treten. Wenn wir die beiden Momente miteinander verbinden, nämlich die soziologische Situation der Gemeinde als einer »Randgruppe« in einer gleichgültigen oder feindlichen Umwelt und die im Evangelium grundgelegte Glaubensüberzeugung von der Gegenwart und der bleibend gültigen Autorität Jesu Christi in der Gemeinde, dann verstehen wir den Hintergrund der Offenbarungsrede vom »wahren Weinstock« besser. Diese Rede bezieht sich ursprünglich auf eine kleine Gruppe, eine überschaubare Ortsgemeinde und läßt sich nicht ohne weiteres auf eine großkirchliche Organisation übertragen. Die Rede hält weiterhin mit aller Entschiedenheit fest, daß die Gemeinde oder Kirche nur von Jesus Christus selbst her verstanden werden kann und daß

sie von diesem heilsgeschichtlich-theologischen Grundansatz niemals abzulösen ist. Im Bild: zwischen dem »Weinstock« und den »Rebzweigen« besteht die engste und lebendigste Verbindung, wie sie unüberbietbar durch die »Immanenzformel« ausgedrückt wird: »Ihr in mir – ich in euch«, das zeigt noch ganz den intimen und persönlichen Charakter dieser Gemeinschaft an. Die kirchlichen Autoritäten, die Gemeindeleiter haben in dieser Anschauung keine »absolute« Leitungsgewalt. Vielmehr erscheint die Gemeinde als der Ort, an dem es in erster Linie um die Autorität Jesu und um seine »Sache« geht. Von daher gewinnen dann auch die Aussagen über das »Fruchtbringen« einen weiteren Sinn. Der Gemeinde und ihren Gliedern ist »Fruchtbarkeit«, das heißt auch »Erfolg«, nur in dem Maß verheißen, in dem sie den Mut haben, die »Sache Jesu« anzunehmen und gegenüber der Welt zu vertreten. Wie Jesus der heilsgeschichtliche Grund und die bleibend gültige Autorität seiner Gemeinde ist, so ist auch das Bemühen um das Evangelium und um seine Ausstrahlung in Welt und Gesellschaft hinein die bleibende Aufgabenstellung der Kirche. Dazu gehört auch die kritische Unterscheidung und gegebenenfalls Ausscheidung dessen, was der Kirche zwar im Lauf der Jahrhunderte aus allerlei kulturgeschichtlich bedingten Gründen an Macht, Vermögen, öffentlicher Geltung usw. zugewachsen ist, was jedoch nicht zum Evangelium gehört.
Die selbstkritische Rückbesinnung auf das Evangelium, um seine Verheißungen und Forderungen in der heutigen Stunde neu zu hören, um dadurch zu wahrer »Fruchtbarkeit« zu gelangen, das ist ein Prozeß, der immer notwendig sein wird, damit die Sache Jesu zur Wirkung kommen kann. In dem Maß, wie die Kirche von dieser wichtigsten Aufgabe abläßt und an der Absicherung ihrer Traditionen und ihrer Machtstellung interessiert ist, wird sie selbst zum »unfruchtbaren Rebholz«, das abgeschnitten und verbrannt wird. Die bleibende Gemeinschaft mit Jesus ist also in der Tat die Voraussetzung aller wahrhaften Christlichkeit und alles christlichen Wirkens. Diese Gemeinschaft kann, wie der

Text gezeigt hat, nicht als eine Heilsgarantie verstanden werden, weil sie an das »Wort Jesu« und an die Tat der Liebe gebunden ist. Beides, das Wort Jesu und die Liebe, wird zu den wichtigsten Kriterien, an denen sich Kirchentum und kirchliches Handeln zu orientieren hat, und alle Christen haben dabei mitzuwirken.

2. Die Freunde Jesu (15,11–17)

[11] *Dieses habe ich zu euch gesagt, damit meine Freude in*
euch sei und eure Freude vollkommen werde. [12] *Dies ist*
mein Gebot, daß ihr einander lieben sollt, wie ich euch
geliebt habe. [13] *Größere Liebe als diese hat niemand, daß*
er sein Leben hingibt für seine Freunde. [14] *Ihr seid meine*
Freunde, wenn ihr tut, was ich euch gebiete. [15] *Ich nenne*
euch nicht mehr Knechte, denn der Knecht weiß nicht, was
sein Herr tut; ich habe euch vielmehr Freunde genannt,
weil ich euch alles, was ich von meinem Vater gehört habe,
kundgetan habe. [16] *Nicht ihr habt mich erwählt, sondern*
ich habe euch erwählt und euch dazu bestellt, daß ihr
hingeht und Frucht bringt und eure Frucht bleibe. Dann
wird der Vater euch alles geben, worum ihr ihn bittet in
meinem Namen. [17] *Dies gebiete ich euch: einer den anderen*
zu lieben.

Zur Exegese

Die locker aneinander gereihten Aussagen deuten das mit der Rede vom »wahren Weinstock« aufgenommene Thema der Gemeinschaft der Jünger mit Jesus weiter aus und kennzeichnen die Gemeinde als den Kreis der »Freunde Jesu«.
Vers 11 spricht zunächst von der »Freude«, die Jesus den Jüngern

durch sein Wort vermitteln will. Ähnlich wie der Begriff »Friede« in 14,27f., so ist auch die Freude als eschatologische Gabe zu verstehen,[95] die dem Glaubenden zuteil werden soll. Und wie dort der Friede betont als »mein Friede« bezeichnet wurde, so heißt es hier: »daß *meine* Freude in euch sei und eure Freude vollkommen werde«. Die Freude erscheint somit als endzeitliche Gabe Jesu. In 20,20 wird daher die Freude durch die Begegnung mit dem Auferstandenen, dem bleibend gegenwärtigen Jesus ausgelöst. Sie hat einen österlichen Charakter. Der »eschatologischen Existenz« entspricht auch eine neue Gestimmtheit des Menschen, und Freude, gar in vollkommener Weise, als »unendliche« und »grenzenlose« Freude bezeichnet die Ergriffenheit und Begeisterung des Menschen, dem durch das Evangelium der höchste Sinn des Lebens, das Heil zuteil geworden ist. Freude und Jubel waren auch nach Apg 2,46 ein wesentliches Merkmal der Gemeindeversammlungen, wofür frühchristliche Hymnen und Lieder beredte Zeugnisse sind. So heißt es in einem Lied aus den »Oden Salomos«, der ältesten uns erhaltenen frühchristlichen Liedsammlung, die zeitlich und sachlich dem Johannesevangelium nahesteht:

»Meine Freude ist der Herr und mein Lauf auf ihn zu.
Dieser mein Weg ist schön,
denn ein Helfer ist er mir zum Herrn.
Er ließ sich selbst mich erkennen ohne Mißgunst in seinem Edelmut,
denn seine Freundlichkeit machte seine Größe klein.
Er wurde wie ich, auf daß ich ihn erfassen könnte.
Und nicht erschrak ich, als ich ihn erblickte,
weil er meine Gnade ist« (Oden Salomos 7,2–5).

Vers 12 bringt das Liebesgebot[96] in der johanneischen Fassung des »Einander-Liebens«. Was an dieser Stelle neu hinzukommt ist, daß in Vers 13 das »Wesen« der Liebe gleichsam definiert wird, genauer, durch ein Beispiel erhellt wird: »Größere Liebe als diese hat niemand, daß er sein Leben hingibt für seine

Freunde.« Hier taucht die typisch johanneische Formulierung auf: seine Seele, sein Leben einsetzen oder hingeben.[97] Dies macht das Wesen der Liebe aus, daß man sich für den anderen engagiert, und die Hingabe des Lebens für die Freunde ist sicher die denkbar höchste Form der Liebe. Größere Liebe gibt es in der Tat nicht; mehr kann man nicht tun. Johannes denkt in erster Linie an das Beispiel Jesu. Ist Jesus doch der »gute Hirt«, der sein Leben für die Schafe hingibt (10,11.15), und zwar, wie dort nachdrücklich herausgestellt wird, in letzter Freiwilligkeit: »Darum liebt mich der Vater, weil ich mein Leben hingebe, um es wieder zu nehmen. Niemand kann es mir entreißen, sondern ich gebe es von mir aus hin. Ich habe Macht, es hinzugeben, und Macht, es wieder zu nehmen. Dieses Gebot habe ich von meinem Vater empfangen« (10,17f.). In bezug auf Jesus enthält die Wendung »sein Leben hingeben *für* die Schafe« bzw. »*für* die Freunde« die johanneische Deutung des Todes Jesu als eines stellvertretenden Sühnetodes. Nach ihm ist dieser Tod die höchste Form des von der Liebe getragenen Engagements für das Heil der Welt: »Und da er die Seinen, die es in der Welt gab, liebte, so liebte er sie bis ans Ende« (13,1). Und zwar ist es nicht nur so, daß Jesus sich für seine Freunde engagiert, weil diese es so verdient hätten und ihm nichts anderes übrigblieb; vielmehr hat der Tod Jesu für die Gemeinde grundlegende Bedeutung. *Weil* Jesus für die Seinen stirbt, werden diese seine Freunde.

In 10,17f. wird besonders hervorgehoben, daß Jesus als Sohn und Offenbarer Gottes vollständig über sein Leben verfügen kann; es kann ihm gegen seinen Willen nicht genommen werden. Damit wird die absolute Freiheit und Freiwilligkeit des Todes Jesu noch einmal verdeutlicht; in allem ist und bleibt Jesus der Herr seiner selbst und seines Geschicks. Wenn also das Engagement Jesu bis zum Tode weder aus einem äußerlichen noch aus einem inneren Bruch, sondern aus einer letzten Freiheit heraus erfolgt, dann zeigt sich darin die wahre Überlegenheit und Echtheit der Liebe Jesu zu seinen Freunden. In seiner Lebenshingabe verwirklicht Jesus radikal das »Sein für die anderen«. Deshalb gehören bei Jesus Freiheit und Dienst, Freiheit und radikales Engagement für die Freunde unabdingbar zusammen; genau dies macht das Wesen der *agape* (»Liebe«) aus. Wieder zeigt es sich, wie grundsätzlich das Beispiel der Fußwaschung am Beginn der Abschiedsreden gemeint ist. Ebenso folgt daraus, daß die Liebe der Jünger in demselben Einsatz besteht (V. 14). Nur dann, wenn die Jünger das Gebot Jesu erfüllen, werden sie auch seine Freunde sein.

Nun erfahren die Jünger, daß sie tatsächlich die »Freunde Jesu« sind und also ganz in seine Gemeinschaft einbezogen sind (V. 15). »Knecht, Sklave« (griech. *doûlos*) ist in Israel nicht nur, wie in der gesamten antiken Welt, Bezeichnung für den Angehörigen des Sklavenstandes, sondern darüber hinaus Ausdruck der Unterordnung des Menschen unter Gott. Ein »Knecht Gottes« zu sein ist nach alttestamentlichem Denken vielleicht das Höchste, was von einem Menschen ausgesagt werden kann. Von Mose heißt es Ex 33,11: »Der Herr aber redete mit Mose von Angesicht zu Angesicht, wie jemand mit seinem Freund redet«, und das ist eine ganz große Ausnahme (vgl. Dt 34,10, wo dieselbe Aussage gemacht wird, aber die Bezeichnung »Freund« fallen gelassen ist; daneben nur noch Abraham in Jes 41,8). Die Distanz zwischen Gott und Mensch läßt den Begriff der »Freundschaft« nicht zu. So gesehen bedeutet es einen »Umsturz der Werte«, wenn nach Johannes Jesus die Jünger zu seinen Freunden ernennt; »ernennen« heißt hier, sie zu seinen Freunden machen. Diesen neuen Stand von »Freunden Jesu« gewinnen die Glaubenden dadurch, daß sie an seiner Gottesgemeinschaft teilhaben. Durch Jesus sind die Jünger – und zwar ausnahmslos alle (an einen Unterschied zwischen »Klerikern und Laien« darf man hier nicht denken!) – Teilhaber an der Offenbarung Gottes geworden. Jesus hat ihnen »alles« kundgetan, was er »vom Vater gehört hat«. Er selbst ist als Gottessohn aber der ganze »Inhalt« der Offenbarung, und dies haben die Jünger erkannt. Der

Höhepunkt der Offenbarung ist die Lebenshingabe Jesu für die Seinen als der vollendete Erweis seiner Liebe. Indem die Jünger sich von dieser Liebe Jesu ergreifen lassen, werden sie dadurch verwandelt und werden aus »Sklaven« zu »Freunden Jesu«.
Vers 16 bringt noch einmal denselben Sachverhalt mit Hilfe des »Erwählungsgedankens« zum Ausdruck. Nicht die Jünger haben sich Jesus zum Führer und »Held« erkoren, sondern es ist genau umgekehrt: Jesus hat sich die Jünger erwählt aus ureigener Vollmacht und Autorität (vgl. dazu die Erzählung von der Jünger-Berufung 1,35–51). Wie die Synoptiker hält auch Johannes an der Unumkehrbarkeit des Verhältnisses zwischen Jesus und den Jüngern fest. Jesus ist im Verhältnis zu den Jüngern nicht bloß »der Humanste, den man sich vorstellen kann«, sondern auch der »Herr«, jener, durch den sich Gottes befreiendes und erwählendes Handeln am Menschen vollzieht. Mit der Erwählung durch Jesus ist zugleich ein Auftrag, eine Bestimmung verbunden, womit wieder auf die Rede vom »wahren Weinstock« zurückgeblendet wird, nämlich die Bestimmung zum Fruchtbringen. Diese Frucht soll »bleiben«, sinngemäß wäre ohne weiteres hinzuzufügen: »zum ewigen Leben«. Denn das »Bleiben« ist nichts anderes als der Stand, den der Mensch gewinnt, wenn er sich auf das Tun der Liebe einläßt. Ebenso entspricht es der Gottesgemeinschaft, der »Freundschaft Jesu«, wenn dem Gebet »im Namen Jesu« (vgl. zu 14,12–14) die volle Erhörung zugesichert wird. Als »Freunde Jesu« sind die Jünger in den »Lebensbereich« Jesu einbezogen, so daß ihnen auch von Gott her alles zur Verfügung steht. Der neue von Jesus eröffnete Freundeskreis wird damit zum Raum einer neuen Freiheit und Unbefangenheit im Umgang mit Gott.
In diesem Zusammenhang bekommt auch der Erwählungsgedanke seinen Sinn. Es handelt sich dabei nicht um einen Akt göttlicher Willkür, etwa daß die einen erwählt, die anderen dagegen ausgeschlossen und verdammt würden; eine solche doppelte Vorherbestimmung zum Heil oder Unheil kennt das

Johannesevangelium nicht. Es geht vielmehr um den unbedingten Vorrang der Freiheit und Liebe Jesu gegenüber den Glaubenden. Die Anerkennung dieses Vorrangs ist allerdings unumgängliche Bedingung. Mit dem Hinweis auf das Liebesgebot (V. 17) wird der Gedankenkreis abgerundet. – Bultmann betont im Anschluß an diesen Abschnitt die »sachliche Einheit« von Glauben und Liebe: »Da das Wort dem Glauben die in Jesus offenbare Liebe Gottes zusichert, und da die Liebe nur empfangen wird, wenn der Mensch durch sie zum Lieben befreit wird, so ist das Wort nur recht gehört, wenn der Glaubende *als solcher* der Liebende ist.«[98] Damit dürfte der Kern der johanneischen Aussage getroffen sein, es geht in der Tat um die Einheit von Glauben und Liebe. Nur beiden zusammen sind die »Freundschaft Jesu« zugesprochen und das »Bleiben« in Aussicht gestellt.

Zur Meditation

Freude, Begeisterung und Jubel gehören in der biblischen Überlieferung zum Kernbestand religiöser Erfahrung. Die Begegnung mit dem Heil schaffenden, den Menschen befreienden Gott löst unter den Menschen Freude aus: »Und der Engel sprach zu ihnen: Fürchtet euch nicht; denn siehe, ich verkünde euch große Freude, die allem Volke widerfahren soll. Denn euch ist heute der Heiland geboren, welcher ist Christus der Herr, in der Stadt Davids« (Lk 2,10f.). So lautet die Freudenbotschaft des Engels von der Geburt Christi an die Hirten. Wo das Heil verkündet und erfahren wird, dort herrscht Freude. Die Vergegenwärtigung des mit Christus erschienenen Heils war und ist auch der Sinn der christlichen Feiertage während des Kirchenjahres. Zum Festtag gehört die Festesfreude, die Hochstimmung.
Allerdings muß man auch zugeben, daß heute die Christen und die Kirchen im Hinblick auf die Verbreitung von Freude nicht mehr an der Spitze liegen, und das ist sicher ein schlimmes

Zeichen. Wahre Freude kann man gewiß nicht auf Befehl herstellen, sie gleicht eher einem hemmungslosen Durchbruch, gegen den man sich einfach nicht wehren kann; man wird von ihr ergriffen und überwältigt. Oder sie hat, langfristig und alltäglich betrachtet, den Charakter einer freundlichen, wohlwollenden und zwanglosen Atmosphäre. Hat der Mangel an Freude in den Kirchen vielleicht seine Ursache in einem Mißverhältnis zum Evangelium? Nach dem Neuen Testament ist die Freude die Wirkung erfahrener Liebe, oder die Frucht des Geistes, verbunden mit dem Glück der Gottesherrschaft. Sie teilt sich dem Menschen mit, indem sie ihn befreit und die Fähigkeit zur Liebe erweckt. Gesetzlichkeit mit ihren Verbotstafeln erzeugt Angst; Praktiken der Unterdrückung bewirken einen sklavischen Geist und fördern unfreie Gehemmtheit. Man sollte nicht mit dem Einwand kommen, daß es doch in erster Linie um die geistliche, innerliche Freude gehe. In Wahrheit ergreift auch die eschatologische »geistliche« Freude den ganzen Menschen und befreit ihn zu einem neuen, schöpferischen Verhalten.

Die Befreiung des Menschen zur Freude ist ein wichtiges Kapitel, über das die Religion verfügen könnte, wenn sie sich vom Geist des Evangeliums Jesu durchdringen ließe. Hier stünde sie wahrscheinlich gegenüber vielen anderen Angeboten konkurrenzlos da, weil sie tatsächlich ein »Evangelium« anzubieten hat, eine den ganzen Menschen und das ganze Leben erfüllende *Freudenbotschaft.* Freilich: Frohe Menschen haben schöpferische Einfälle und bringen allerlei zustande, aber sie lassen sich nicht so leicht kontrollieren und beherrschen. Möglicherweise liegt es daran, daß eine »Revolution der Freude« so wenig zum Zug gekommen ist.

Wo Freude herrscht, kommt Freundschaft leicht zustande. Kirche, christliche Gemeinde als der Kreis der »Freunde Jesu«! Man braucht die Sätze nur hinzuschreiben, und man merkt sofort die gewaltige Kluft, die zwischen dieser *johanneischen* Konzeption und den herrschenden Kirchentümern waltet. Vielleicht sind

es heute die kleinen Gruppen und Freundeskreise, in denen »Kirche« noch am ehesten den neutestamentlichen Vorstellungen nahekommen kann. Es gibt einem doch zu denken, daß sich in der Kirchengeschichte diese johanneische Konzeption der »Freunde Jesu« nicht hat durchsetzen können, daß es aber zu allen Zeiten christliche Gruppen gegeben hat, die versuchten, dieses Ziel zu verwirklichen, wie die mittelalterlichen Fraticellen, die Böhmischen Brüder, die pietistischen Brudergemeinden und manche Kongregationen des 19. Jahrhunderts. In solchen Gruppen wurde immer wieder der Gedanke realisiert, daß Christentum zu seiner Verwirklichung in der Welt der konkreten, überschaubaren Gemeinde bedarf, einer Gemeinschaftsform, deren Binnenstruktur noch dem freieren Verband einer Art Großfamilie nahesteht, der also rechtlich nicht so starr fixiert ist, wie dies bei einer Großkirche auf die Dauer wohl unumgänglich zu sein scheint. Liebe und Freundschaft lassen sich auf längere Zeit hindurch wohl nur bei einer gewissen Nähe praktizieren. – Ein grobes Mißverständnis von 15,15 »Ich nenne euch nicht mehr Knechte ...« war allerdings die klerikale Interpretation. Der Text wurde bei der Priesterweihe gesungen, das heißt, erst der geweihte Priester wurde als »Freund Jesu« bezeichnet, während die Laien eben doch nur die »Knechte Jesu« waren. »Freunde Jesu« sind nach Johannes alle Glaubenden.
Der Text, so sahen wir, versteht die Liebe nach dem Beispiel Jesu als »Hingabe des Lebens für die Freunde«: das heißt als Engagement für die anderen. Gewiß kann auch diese Formel mißbraucht werden; die jüngste Kriegsgeschichte, wo der Heldentod fürs Vaterland oft mit 15,13 gepriesen wurde, mag als warnendes Beispiel dienen. Dennoch bleibt der Tenor der Formel wichtig, wie die Auslegung des ersten Johannesbriefs zeigt: »Daran haben wir die Liebe erkannt, daß Er sein Leben für uns hingegeben hat; so sind auch wir verpflichtet, das Leben für die Brüder hinzugeben. Wenn jemand aber die Güter dieser Welt besitzt und seinen Bruder Not leiden sieht und sein Herz vor ihm

verschließt: wie bleibt da die Liebe Gottes in ihm? Kindlein, laßt uns nicht mit Worten und nicht mit der Zunge lieben, sondern mit der Tat und Wahrheit« (1 Joh 3,16–18). Hier handelt es sich um die älteste »soziale Interpretation« der Agape im Sinn eines Engagements für die anderen. Für uns ist es wichtig zu sehen, daß schon das Urchristentum diese soziale Interpretation aus dem Evangelium abgeleitet hat, und zwar in einer Gemeinde, die zunächst eher einen spiritualisierenden Eindruck erweckt. Es ist gerade diese konkrete, praktische »soziale Interpretation« der Agape, die den Kreis der johanneischen Gemeinden vom gnostischen Spiritualismus zu trennen scheint. Was heute dazukommt, ist das weltweite Ausmaß, das der Unterschied zwischen denen, die »die Güter dieser Welt besitzen«, und den »notleidenden Brüdern« angenommen hat. In diesem Fall muß die Hilfe über die konkrete Gemeinde hinausreichen, und man wird gegebenenfalls auch die Notwendigkeit gesellschaftlicher Strukturveränderungen ins Auge fassen müssen. Wenn es um ein dauerhaftes, wirksames und im besten Sinn hilfreiches Engagement für die unterentwickelten Völker gehen soll, werden sich auch die Christen mit gesellschaftskritischer Analyse und dem Gedanken sozialer Strukturveränderungen vertraut machen müssen. Um für solche und verwandte weitreichende Aufgaben bereit zu werden, müßten sich die Kirchen jedoch stärker als bisher von ihren traditionellen bürgerlichen Vorstellungen befreien. Diese bilden ein Handicap, mit dem die johanneischen Gemeinden um 100 n. Chr. noch nicht belastet waren. Damals waren sie Randgruppen, denen die gesellschaftliche und politische Anerkennung fehlte, was dem Radikalismus ihres Engagements für die anderen zugute gekommen sein dürfte.

3. Die Jüngergemeinde Jesu und der Hass der »Welt« (15,18–16,4a)

Zur Exegese

Ausführlich kommt der Text 15,18–16,4a auf die prekäre Lage der Gemeinde in der »Welt«, das ist konkret die antike heidnische und zum Teil auch jüdische Gesellschaft gegen Ende des ersten und Anfang des zweiten Jahrhunderts, zu sprechen. Diese Lage ist dadurch gekennzeichnet, daß die Gemeinde von ihrer Umwelt abgelehnt oder auch direkt verfolgt wird. Jedenfalls besteht zwischen dieser Gemeinde und der Umwelt, in der sie leben muß, eine ungeheure Kluft. Johannes steht vor der Aufgabe, als Seelsorger solche Motive zu liefern, die das Durchhalten ermöglichen, ja sogar als sinnvoll erscheinen lassen. Der Text läßt sich am besten in drei Abschnitte gliedern: 15,18–25 behandelt die theologisch-grundsätzliche Seite dieser Situation: Als Gemeinde Jesu haben die Jünger auch das Schicksal Jesu zu teilen. Der Widerstand gegen die Offenbarung hat mit dem Kreuz Jesu nicht aufgehört, er richtet sich jetzt gegen die glaubende Gemeinde, die das Zeugnis der Offenbarung festhält und der Welt gegenüber vertritt. 15,26f. bringt einen weiteren Paraklet-Spruch, der gleichfalls auf die Situation der Gemeinde Bezug nimmt. In dieser Lage ist die Gemeinde nicht nur zum Christus-Zeugnis aufgerufen, sondern dazu auch besonders befähigt. 16,1–4a nimmt offenkundig zu dem akuten Problem des Ausschlusses der Christen aus der jüdischen Gemeinde Stellung.

a) Die Jüngergemeinde und der Haß der Welt (15,18–25)

18 *Wenn die Welt euch haßt, dann wißt: Sie hat mich vor euch gehaßt.* 19 *Wenn ihr aus der Welt wärt, dann würde die Welt ihr Eigentum lieben; weil ihr aber nicht aus der Welt seid, sondern ich euch erwählt habe aus der Welt heraus, darum haßt euch die Welt.*

20 *Erinnert euch an das Wort, das ich euch gesagt habe: Der
Sklave steht nicht höher als sein Herr. Wenn sie mich
verfolgt haben, werden sie euch auch verfolgen; wenn sie
mein Wort behalten haben, werden sie auch euer Wort
behalten.* 21 *Aber all das werden sie euch antun um meines
Namens willen, weil sie den, der mich gesandt hat, nicht
kennen.* 22 *Wäre ich nicht gekommen und hätte zu ihnen
gesprochen, dann hätten sie keine Sünde; jetzt aber haben
sie keine Entschuldigung mehr für ihre Sünde.*
23 *Wer mich haßt, der haßt auch meinen Vater.* 24 *Wenn ich
die Werke nicht unter ihnen getan hätte, die kein anderer
getan hat, dann hätten sie keine Sünde; jetzt aber haben sie
(diese) gesehen und hassen trotzdem sowohl mich als auch
meinen Vater.* 25 *Doch sollte sich das Wort erfüllen, das in
ihrem eigenen Gesetz geschrieben steht: »Sie haben mich
ohne Grund gehaßt« (Ps 35,19; 69,4).*

Die Wendung am Anfang: »Wenn die Welt euch haßt, dann wißt ...« usw. (V. 18) hat offenkundig den Charakter einer Antwort auf eine bedrängende Frage. Die Frage ist ausgelöst durch den Tatbestand, den der Text als »Haß der Welt« bezeichnet. »Welt« (griech. *kósmos*) hat auch hier wie in den folgenden Texten die Bedeutung von »Menschenwelt«, die dem Offenbarer Gottes und seiner Gemeinde mit Feindschaft begegnet. In der Passion und im Kreuz Jesu hat diese Feindschaft ihren zeichenhaften Höhepunkt erreicht. Aber auch nach Ostern mußten die Gemeinden die Erfahrung machen, daß ihnen von der Umwelt her nicht nur Zustimmung entgegenkam, sondern auch Verfolgung.

Von den Anfängen des Christentums an gehört Verfolgung mit allen Begleiterscheinungen der Verdächtigung, des Mißverständnisses, der Verspottung usw. sowohl zum besonderen Erscheinungsbild dieser »neuen Religion« als auch zu den großen

Anfechtungen der Jünger Jesu, die sich keines Vergehens bewußt waren. Schon Paulus weiß davon zu berichten (vgl. 1 Thess 2,14–16; 2 Kor 11,23–33). Auch nach den synoptischen Evangelien werden den Jüngern Jesu Ablehnung, Haß und Verfolgung in Aussicht gestellt.[99] Vor allem die Aussendungsrede bei Mattäus (Mt 10,5–11,1) bietet eine Reihe von Parallelen zu unserem Abschnitt. Der Gedanke einer »Parallelität des Schicksals der Gemeinde zu dem des Offenbarers« hat in den verschiedensten neutestamentlichen Traditionen ein breites Fundament;[100] die Ablehnung der Christen durch die Gesellschaft war zudem eine harte Realität, mit der man sich täglich auseinanderzusetzen hatte. Seit der neronischen Christenverfolgung im Jahr 64 n. Chr. kam noch die ständig drohende Möglichkeit hinzu, daß sich auch der Vertreter des römischen Staates ablehnend gegen die Christen verhielt.[101] Schließlich fällt die Abfassung des Johannesevangeliums höchstwahrscheinlich in die Zeit unmittelbar nach der domitianischen Verfolgung (um 95 n. Chr.), und bald danach fand das Martyrium des Bischofs Ignatios von Antiochien statt (um 107/110 n. Chr.). Es gab also genügend reale Anlässe für das Thema der »verfolgten Gemeinde«.

Die Gemeinde-Mahnung beginnt mit einer lapidaren Erinnerung; der Aufruf: »dann wißt« oder »erkennt« fordert die Angesprochenen auf, sich auf ihre Grundsituation zu besinnen und daran zu denken, wem sie sich glaubend angeschlossen haben. Den Jüngern begegnet der Haß der Welt, damit haben sie, als sie den Glauben annahmen, wahrscheinlich nicht gerechnet. Daß dem Glauben anstatt Liebe Haß begegnet, das kann in der Tat irre machen, um so mehr, als man durch die christliche Lehre auf die Liebe verpflichtet war. Dazu kommt die Gefahr, die von Anfang an gegeben war, daß Christen angesichts der drohenden Verfolgungen und Schwierigkeiten kapitulierten und »abfielen«. Deshalb wird an dieser Stelle zuerst eindringlich an Jesus erinnert. Den Jüngern begegnet im Haß der Welt nichts anderes,

als was Jesus selbst begegnet ist: »Sie haben mich vor euch gehaßt«.
Dazu bringt Vers 19 eine theologische Begründung: Die Jünger gehören nicht mehr zur »Welt«. Die johanneische Wendung »aus der Welt sein« oder »nicht aus der Welt sein«[102] hat den Sinn einer »Ursprungsbezeichnung«; sie meint ein bestimmtes »Woher«. Die dahinterstehende Vorstellung ist die, daß der »Ursprung« auch das »Wesen«, die Art und schließlich auch das Verhalten eines Menschen prägt. Zwei konträre Möglichkeiten stehen sich gegenüber: Einmal ein »von oben«, »aus Gott sein«, oder »von unten«, »aus der Welt sein«. Das »aus Gott sein« gilt zuerst für den Offenbarer, dann weiter für alle, die zu ihm gehören. Das »aus der Welt sein« dagegen bestimmt zunächst die faktische Situation aller Menschen, die noch nicht zum Glauben gefunden haben, dann aber vor allem in einem qualifizierten negativen Sinn die Situation derjenigen, die sich bewußt gegen den Offenbarer und seine Botschaft entschieden haben. Die Jünger sind »nicht aus der Welt«; sie haben den Überschritt »aus dem Tod in das Leben« (5,24) gemacht und damit auch die Art der Welt abgetan. Sie sind nicht mehr »Eigentum« (griech. *tò îdion*) der Welt, sondern das »Eigentum« (griech. *hoi idioi*) Jesu. Jesus hat sie durch sein erwählendes Handeln zu den Seinen gemacht. Weil sie nicht mehr zur Welt gehören, gewährt ihnen die Welt auch nicht mehr ihre Liebe und zeigt sich an ihnen uninteressiert. Durch ihre Zugehörigkeit zu Jesus sind die Jünger in den radikalen Gegensatz zwischen Gott und Welt mit hineingespannt; Paulus würde sagen: sie sind »mit Jesus gekreuzigt«. Das heißt, daß sie, obgleich sie nicht mehr »aus der Welt«, sondern »aus Gott geboren«, Kinder Gottes sind (1,12f.), doch noch in der Welt leben müssen, ohne sich jemals wieder von der Welt her verstehen zu können oder sich ganz darin heimisch zu fühlen. Der Jünger kann sich nicht mehr mit der Welt identifizieren. Ebendies wird ihm von der Welt übel genommen. »Darum haßt euch die Welt.«

Diese Situation ist, so sagt Vers 20, durch Jesu Wort vorausbestimmt. Zunächst handelt es sich um einen Rückverweis auf eine frühere Stelle (13,16), wo es schon hieß: »Der Sklave steht nicht höher als sein Herr.« Vielleicht hat die Erinnerung gerade an diese Stelle noch eine weitergehende Bedeutung; denn es handelt sich um ein Wort, das ähnlich auch bei Mattäus vorkommt, und zwar in einem ähnlichen Zusammenhang: »Ein Jünger steht nicht über seinem Meister und ein Knecht nicht über seinem Herrn; ein Jünger muß zufrieden sein, wenn es ihm ergeht wie seinem Meister und ein Knecht, (wenn es ihm ergeht) wie seinem Herrn. Haben sie den Hausherrn Beelzebul (= Teufel) genannt, wieviel mehr werden sie das bei seinen Hausgenossen tun« (Mt 10,24f.; vgl. Lk 6,40). Das legt die Vermutung nahe, daß es in der Gemeindetradition des Johannes ein Herrenwort gab, das so ähnlich gelautet haben mag und auf das man sich berief: Es kann uns nicht besser gehen als es dem Meister ergangen ist! Offenbar hat Mattäus das Wort ähnlich wie Johannes verstanden. Die Schicksalsgemeinschaft der Jünger mit Jesus ist unausweichlich, im Bösen wie im Guten.

In Vers 21 wird das feindselige Verhalten der Welt noch näher erläutert, es geschieht um Jesu willen und aus Unkenntnis Gottes. Die Welt muß sich schließlich so verhalten, weil sie den Vater nicht kennt. Die Unkenntnis Gottes auf seiten der Welt und ihrer Vertreter ist aber nicht eine Unwissenheit, die durch zusätzliche Information behoben werden könnte, sondern sie ist, entsprechend dem biblischen Erkenntnisbegriff, die fehlende Anerkennung Gottes und seines Offenbarers. Nach der Bibel gibt es gegenüber Gott kein neutrales, »objektives« Verhalten, hier schließt Erkennen bzw. Nicht-Erkennen immer eine Stellungnahme des Menschen ein. Die Unkenntnis Gottes ist als solche »schuldhaft«, sie ist nichts anderes als der Unglaube, wie Vers 22 unterstreicht.[103] Nachdem Jesus als Offenbarer Gottes gekommen ist und die eschatologische Offenbarung brachte, ist die Welt unentschuldbar. Ihr Unglaube ist ihre Sünde, und zwar deshalb, weil sie »sich gegen Jesus wendet, der sich durch seine Worte und Werke als der Offenbarer erwiesen hat«.[104]

Jesus hat zuerst den Haß der Welt erfahren. Die gegen ihn gerichtete Feindschaft war, so sieht es Johannes, zugleich Feindschaft gegen Gott (vgl. dazu 8,31–59); denn in der Person und im Wort Jesu war Gott selbst dem Menschen begegnet (V. 23). Vers 24 ist parallel zu Vers 22 zu verstehen; denn Jesu »Worte« und »Werke« bilden bei Johannes eine Einheit. Doch soll der Leser bei den »Werken ... die kein anderer getan hat« auch an Wunderzeichen denken. Die Wunder sind als Offenbarungszeichen zu verstehen. Auch hier ist der Sinn: Trotz des Wirkens des Offenbarers in der Welt wurde seine Botschaft nicht angenommen. Die Welt bleibt, obgleich sie »gesehen« hat, bei ihrem Haß, und damit auch in ihrer »Sünde«. Allerdings ist dieser Tatbestand nicht von ungefähr. Vers 25 sagt, daß in diesem Verhalten sich eine Schriftstelle aus dem »Gesetz«, dem Alten Testament, erfüllt habe: »Sie haben mich ohne Grund gehaßt« (Ps 35,19; 69,4). Bei diesem Schriftzitat handelt es sich nicht um einen strengen »Beweis«; vielmehr kommt in der Überzeugung, daß sich im Geschick Jesu die Schrift erfüllt habe, der Gedanke zum Ausdruck, daß sich darin der göttliche Heilsplan erfüllte. In diesem Fall: Auch der völlig unbegründete Haß der Welt gegenüber Jesus, der mit dem Verstand nicht zu begreifen ist, hat im Plan Gottes seinen Ort und damit seinen Sinn. Er bewirkt ja das Heil der Welt.

b) Der Paraklet und die Jünger als Jesus-Zeugen (15,26–27)

26 *Wenn aber der Beistand kommt, den ich euch vom Vater senden werde, der Geist der Wahrheit, der vom Vater ausgeht, dann wird er Zeugnis geben für mich.* 27 *Und auch ihr werdet Zeugnis geben, weil ihr von Anfang an mit mir zusammen seid.*

Johannes bringt ein weiteres Wort über den Parakleten, den Geist-Beistand, und weist diesem eine weitere Funktion zu, die bisher noch nicht zur Sprache gekommen war, nämlich die Funktion des »Zeugnis-Gebens« für Jesus. Man mag auch auf die »Wirk-Einheit« von Vater und Sohn achten: Jesus »sendet« den Beistand vom Vater her, und dieser »geht vom Vater aus«. Daß es vor allem um das »Zeugnis« geht, ergibt sich aus der Parallelaussage: Auch die Gemeinde wird von Jesus Zeugnis geben. Das Zeugnis des Geist-Beistandes und das der Jünger läuft gleichsam parallel. Es handelt sich um einen einzigen Vorgang, im Zeugnis der Jünger wird sich das Zeugnis des Geistes kundtun. Der Zeugnis-Gedanke spielt im Johannesevangelium eine wichtige Rolle.[105] Die Offenbarungs-Wahrheit kann letztlich nur »bezeugt« werden. Das dieser Wahrheit gemäße Verhalten besteht nicht, wie etwa im naturwissenschaftlichen Erkenntnisprozeß, in der möglichst unpersönlichen Beobachtung, oder in der Konstruktion eines Experiments, das man beliebig oft wiederholen kann, sondern in einer engagierten Kenntnisnahme und in einer existentiellen, persönlichen Betroffenheit. So ist Jesus selbst in seiner ganzen Existenz der Gottes- und damit Wahrheitszeuge schlechthin (vgl. 18,37). Aber auch die Jünger müssen zu Zeugen für Jesus werden; denn der Glaube läßt sich nicht andemonstrieren, er wird immer durch das lebendige Zeugnis vermittelt.

Gleichzeitig steckt darin auch ein historisches Moment; es zeigt sich in den Worten: ». . . weil ihr von Anfang an mit mir zusammen seid«. Als Zeugen Jesu kamen in der Urkirche vor allem jene Jünger infrage, die »von Anfang an«, vom ersten öffentlichen Auftreten Jesu an, mit ihm zusammen waren (vgl. die Einleitung zum Lukas-Evangelium Lk 1,1–4; oder Apg 1,21–22: »So muß denn einer von den Männern, die während der ganzen Zeit, in der der Herr Jesus bei uns ein und aus ging, mit uns zusammen waren, von der Taufe des Johannes angefangen bis zu dem Tag, da er von uns fort hinaufgenommen wurde, mit

uns Zeuge seiner Auferstehung werden«). Das Glaubenszeugnis der Jesusjünger ist auch ein geschichtliches Zeugnis.
Dazu kommt ein weiteres Moment: Gerade gegenüber der Welt, die die Gemeinde mit ihrem Haß verfolgt, bleibt sie unausgesetzt zum Zeugnis, und zwar zum vollmächtigen öffentlichen Zeugnis aufgerufen. Der Begriff des Zeugen, des Märtyrers, wurde zu einem christlichen Spezialbegriff![106] Zu diesem gefährlichen Zeugnis gegenüber einer feindlichen Welt bedarf die Gemeinde des Geistbeistandes. Auch mit dieser Aussage steht Johannes in einem breiteren Strom der urchristlichen Überlieferung. So heißt es Mk 13,9.11: »Habt acht auf euch selbst. Denn man wird euch den Gerichten überliefern, in den Synagogen euch züchtigen, vor Statthalter und Könige wird man euch stellen um meinetwillen, zum Zeugnis für sie ... Wenn man euch nun hinführt und ausliefert, dann seid nicht im voraus besorgt, was ihr reden sollt. Was euch in jener Stunde gegeben wird, das redet. Denn nicht ihr seid es, die reden, sondern der Heilige Geist.« Es liegt nahe, auch in 15,26f. in erster Linie an das *öffentliche* Christuszeugnis gegenüber der nichtglaubenden Welt zu denken. Bei diesem Zeugnis wird der Geist mitwirken, und dabei wird es genau so wie beim Gotteszeugnis Jesu, zur Scheidung der Geister kommen.

c) Die Verfolgung durch die Synagoge (16,1–4a)

16,1 *Dies habe ich euch gesagt, damit ihr nicht zu Fall kommt.* 2 *Sie werden euch aus den Synagogen ausschließen; ja, die Stunde wird kommen, wo jeder, der euch tötet, wähnt, einen Gott wohlgefälligen Dienst zu verrichten.* 3 *Und das werden sie tun, weil sie weder den Vater noch mich erkannt haben.* 4a *Aber dies habe ich euch gesagt, damit ihr euch, wenn die Stunde kommt, erinnert, daß ich es euch gesagt habe.*

An dieser Stelle wird ein konkreter geschichtlicher Anstoß sichtbar, der der johanneischen Gemeinde offenkundig zu schaffen machte und der eines der schwierigsten Probleme des Urchristentums bildet, nämlich die Ablehnung der christlichen Botschaft durch die jüdische Glaubensgemeinde. Die Auseinandersetzung von Judentum und Christentum in der frühen Kirche ist historisch gesehen ein äußerst verwickelter Prozeß, der noch längst nicht gründlich genug untersucht worden ist. Die Trennung erfolgte auch nicht auf einen Schlag. Am Anfang steht eine relativ freundliche Phase. Aber die Spannungen und Auseinandersetzungen beginnen doch schon ziemlich früh, wie das Beispiel des Apostels Paulus belegt, der vor seiner Bekehrung um 35 n. Chr. die christliche Gemeinde entschieden bekämpfte. Als Heidenmissionar kam er dann freilich selbst mit den jüdischen Synagogenverbänden in Konflikt und wurde fünfmal gegeißelt (2 Kor 11,24ff.). Nach der Zerstörung Jerusalems und des Tempels im Jahr 70 n. Chr. durch die Römer waren die Beziehungen noch schwieriger geworden. Man nimmt heute weitgehend an, daß Rabban Gamaliel II., der in der nach dem Untergang Jerusalems neu gegründeten rabbinischen Hochschule von Jabneh (oder Jamnia) um 80 n. Chr. als Nachfolger des »Gründungsrektors« Rabban Jochanan ben Zakkai die Leitung übernommen hatte, den endgültigen Ausschluß der Christen als Häretiker (»Minim«) aus der jüdischen Glaubensgemeinschaft veranlaßt hat. Auf ihn wird auch die Einführung der 12. Benediktion (Segensspruch) gegen die Häretiker in das »Achtzehn-Bitten-Gebet« zurückgeführt.[107] Die 12. Benediktion lautet: »Nicht blühe eine Hoffnung den Verfolgern! Das Reich des Übermuts (= Römer) entwurzele rasch in unseren Tagen! Es mögen Nasoräer und die andern Abgefallenen in einem Augenblick vergehen! Sie seien aus dem Buche der Lebendigen getilgt, und mit den Frommen sollen sie nicht aufgeschrieben werden! Gepriesen seist du Herr, der du die Frechen beugst.«[108]
Die Wendung »aus der Synagoge ausschließen« (V. 2; vgl. 9,22:

»Denn schon hatten die Juden beschlossen, daß, wer ihn – Jesus – als Messias bekenne, aus der Synagoge ausgeschlossen werden soll«) hat hier nicht die Bedeutung: jemanden in den kleinen oder großen Synagogenbann zu tun. Der Synagogenbann war eine Besserungsstrafe. Davon ist der volle Ausschluß zu unterscheiden, der über die Häretiker und Abtrünnigen verhängt wurde. »Diese Kreise der Abtrünnigen und Häretiker galten, weil sie aus der Synagoge selbst hervorgegangen waren, als deren gefährlichste Gegner. Gegen sie ist man aber nicht mit Bannverhängungen eingeschritten, sondern man hat sie einfach aus der Synagoge ausgeschlossen durch Maßregeln, die es auch dem einfachsten Juden zum Bewußtsein bringen mußten, daß zwischen der Synagoge und jenen Kreisen keinerlei Gemeinschaft mehr bestehe. Jeder persönliche und geschäftliche Verkehr mit ihnen wurde verboten ...«[109] Das Johannesevangelium setzt offenbar diese Situation einer völligen Trennung voraus, wenigstens in seinem engeren geographischen Umkreis; denn man wird diese Annahme nicht unbesehen verallgemeinern dürfen. Möglicherweise hatte man in der (den) johanneischen Gemeinde(n) auch mit Verfolgung von jüdischer Seite zu rechnen (vgl. Apk 2,8–11). Denn die Wendung daß »jeder, der euch tötet, wähnt, einen Gott wohlgefälligen Dienst zu erweisen« (V 2b), läßt sich kaum auf heidnische Verfolger beziehen, die daran nicht denken konnten. Wenn es sich nicht um eine rhetorische Floskel handeln soll, wird man doch an jüdische Verfolgungen denken müssen, die, wie das Beispiel des Saulus/Paulus zeigt, durchaus religiös motiviert sein konnten. Von diesem aktuellen Hintergrund her wird der Text 16,1–4a erst voll verständlich. Es ist auch klar, daß es sich nicht um eine authentische Jesus-Rede handeln kann, sondern um Deutung der eigenen Situation »von Christus her«. Der Ausschluß aus der jüdischen Gemeinde und die Verfolgungen (ob von seiten der Heiden oder der Juden mag letztlich offenbleiben), bedeutet auf jeden Fall eine harte Prüfung. Vers 1, der den Text als Vorhersage charakterisiert, will diese Situation richtig verstehen lehren. Die Rückerinnerung an Jesus ist dazu die beste Hilfe. Denn an Jesus kann die Gemeinde sich klarmachen, daß ihr Weg nicht frei sein wird von Konflikten, sondern daß sie auch hier den Spuren ihres Meisters zu folgen haben wird. Sie wird mit dem gleichen Unverständnis, mit derselben Ablehnung rechnen müssen, mit demselben Unglauben wie Jesus. Aber sie soll sich dadurch nicht verunsichern und aus der Bahn werfen lassen.

Zur Meditation

Bei einem Text, der wie 15,18–16,4a die Vorstellung der »verfolgten Gemeinde« oder der »Kirche der Märtyrer« heraufbeschwört, zeigt sich am stärksten, wie notwendig es ist, ihn zuerst aus seiner geschichtlichen Situation heraus zu verstehen und ihn nicht vorschnell zu verallgemeinern. Zur Zeit des Johannes war die Gemeinde nur ein »Häuflein klein«. Sie hatte sich gerade aus dem Verband der jüdischen Glaubensgemeinschaft herausgelöst, wahrscheinlich mehr unfreiwillig als mit Begeisterung, und in der Gesellschaft, in der sie leben mußte, hatte sie noch keinen Rückhalt. Sie war alles andere als fest und sicher etabliert, und eine »Geschichte«, aus deren Betrachtung sie hätte Zuversicht schöpfen können, besaß sie ebenfalls nicht. Da war es wohl genau das Richtige, wenn Johannes die Gemeinde in erster Linie an das Wort und das Beispiel Jesu verweist und wenn er ihr klarzumachen sucht, daß sie mit ihrer Existenz eigentlich gar nicht mehr zur Welt gehört, sondern als erwählte Jüngerschar ihren Existenzgrund in Gott besitzt. Darin liegt die Würde und das weltüberlegene Selbstbewußtsein dieser Gemeinde, daß sie als Jüngerschaft Jesu nicht einen x-beliebigen Verband darstellt, sondern die »Gemeinde Gottes in der Welt«. Von daher ist es dann auch zu verstehen, daß Johannes den »Haß der Welt« gegen die Jünger darauf zurückführt, daß er »um Jesu willen« erfolgt und daß er seine tiefere Ursache in der Unkenntnis Gottes hat. Oder wenn er sagt, daß der Haß gegen Jesus letztlich Haß gegen Gott sei. Wie gesagt, aus der Situation des Verfassers

und seiner Adressaten heraus sind solche Aussagen verständlich.
Wir müssen uns allerdings heute fragen, ob man darin nur höhere theologische Weisheit sehen darf, oder ob diese Sätze nicht ihre eigenen Gefahren haben, und zwar gerade dann, wenn man sie »unhistorisch« und rein »dogmatisch« versteht, als eine Art überzeitlicher Wesensaussage über jede geschichtliche Situation der Kirche. Oder anders ausgedrückt: Wir können heute nicht mehr daran vorbei, solche Sätze, die am Anfang der Kirchengeschichte, vor neunzehnhundert Jahren geschrieben worden sind und die damals noch einen unschuldigen, unbelasteten Sinn hatten, mit dem zu vergleichen, was in den zurückliegenden Jahrhunderten aus ihnen gemacht worden ist.
Denn für die Kirche hat sich die Situation gegenüber diesen Anfängen erheblich verändert! Die johanneische Charakteristik der Gemeinde gilt höchstens für die vorkonstantinische Zeit, also etwa bis zum Mailänder Edikt 313 n. Chr., und auch da nur mit gewissen Einschränkungen. Von da an waren die Verhältnisse völlig anders. Es ist erstaunlich zu beobachten, wie rasch die bis dahin ungesicherte, keineswegs immer und überall verfolgte Kirche sich mit dem neuen Etablierten-Status zurecht fand.[110] Es dauerte nicht lange, da hat sich die Kirche gegenüber Außenseitern und Abweichlern, gegenüber Häretikern und gegenüber den Juden derselben Unterdrückungsmethoden bedient, unter denen sie die ersten dreihundert Jahre hindurch zu leiden hatte. So schnell waren die Erfahrungen der Frühzeit vergessen bzw. verdrängt. »Wir befehlen (*iubemus*), daß alle, die solchem Gesetz (*lege*) folgen, den Namen der katholischen Christen behalten, daß aber die übrigen, die wir für verrückt und wahnsinnig halten, die Brandmarkung häretischer Lehre auf sich laden und ihre Zusammenrottungen nicht den Namen von Kirchen erhalten; sie sollen zuerst von göttlicher Vergeltung, dann aber auch durch die Strafe unserer Willensregung, die wir nach himmlischem Gefallen empfingen, getroffen werden.« So heißt es in dem Edikt, mit

dem Kaiser Theodosius d. Gr. (379–395) im Jahr 380 das Christentum der katholischen Großkirche zur offiziellen Staatsreligion erhob.[111]

Und wenn man gar den Satz liest: »Es kommt die Stunde, wo jeder, der euch tötet, wähnt, Gott einen wohlgefälligen Dienst zu erweisen«, oder – wie man den Text auch übersetzen könnte – »einen feierlichen Gottesdienst abzuhalten«, – wer dächte da nicht an die Opfer der Inquisition? Dort ist es ja geschehen, daß die Christen der Überzeugung waren, mit den Verbrennungen überzeugungstreuer Menschen, oder wie in Spanien zahlloser Juden, einen Gottesdienst zu zelebrieren und das Seelenheil der Betroffenen zu retten: *»Auto da fé = actus fidei«*, also: »feierliches Gottesbekenntnis«, das mit Hochämtern, Prozessionen und öffentlichem Gepränge begangen wurde, so lautet die offizielle Bezeichnung für diese grauenhaften Veranstaltungen. Man könnte noch zahllose andere Beispiele anführen. Sie würden nur den Beweis verstärken, daß die christlichen Kirchen sich nicht mehr unbefangen und mit gutem Gewissen auf solche Texte berufen können. Denn sie haben inzwischen so viel von der Welt und welthaftem Verhalten übernommen, vor allem vom Verhalten der Mächtigen, daß die Frage, ob jemand oder etwas »aus der Welt« oder »nicht aus der Welt« ist, auch von den Kirchen und ihrer Praxis her nicht mehr unbefangen zu beantworten ist.

Man sollte einmal den Gedanken, und zwar nur als Möglichkeit, zulassen und zu Ende denken, daß etwa ein solcher Satz: »Nun aber haben sie gesehen, und haben doch mich und meinen Vater gehaßt« (15,24) auch auf die Kirche angewendet werden kann. Auch hier ist im Lauf der Geschichte, und zwar an höchsten Stellen, aus »Unkenntnis Gottes« gehandelt worden. Solange man das Mißverhältnis gegenüber dem Evangelium und der Sache Jesu, wie es in der Kirchengeschichte häufig genug anzutreffen ist, nicht ehrlich zugibt, kann es zu keiner produktiven Auseinandersetzung mit dem Neuen Testament und damit auch zu keinen positiven Veränderungen kommen. Oft war die

Berufung auf die Heilige Schrift nur eine Legitimation der eigenen Praxis und Lehre, meist nur in einem »zustimmenden« Sinn, dem dann keine ehrliche Kenntnisnahme der menschlichen und geschichtlichen Wirklichkeit entsprach. Heute und in der Zukunft kann nur eine kritische Auseinandersetzung weiter helfen. Dabei geht es nicht bloß um Kritik im theoretisch-wissenschaftlichen Sinn, sondern auch um christliche Selbst- und Kirchenkritik, die auch die Kirchengeschichte zur kritischen Aufarbeitung der Vergangenheit einbezieht.

Wenn es dazu käme, dann wäre dies auch ein geistgewirktes, glaubhaftes Zeugnis gegenüber der Welt. Zwar werden die großen Gründergestalten und Märtyrer gefeiert. Oft hat man den Eindruck, daß eine solche Feier der »Väter« nur dazu dienen soll, sie unschädlich zu machen: gottlob gehören sie der Vergangenheit an. Die wirklichen Märtyrer der Gegenwart sind unbequeme Leute, denen man aus dem Weg geht, wenn man sie nicht mundtot machen kann.

Ein besonders trauriges Kapitel ist noch immer das Verhältnis zum Judentum. Bei der Exegese kam es mir darauf an zu zeigen, daß die Anfänge der Entfremdung zwischen Juden und Christen äußerst belastet sind und daß man, wenn man den Aussagen der Quellen folgt, zugeben muß, daß bei diesen Anfängen auch von der jüdischen Seite Fehler gemacht worden sind. Das wird auch von jüdischen Gelehrten gesehen. Die verfolgte Gemeinde der Frühzeit war in einer extremen Minderheiten-Situation. Und man darf nicht den Fehler machen, die späteren Verhältnisse, wie sie zweifellos durch die veränderte Machtposition mitbedingt waren, in die älteste Frühzeit zurückzutragen.[112] In dieser Frühzeit konnten die Christen sich noch als das »dritte Geschlecht« zwischen Heiden und Juden verstehen, was praktisch hieß, daß sie zwischen sämtlichen Stühlen saßen. Das rechtfertigt freilich nicht das Verhalten, das die Christen, als sie den Aufstieg in der heidnischen Gesellschaft geschafft hatten, gegenüber den Juden an den Tag legten. Noch im vierten Jahrhundert kam es zu zahlreichen Zerstörungen von Synagogen. M. Simon sieht in dieser aktiven Feindschaft eine spezifisch christliche Form des antiken Antisemitismus. Während in der »vorchristlichen« heidnischen Periode kaum Aktionen gegen die Synagogen vorkamen, vermehren diese sich plötzlich in der christlichen Zeit. Der Antisemitismus richtet sich jetzt nicht mehr nur gegen die Juden als besonderes Volk, sondern gegen die jüdische Religion. Daß so hochgestellte und kultivierte Persönlichkeiten wie der Bischof Ambrosius von Mailand (388) und der Patriarch Kyrillos von Alexandrien (414) das antijüdische Vorgehen gebilligt haben, bleibt ein Makel der Kirche.[113] Es geht hier nicht darum, die weitere traurige Geschichte des christlich-abendländischen Antisemitismus aufzurollen. Es sollte nur darauf hingewiesen werden, daß es falsch wäre, die Anfangsprobleme mit der späteren christlichen Praxis verrechnen zu wollen. Was 16,1–4a schildert, den Ausschluß der Christen aus der jüdischen Gemeinde, ist ein einmaliger historischer Vorgang, der allerdings schwerwiegende historische Folgen hatte. Hier müssen die neutestamentlichen Texte sorgfältig und differenziert betrachtet werden.

4. Das Wirken des Geist-Beistandes (16,4b–15)

Der Abschnitt 16,4b–15 bildet eine zusammenhängende Texteinheit und läßt sich am besten begreifen, wenn man davon ausgeht, daß es sich um die Paraklet-Worte der zweiten Abschiedsrede handelt, die ursprünglich selbständig entworfen war. Denn nur so wird verständlich, daß am Anfang noch einmal das Thema vom »Fortgehen Jesu« zur Sprache kommt, als wäre davon noch keine Rede gewesen. Weiter werden die beiden Seiten oder Richtungen der Wirksamkeit des Geistbeistandes herausgestellt, nämlich einmal sein »Wirken nach außen« als

»Gericht über die Welt«, und zweitens sein »Wirken nach innen«, als »Einführen in die Wahrheit«. Beide Seiten sind aufeinander bezogen, als zwei Momente einer einzigen Wirksamkeit. Denn das Wirken des Geistbeistandes erfolgt ja nicht in einer geheimnisvollen »freischwebenden« Weise, sondern in der Gemeinde und durch die Gemeinde, die in ihrem Glauben wie in ihrer Verkündigung das Heilsgeschehen festhält und bezeugt. Zugleich sind die beiden Seiten des Wirkens des Geistbeistandes als Momente am Sein der christlichen Gemeinde selbst zu verstehen, deren »Außenaspekt« und »Innenaspekt« zur Darstellung kommen.
Der Text läßt sich wieder in drei Abschnitte gliedern: Vers 4 b–7 blickt auf die Abschiedssituation und betont dabei die Notwendigkeit des Fortgehens Jesu; Vers 8–11 handelt vom Gericht des Geistes über die Welt; Vers 12–15 bestimmt das Wirken des Geistes innerhalb der Gemeinde.

a) Das Fortgehen Jesu (16,4b–7)

4b *Das habe ich euch nicht von Anfang an gesagt, weil ich mit euch zusammen war.* 5 *Jetzt aber gehe ich fort zu dem, der mich gesandt hat, und keiner von euch fragt mich: Wohin gehst du fort?* 6 *Sondern weil ich euch dies gesagt habe, hat die Trauer euer Herz erfüllt.* 7 *Aber ich sage euch die Wahrheit: Es ist gut für euch, daß ich fortgehe. Denn wenn ich nicht fortgehe, kann der Beistand nicht zu euch kommen; wenn ich jedoch fortgehe, werde ich ihn zu euch senden.*

Der Abschnitt versetzt den Leser wieder in die Situation der »Abschiedsreden«. Jesus ist im Begriff, von den Seinen zu scheiden. Wir erinnern uns an den »historisch fiktiven« Charakter der Abschiedsreden; auch hier will der Evangelist eine theologisch bedeutsame Problematik erörtern. Dem Leser wird

die Differenz zwischen der »Jesus-Zeit« und der »Zeit der Kirche« erneut bewußt gemacht. Während der Zeit, da Jesus mit den Seinen zusammen war, mußten solche Fragen, wie sie jetzt anstehen, nicht erörtert werden. Vers 4b bezieht sich offenbar zurück auf die Ansage der »Verfolgungen«. »Jetzt aber« – und dies ist nicht nur zeitlich gemeint, sondern bezieht sich auf die neue Situation insgesamt – geht Jesus fort zum Vater, und dieses Fortgehen wirft neue Probleme auf. Der Text spielt wieder mit zwei verschiedenen Bedeutungsebenen, die gegeneinander gestellt werden, einer »vordergründig-naiven« und einer »theologischen« Ebene. Auf der »naiven« Ebene geht es um das Fortgehen Jesu, das durch den Tod bedingt ist. Er läßt die Jünger allein zurück, gleichsam als ein verloren Häuflein in der Welt. Darauf reagieren die Jünger mit Betroffenheit und stellen nicht einmal die Frage, wohin Jesus denn gehe. Statt dessen hat Trauer sie erfaßt. Diese Trauer ist grundsätzlich gemeint, als Charakteristik des »In-der-Welt-Seins«, noch zusätzlich verschärft durch die »eschatologische Drangsal« der Verfolgung und Anfechtung. In 16,16–24 wird das Thema der »Trauer« ausdrücklich behandelt. Die Frage ist also: Wie sollen die Jünger ohne die Gegenwart des Offenbarers ihre Situation bestehen können? Damit ist wieder ein Grundproblem des Glaubens in Welt und Geschichte berührt. Dementsprechend ist auch die Antwort von grundsätzlicher theologischer Tragweite. So, wenn zuerst festgestellt wird: In Wahrheit ist es gut für euch, daß ich fortgehe. Jesu »Fortgehen« ist die Bedingung für das Kommen des Geistbeistandes. Stellt man die Frage, warum Jesus den Jüngern den »Geist« nicht früher gegeben hat, ob er das etwa nicht gekonnt hätte, dann tritt der Sinn der Aussage noch stärker ans Licht.
Es geht nicht um den Zeitpunkt, sondern um einen grundlegenden Sachverhalt: Erst der Geist macht das Offenbarungsgeschehen verstehbar, er ist selbst das mit dem Glauben eröffnete neue Sinnverstehen. Das »Historische« für sich genommen ist noch nicht die Offenbarung. Sofern es auch beim historischen Jesus

immer schon um den Glauben ging, war es auch dort notwendig, die vordergründig-historische Ebene zu überschreiten (vgl. 6,60–65). Vollends deutlich wird dies nach dem Tod, dem Fortgehen Jesu. Jetzt hat es die Gemeinde »nur noch« mit dem Wort Jesu, mit der Verkündigung zu tun. Sie ist deshalb nicht in einem Nachteil gegenüber der ersten Generation, sondern es ist eher noch deutlicher geworden, daß der entscheidende Schritt in der Begegnung mit Jesus der Übergang Vom Nicht- (bzw. Un-)Glauben zum Glauben ist. Jesus muß also fortgehen, damit der Geistbeistand kommen kann. Der Geist bleibt aber ganz an das Wirken Jesu gebunden, so daß man von der Wiederkehr Jesu zu seiner Gemeinde im Geist sprechen muß. An die Stelle der »historischen Präsenz« Jesu ist die Geistesgegenwart Jesu bei seiner Gemeinde getreten.

b) Das Gericht über die Welt (16,8–11)

8 *Wenn jener (Beistand) kommt, wird er die Welt überführen, indem er aufdeckt, was Sünde ist, Gerechtigkeit und Gericht.* 9 *Was Sünde ist: daß sie nicht an mich glauben;* 10 *was Gerechtigkeit ist: daß ich zum Vater gehe und ihr mich nicht mehr seht;* 11 *was Gericht ist: daß der Herrscher dieser Welt schon gerichtet ist.*

Wenn man die verhältnismäßig schwierigen Aussagen verstehen will, muß man davon ausgehen, daß der Geist die gesamte Christus-Offenbarung in Verbindung mit dem »Heilswerk Jesu« in Kreuz und Auferstehung durch die Gemeinde gegenwärtig halten wird.[114] Das ganze Johannesevangelium ist das durchgeführte Beispiel einer geistgewirkten, »pneumatischen« Interpretation der als Offenbarung Gottes verstandenen Geschichte Jesu. Die kompakten Aussagen, wie sie hier gemacht werden, setzen das ganze Evangelium (Kap. 1–12) voraus; sie zeigen uns, wie der vierte Evangelist die Geschichte Jesu gesehen hat. Der Geist wird bezeugen, daß durch Jesus schon jetzt Wahrheit und Leben gegenwärtig sind für den Glauben. Er wird aber auch bezeugen, daß im Kreuz Christi das »Gericht über die Welt« bereits stattgefunden hat. Beides hängt miteinander zusammen. Darum kann hier seine Wirksamkeit als ein »Überführen« bezeichnet werden.

Der Ausdruck »überführen« gehört zur gerichtlich-juristischen Sphäre und hat die Bedeutung von »beweisen, nachweisen, belasten, verurteilen«. Das Überführen des Geistes kommt sachlich auf ein Verurteilen hinaus. Der Geist wird das Urteil Gottes an der ungläubigen Welt vollstrecken. Dahinter steht die Vorstellung von einem Prozeßverfahren. Nach Johannes ist die Christusoffenbarung zugleich die »Krisis der Welt«; in der Begegnung mit dem Offenbarer und seinem Wort wird die Welt vor die endgültige Entscheidung von Heil und Unheil gestellt. Das »jüngste« Gericht findet nicht erst am Ende statt, sondern schon jetzt, und zwar deshalb, weil nach Johannes die eschatologische Entscheidung bereits gefallen ist, nämlich in Kreuz und Auferstehung Jesu. Darum kann er sagen: »Jetzt ist Gericht über diese Welt; jetzt wird der Herrscher dieser Welt hinausgeworfen werden. Ich aber werde, wenn ich von der Erde erhöht bin, alle zu mir ziehen. Mit diesen Worten deutete er an, welchen Todes er sterben werde« (12,31–33). Hier ist deutlich gesagt, daß das Endgericht mit der Erhöhung Jesu am Kreuz zusammenfällt. Das Kreuz ist schon die »Wende der Äonen«. »Vor Gott«, und damit für den Glauben hat nach Johannes das Gericht bereits stattgefunden. Der Geist und in Verbindung mit ihm die Verkündigung der Gemeinde haben die Aufgabe, dieses Gericht und sein Ergebnis der Welt bekannt zu machen.

Von diesem Hintergrund her ist es dann auch zu verstehen, wenn es vom Geistbeistand heißt, er werde aufdecken, was Sünde ist, Gerechtigkeit und Gericht. Dabei geht es einmal um den neuen Sinn der genannten Begriffe, aber auch gleichzeitig darum, zu zeigen, in welcher Weise der Kosmos in negativer Weise vom

Heilsgeschehen betroffen ist und für alle Zukunft bleibt, auch wenn er es nicht weiß. Immer wird der Glaube die Welt als solche infrage stellen, und die Welt den Glauben verunsichern.

»Was Sünde ist: daß sie nicht an mich glauben« (V. 9). Die Sünde besteht im Unglauben. »Die Sünde ist also nicht jeweils eine einzelne schreckliche Tat, sei es auch die der Kreuzigung Jesu als solche; Sünde ist überhaupt nicht moralische Verfehlung als solche, sondern der Unglaube und das aus ihm fließende Verhalten, also die durch den Unglauben qualifizierte Gesamthaltung der Welt. Das heißt hinfort Sünde.«[115] Damit ist auch gesagt, daß Glauben/Unglauben nach Johannes nicht bloß eine intellektuelle Einstellung des Menschen ist, sondern »existentielles« Verhalten, wo es um menschliche Grundeinstellungen zum eigenen Leben, zur Welt, damit aber auch zu Gott und zur Offenbarung geht, und daß diese *letzten* Einstellungen das Gesamtverhalten des Menschen nach dieser oder jener Richtung bestimmen. Die Sünde des Kosmos besteht darin, daß er sich gegen die in der Offenbarung begegnende Liebe des Schöpfers verschließt, indem er Jesus verwirft. Da aber am Kreuz auch die »Sünde der Welt« beseitigt wurde – in 1,29 heißt es: »Seht das Lamm Gottes, das die Sünde der Welt fortträgt« – gibt es für die Welt keinen hinreichenden Grund, keinen Vorwand mehr, bei ihrer ablehnenden Haltung zu bleiben. Tut sie das dennoch, dann bringt sie in ihrem Unglauben auch ihre radikale Entfremdung gegenüber Gott an den Tag, und das ist eben »die Sünde«, in der sie dann endgültig verbleibt.

»Was Gerechtigkeit ist: daß ich zum Vater gehe und ihr mich nicht mehr seht« (V. 10). Die »Gerechtigkeit«, um die es hier geht, ist der eschatologische Sieg Jesu über die Unheilsmächte der Welt. Jesu Fortgehen ist nichts anderes als sein Weg zum Vater, und dieser Weg führt über das Kreuz; er bedeutet damit auch die Überwindung des Bösen. Er ist zugleich der Weg der »Erhöhung und Verherrlichung« Jesu, wodurch ihm sein »göttliches Recht« zuteil wird. Was nun für den Glauben der Weg Jesu zum Vater und zur Verherrlichung ist, das ist freilich für die Welt das endgültige Verschwinden, die Abwesenheit Jesu: man wird ihn nicht mehr sehen. Nach 16,20 wird die Welt sich deshalb freuen, weil sie meint, damit Jesus losgeworden zu sein. Allerdings hat sie damit recht, sie ist diesen Jesus endgültig losgeworden; aber in ihrer Verblendung merkt sie nicht, daß ihr damit zugleich das Schlimmste passiert ist, was ihr passieren konnte, daß nämlich gerade diese Abwesenheit Jesu das Gericht bedeutet, das Unheil. Das »jüngste Gericht« erscheint nicht mehr als ein gewaltiges, Himmel und Erde erschütterndes Drama, sondern als die völlige Abwesenheit Jesu, so daß die Welt ihrem eigenen Treiben überlassen bleibt, ohne die befreiende Liebe. Nur um diesen Preis ist sie die beunruhigende Gegenwart Jesu los.

»Was Gericht ist: daß der Herrscher dieser Welt schon gerichtet ist« (V. 11). Das Wirken des Parakleten wird der Welt die in Jesus schon geschehene Äonen-Wende bezeugen. Das Gericht über den Kosmos und seinen Herrscher ist in Jesus bereits erfolgt.

In diesem Sinn stellt der Geistbeistand in Verbindung mit dem Christuszeugnis der Gemeinde der Welt gegenüber fest, was Sünde, Gerechtigkeit und Gericht ist. Johannes ist offenbar der Auffassung, daß die Existenz der Gemeinde mit ihrem Glaubenszeugnis eine dauernde Herausforderung an die im Unglauben verschlossene Welt darstellt. Die Konfrontation der Offenbarung und der Welt wird also immer stattfinden, so lange jedenfalls, wie es in der Welt eine glaubende Gemeinde gibt. Man kann mit Bultmann hier die Frage stellen, ob davon in der Welt nichts sichtbar sei, und seine Antwort überdenken: »Dieses Wort und sein herausfordernder Anspruch erklingt in der Welt, und die Welt kann seitdem nicht wieder sein, wie sie vordem war. Es gibt kein unbefangenes Judentum und kein unbefangenes Heidentum mehr im Umkreis des Wortes der Verkündigung.« [116]

Man wird aber auch die andere Seite nicht überhören dürfen: Der Abschnitt sagt ja, daß die Gemeinde auch in die Lage versetzt wird, die Welt kritisch infrage stellen zu können. Stand im Hintergrund unseres Textes die Angst der Gemeinde vor ihrer Isolierung in der Welt durch das Fortgehen Jesu und durch den »Haß der Welt«, so wird hier von Johannes in der kühnsten Glaubensüberzeugung der Spieß umgekehrt: Nicht die Jünger haben Grund zu Angst und Trauer, sondern die Welt wird der Sünde überführt. Die Welt ist im Unrecht, und zwar dann, wenn sie sich gegen die Christus-Botschaft stellt. Es ist klar, daß die Gemeinde nicht aus eigener Kraft oder aus eigenem Recht der Welt gegenübertreten kann, sondern nur durch ihren Glauben, durch ihr Bekenntnis und durch die Bindung an Jesus. Sie verkündet ja nicht ihren eigenen Sieg, sondern den Sieg Jesu, und damit den göttlichen Sieg. Aber indem sie das tut, fordert sie die Welt heraus, und das soll sie ja auch tun.

c) Die Geistbelehrung der Gemeinde (16,12–15)

12 *Noch vieles hätte ich euch zu sagen, aber das könnt ihr*
jetzt noch nicht ertragen. 13 *Wenn aber jener kommt, der*
Geist der Wahrheit, wird er euch einführen in die ganze
Wahrheit; denn er wird nicht von sich aus reden, sondern
er wird reden, was er hört, und das Zukünftige wird er
euch verkünden. 14 *Jener wird mich verherrlichen, weil er*
aus dem Meinen nehmen und es euch verkünden wird.
15 *Alles, was der Vater hat, ist mein; darum habe ich gesagt,*
er wird aus dem Meinen nehmen und es euch verkünden.

Dem Zeugnis des Geistes gegenüber der Welt entspricht auf der anderen Seite sein Wirken im inneren Bereich der Gemeinde. Dieses Wirken oder »Lehren« besteht vor allem darin, immer neu den Sinn der Christus-Offenbarung zu erschließen. Der Abschnitt wurde häufig dazu benützt, um einerseits das Unverständnis und Versagen der Jünger vor Ostern kräftig auszumalen, und andererseits den grandiosen Wandel zu erweisen, der an

Pfingsten stattgefunden hätte. Aber auch hier soll die zeitliche Differenz, wie Vers 12 sie hervorkehrt, zugleich eine sachliche Differenz aufzeigen. Es handelt sich wieder um die schon erwähnten »zwei Ebenen«, um ein Problem also, das für den Glauben immer wieder akut wird. Dieses Problem heißt ganz einfach: Es ist immer erst der Geist, der zum Verstehen der Offenbarung, also zum Verstehen der Jesus-Botschaft führt. Ohne den Geist gibt es immer nur eine Ansammlung von »vielem«, das man nicht ertragen kann, womit man nicht zu Rande kommt. Dagegen ist es der Geist, der den einzelnen Glaubenden wie die Gemeinde in »die ganze Wahrheit hineinführt« (V. 13).

Die Formulierung »die ganze Wahrheit« ist zu beachten; die gewöhnlichen Übersetzungen »in alle Wahrheit« oder gar »in jede Wahrheit« treffen den Sinn der Aussage nicht und haben zu manchen Fehldeutungen geführt. Die »Wahrheit der Christus-Offenbarung« ist als eine vorgegebene, umfassende Sinn-Ganzheit verstanden. Es geht nicht um eine Vielzahl von Dogmen, die der Geist im Lauf der Geschichte noch hervorbringen wird, sondern um die stets vorgegebene Einheit, Einfachheit und Endgültigkeit der Offenbarung. Die Offenbarung ist nach Johannes kein Lehrgebäude, also kein riesiger Komplex von »offenbarten Sätzen«, sondern die Person Jesu selbst. In die ganze Wahrheit hineinführen, das heißt dann nichts anderes als zum immer neuen und besseren oder tieferen Verstehen Jesu führen. Das »Hineinführen in die ganze Wahrheit« kennzeichnet die freigesetzte Lebensbewegung des Glaubens und der glaubenden Gemeinde in ihrer lebendigen, geistgetragenen und geisterfüllten Beziehung zu Jesus von Nazaret. Wo die Gemeinde sich mit Ernst und Eifer um die Sache Jesu bemüht, findet das »Hineinführen in die ganze Wahrheit« statt.

Wie die Verse 14.15 noch verdeutlichen, geht es in diesem Prozeß nicht um neue Offenbarung neben der Christus-Offenbarung, vielmehr bleibt das Wirken des Geistes an die vorgegebene

Christus-Offenbarung gebunden. Die Verkündigung des Geistes und der Gemeinde können sich von dieser Grundlage, der Grundsubstanz ihrer Tradition, nicht ablösen. Johannes liefert sogar noch eine Begründung für diese Tradition: Die geschichtliche Offenbarungs-Wahrheit Jesu und die Wahrheit Gottes bilden eine unzertrennliche Einheit. Im Christus-Zeugnis des Geistes erfolgt also die Erfahrung und Mitteilung der göttlichen Wahrheit selbst.
Zugleich ist aber die Offenbarung auf die Zukunft hin ausgerichtet. Die Botschaft Jesu bleibt unüberholbar, weil durch sie die eschatologische, »ewige« Zukunft erschlossen ist. Das heißt auch, daß im Grunde jede Zeit, also auch jede Kirche und jedes Lehramt, hinter der Jesus-Botschaft zurückbleiben und niemals ihre volle Entfaltung, noch ihre volle Verwirklichung erreichen. Das Evangelium Jesu Christi hat deshalb noch Zukunft, weil es noch nicht voll eingeholt und verwirklicht ist. Es ist in erster Linie das »prophetische Amt« in der Kirche, das den noch unabgegoltenen Zukunftscharakter der Jesus-Botschaft zur Sprache bringt. Vers 13c verweist ausdrücklich darauf: der Geist wird das Zukünftige verkünden. Damit hat Johannes der christlichen Prophetie, der er vermutlich auch sonst ziemlich nahestand, ihr bleibendes Recht in der Kirche eingeräumt. Wie die alttestamentliche Prophetie zur Gegenwart und Zukunft Israels vom JHWH-Glauben her Stellung bezog, so wird die neutestamentliche Prophetie Gegenwart und Zukunft von der Christus-Offenbarung her kritisch und hilfreich analysieren und auslegen.
So vollzieht sich das »Hineinführen in die ganze Wahrheit« in der Gemeinde unter dem Wirken des Geistbeistands auf vielfache Weise, angeregt durch Rückbesinnung auf Jesus und seine Sache, in theologischer Lehre und Erschließung der Jesus-Botschaft für die Gemeinde, durch Meditation, aber auch durch das kritische und aufrüttelnde Wort der Propheten. Bleibt noch anzumerken, daß auch hier das Walten des Geistes sich auf die *ganze*

Gemeinde erstreckt, und keinesfalls bloß auf einen bevorzugten Kreis von »beamteten Geist-Trägern«. Christliche Wahrheitsfindung im Hinblick auf die Sache Jesu ist ein Vorgang der ganzen Gemeinde und aller ihrer Glieder.

Zur Meditation

Die Frage, wie die christliche Gemeinde das Problem der »Abwesenheit Jesu« und der Eschatologie (Parusieverzögerung) beantworten würde, ist nicht nur von geschichtlichem Interesse, sondern bestimmt das christliche Selbstverständnis bis heute. In der Frühzeit der Gemeinde, unmittelbar nach Ostern, war es wohl noch verhältnismäßig einfach; denn damals herrschte offenbar noch ein großer Enthusiasmus, außerdem lebte noch eine große Zahl der frühen Jesus-Jünger. Aber mit dem Tod der Jünger und der Alt-Apostel mußte sich in den frühen Gemeinden die Frage stellen: Wie geht es jetzt weiter? Wer wird die Gemeinden führen? Wer zeichnet verantwortlich für die Verkündigung? Wer beantwortet die neu anstehenden Fragen und in welcher Autorität tut er dies? Solche und ähnliche Probleme führten allmählich zur Entwicklung des Traditionsgedankens und der »Apostolischen Amtsnachfolge« (Sukzession). Das Johannesevangelium steht noch gerade vor dieser Entwicklung, es geht einen anderen Weg. Es läßt diese Fragen noch durch Jesus selbst beantworten. Der Autor bedient sich der Autorität Jesu, um der Gemeinde weiter zu helfen.
Wir sind leicht geneigt, in diesem Vorgehen ein Plagiat, oder überhaupt eine Unregelmäßigkeit zu erblicken. Aber damit wäre die Absicht des Johannesevangeliums falsch verstanden. Die Berufung auf Jesus besagt in erster Linie, daß der Autor nicht im eigenen Namen sprechen will, sondern daß für ihn die Autorität Jesu von bleibender, grundsätzlicher Verbindlichkeit ist. Das Problem gibt es auch in den anderen Evangelien, wenn da etwa »Gemeindebildungen« als echte Jesus-Worte wiedergegeben werden. Überhaupt bildet die Sammlung der Jesus-Worte in den

frühen Gemeinden und ihre Redaktion zu Evangeliums-Büchern durch die Evangelisten das augenfälligste Indiz dafür, wie streng sich die Gemeinden an die Autorität Jesu gebunden wußten. Diese Bindung gilt freilich nicht nur im historischen Sinn, sondern man verstand die Autorität Jesu *als eine bleibend gegenwärtige Autorität.* Dies meint der Schluß des Mattäus-Evangeliums: ». . . und lehret sie alles halten, was ich euch geboten habe. Denn siehe, ich bin bei euch alle Tage, bis zur Vollendung der Welt« (Mt 28,20). So hängt die Entstehung der schriftlichen Evangelien unmittelbar mit dem Bestreben zusammen, die Autorität Jesu als gegenwärtige Autorität mit bleibender Verbindlichkeit darzustellen. Diese Autorität sollte, wie der Mattäus-Schluß zeigt, für alle Zeiten »bis ans Ende der Welt« gelten. Durch die Evangelien sollte der Kirche für alle Zukunft die Möglichkeit gegeben sein, sich immer wieder an der Autorität Jesu zu orientieren. Es ist eine Grundfrage, wieweit die Kirche dieser Absicht im Lauf ihrer Geschichte nachgekommen ist.
Johannes hat diesen Vorgang ausdrücklich reflektiert, wenn er der Zeit »da ich noch bei euch war« die Zeit der Abwesenheit Jesu gegenüberstellt. Die »Trauer«, die das Herz der Jünger beim Abschied erfüllt, bezeichnet nicht bloß den psychologischen Zustand des »Abschiedsschmerzes«, sondern kennzeichnet ein bleibendes Problem: Wenn die Gemeinde ihr wesenhaftes Selbstverständnis oder auch ihr Handeln nicht mehr aus der Orientierung an Jesus und seiner Botschaft heraus gewinnt, sondern wo sie dieses bloß aus »historischen« oder aus rein gesellschaftlichen Gegebenheiten einer gegenwärtigen Zeitlage heraus motivieren möchte, da wird sie wahrscheinlich immer wieder die Erfahrung dieser »Trauer« in der Form von Resignation, Pessimismus, lähmender Handlungsunfähigkeit usw. machen müssen. Insofern entspricht die »Trauer« in etwa dem Begriff der »Kleingläubigkeit« bei Mattäus; sie ist das Zeichen einer Versuchung im Hinblick auf den Glauben. Christlicher Glaube kann also letztlich seine Motivation und seine Gewißheit

immer nur durch die Vertiefung in seine eigene Sache gewinnen, konkret durch die Vertiefung in das überlieferte Wort in der geistgewirkten, meditativen Jesus-Erinnerung, in der Rückbesinnung auf das »Evangelium«.

Damit ist nicht gesagt, daß die gesellschaftlichen Verhältnisse gleichgültig wären. Sie zeigen weitgehend den stetig sinkenden Einfluß des Christentums und der christlichen Verkündigung sowie der Kirchen in der heutigen Gesellschaft an. Aber dieser Rückgang des gesellschaftlichen Einflusses der Kirchen ist als solcher noch kein eindeutiges Phänomen, zu dem man kirchlicherseits, wie das häufig beliebt ist, rein negativ Stellung beziehen könnte. Vielmehr müssen die Kirchen sich fragen, wieweit sie nicht selbst zu dieser Entwicklung beigetragen haben, und zwar etwa dadurch, daß sie eine überholte Moral, die von der Botschaft Jesu nicht abgedeckt ist, verkündigt haben; wieweit sie also an ihrer historisch-gesellschaftlichen Rückständigkeit selbst schuld sind. Daraus würde sich weiter ergeben, daß die selbstkritische Rückbesinnung auf die Sache Jesu eine der wichtigsten Aufgaben der Kirchen ist.

Es gibt zweifellos auch die Gefahr einer falschen Anpassung, ein Bestreben, Konflikte möglichst zu vermeiden, sich der »Welt« anzubiedern, und zwar nicht nur in der Form, wie sie als »moralische Verweltlichung« oft gerügt wird, sondern auch in der auf die Dauer sehr viel gefährlicheren Form der Anpassung an die politischen Mächte, an die jeweils Herrschenden. In diesem Fall taucht wieder die Frage nach den Kriterien auf: Welche Anpassung kann man als legitim, ja als notwendig bezeichnen, und welche Form von Anpassung ist gefährlich? Bei dieser Überlegung hätten die Evangelien ein gewichtiges Wort mitzureden. Natürlich darf man nicht erwarten, daß man auf solche Probleme eine schnelle Antwort bekommt, ein »Rezept«; hier geht es eher um die großen Linien, nach denen man sich richten soll. Dann wäre wohl zu sagen: Was sich mit der Sache Jesu deckt, oder wo von dieser Seite her gesehen keine wichtigen

Einwände entgegenstehen, wird man als Christ eine Anpassung unbefangen bejahen können. Aber wahrscheinlich ist auch eine solche Überlegung noch zu rezepthaft. Der einzelne oder die christlichen Gruppen werden sich ihre Meinung selbst bilden müssen, und zwar so, daß sie die verschiedensten Gesichtspunkte, zu denen auch die neutestamentlichen Aussagen, aber sie nicht allein, gehören, zu Wort kommen lassen und in der Urteilsbildung miteinander verbinden. Die letzte Entscheidung wird dann freilich in eigener Verantwortung gefällt werden müssen. Die Kirche, vorab die kirchliche Autorität wird in erster Linie die »lebendige Stimme des Evangeliums« zu vertreten haben – dies wäre ihre wichtigste und eigentliche Aufgabe. Aber sie kann keinem Menschen die persönliche Verantwortung abnehmen.

Wenn es bei Johannes heißt: »Es ist gut für euch, daß ich fortgehe; denn sonst kann der Beistand nicht kommen«, so enthält diese Aussage schon den wichtigsten positiven Hinweis für das Verständnis der eigenen Situation. Der Geist tritt an die Stelle Jesu. Ganz einfach ausgedrückt: Die Jünger können Jesus jetzt nicht mehr direkt fragen; die Möglichkeit einer Rückfrage, ob man Jesus oder auch die Apostel richtig verstanden hätte, ist nicht mehr möglich. Aber die Gemeinde kann sich auf den »Geist Jesu« verlassen; sie kann und soll lernen, und zwar im Vertrauen auf das überlieferte Wort, Jesus »aus dem Geist heraus« neu zu verstehen und aus seinem Geist heraus zu denken und zu handeln. Doch was ist damit gemeint? Nun ist der »Geist Jesu« ohne Zweifel eine höchst unanschauliche Größe, die man so recht nicht fassen kann: »Der Geistbraus [117] weht wo er will, und du hörst wohl sein Brausen, aber du weißt nicht, woher er kommt und wohin er fährt; so ist es mit jedem, der aus dem Geistbraus geboren ist« (3,8). Ungreifbarkeit, Unverfügbarkeit, Freiheit (was alles man freilich nicht einfach mit »Immaterialität« gleichsetzen darf) sind Momente der pneumatischen Wirklichkeit. Gewiß äußert der Geist sich im Umgang mit dem Wort Jesu und der Jesus-Verkündigung der Gemeinde. Insofern hat R.

Bultmann recht, wenn er sagt, der Geist sei »die Kraft der Wortverkündigung in der Gemeinde«.[118] Wenn die »Unfaßlichkeit« aber zum Wesen und Wirken des Geistes gehört, dann ist damit auch zum Ausdruck gebracht, daß sowohl der einzelne Glaubende als auch die Gemeinde als solche ihre eigentlichen Wurzeln im schlechterdings »Unverfügbaren« haben, so daß es hier einen offenen Raum gibt, eine pneumatische Sphäre, die als solche nur durch die »Herrschaft Christi«, also durch das Walten des Geistes ausgefüllt werden kann, die aber deshalb auch aufgrund ihres »pneumatischen Charakters« für jede andere menschliche Instanz, das kirchliche Amt und seine Träger eingeschlossen, unantastbar ist und bleibt. Der Geist garantiert die prinzipiell gemeinte eschatologische Offenheit der Gemeinde und damit jenen Freiheitsraum des Menschen, an dem jede Macht der Welt zuschanden werden muß. Durch die Gegenwart des Geistes Jesu sind auch Freiheit und Selbstverantwortung der Gemeinde garantiert. Die Bindung an die Person Jesu und an sein Wort ist für sie keine »autoritäre Gebundenheit«, sondern im Gegenteil der unbedingt zuverlässige und unverrückbare Grund ihrer Freiheit. R. Bultmann hat mit Recht auf das Paradox hingewiesen, daß eben das lebendige, von der Gemeinde gesprochene Wort zugleich das Wort des in der Gemeinde wirkenden Geistes ist.[119]

Damit ist jedoch nicht gesagt, daß die Gemeinde über das Wort Jesu verfügen könne, so daß jede x-beliebige Äußerung der Gemeinde oder kirchlicher Autoritäten schon für sich allein das »Wort des Geistes« wäre. Es ist und bleibt das Wort des Geistes nur, sofern es auf das Wort Jesu zurückbezogen bleibt. »Kerygma« und Jesus-Tradition bleiben als inhaltliche Richt-Größen vorgegeben, so daß der Geist, gerade nach Johannes, niemals zu einem freischwebenden »Fluidum«, zur Quelle von Beliebigkeit und Willkür werden kann.

In dieser geistgewirkten Rückbindung an Jesus selbst setzt die Gemeinde das Wirken Jesu in der Welt und gegenüber der Welt fort. Genauso wie Jesus durch sein Wort die Krisis der Welt als Entscheidung und Scheidung zugleich heraufgeführt hat, so wird auch die Gemeinde durch ihr Christus-Zeugnis diese Krisis heraufführen, indem sie den Hörer vor die Glaubensentscheidung stellt. Es ist klar, daß die Gemeinde diese Krisis nicht in eigener Regie übernehmen kann. Sie ist nicht dazu bestimmt, das Gericht über die Welt zu halten; dies ist einzig und allein die Sache Jesu selbst. Wenn Geist und Gemeinde zusammen das Werk Jesu fortsetzen, dann tun sie das nach Johannes aufgrund einer schon getroffenen Entscheidung, die durch Jesu Wort und Tat, vor allem aber durch sein Kreuz schon endgültig statuiert ist. Der eschatologischen Entscheidung Gottes in Jesus zum Heil der Welt hat die kirchliche Verkündigung nichts mehr hinzuzufügen. Darum heißt es auch bei Johannes, daß der Geist »überführen«, das heißt aufdecken wird, was im Heilsgeschehen bereits stattgefunden hat.

Wenn Johannes »Sünde« als »Unglauben« versteht, also Unglauben und Sünde schlechthin gleichsetzt, dann hat er nicht ein »moralisches« Verständnis von Sünde im Sinn – Sünde als Verletzung eines göttlichen Moralgebots –, sondern ein tieferes »existentielles« Verständnis von Sünde. Es geht nicht mehr primär um ein aktives menschliches Verhalten, sondern um eine Grundentscheidung, die das »Sein des Menschen«, seine innerste Existenz betrifft. In der Entscheidung zwischen Unglauben und Glauben liegt für Johannes die entscheidende Alternative. Im Hintergrund steht für ihn dabei auch die Tatsache, daß der historische Jesus in Palästina unter seinen eigenen Volksgenossen mit seiner Verkündigung gescheitert ist und am Kreuz enden mußte, obwohl er nach Auffassung der Gemeinde ganz und gar unschuldig war. So stellt Jesus als Offenbarer Gottes den Menschen vor die letzten Existenzfragen, freilich so, daß er im letzten auf eine positive Entscheidung, zum Glauben und damit zu Heil und Leben, hinaus will. Jesus will nach Johannes das Heil des Menschen, nicht seinen Untergang, sein »Gericht«.

Doch in welcher Weise läßt sich dieser theologische Ansatz heute verstehen? Daß die letzte Entscheidung des Menschen über sich selbst und den Sinn seines Lebens in der Entscheidung zwischen Glauben und Unglauben bestehen soll, wird vielfach nicht mehr verstanden oder als christliche bzw. kirchliche Überspanntheit abgetan, zumal wenn es dabei in erster Linie um einen »Dogmen-Glauben« gehen soll. Die Sprache der kirchlichen Dogmen und der traditionellen Verkündigung ist dem Menschen von heute vielfach so fremd geworden, daß sie gar nicht mehr trifft, und das heißt, daß sie nicht mehr in der Lage ist, die Entscheidungsfrage als solche sinnvoll zu benennen. Auch hat eine kirchliche Kurzschlußmentalität in der Vergangenheit häufig dazu geführt, die Glaubensfrage ziemlich oberflächlich zu stellen, und schließlich waren damit häufig genug auch konfessionelle Machtansprüche verbunden. Daher ist ein Vorverständnis gegenüber der Glaubensfrage häufig schon so blockiert, daß sie in ihrem authentischen Sinn gar nicht mehr zu Wort kommen kann. Gleichwohl ist kaum zu bestreiten, daß es im Menschen jene Gedanken, Ansätze, Überlegungen usw. gibt, die man herkömmlicherweise als die menschliche Heils-Frage oder als Sinn-Frage zu bezeichnen pflegt. Die existentielle Frage nach dem »Sinn des Lebens« scheint mit der menschlichen Existenz als solcher verbunden zu sein. Es handelt sich offenbar um eine »anthropologische Urgegebenheit«. Mit der Sinnfrage ist aber auch die Möglichkeit der Entscheidung verbunden; »Sinn« wird vom Menschen offenbar nicht als reine Selbstverständlichkeit erfahren – sonst könnte es ja die gegenteilige Erfahrung von Sinnverlust nicht geben –, sondern »geschichtlich«, das heißt vor allem in Verbindung mit der Freiheit der Wahl. Diese anthropologische Grundstruktur spricht sich in den geschichtlichen Religionen in verschiedenster Weise aus. Die christliche Benennung der Sinnfrage ist dann die Glaubensfrage, wobei der Glaube für die höchste Form der Sinnerfahrung steht. Für die christliche Tradition ist die Sinnerfahrung mit der Jesus-Offenbarung verknüpft. Denn ebendies meint der Begriff »Offenbarung«, daß sich in der Begegnung des Menschen mit Jesus und seinem Wort der höchste, nämlich »göttliche« Sinn für mich erschließt. Man sollte in diesem Zusammenhang nicht vorschnell auf die traditionellen Formulierungen zurückgreifen, die heute allgemeinem Mißverständnis ausgesetzt sind, sondern lernen, auf *die menschliche Sinnstruktur als solche* zu achten. Dann würde wahrscheinlich viel deutlicher herauskommen, daß es beim Glauben um einen menschlichen Grundverhalt geht, um das Glaubenkönnen als Ur-Vertrauen in den guten Sinn des Lebens und der Welt, trotz aller gegenteiligen Erfahrungen. Wenn Jesus den Menschen in die Glaubensentscheidung stellt, dann heißt dies, daß er als der Offenbarer der göttlichen Liebe den Menschen in seinen eigenen, letzten, positiven Lebensmöglichkeiten anspricht. Das Wort Jesu berührt den Menschen, wenn es gehört und richtig verstanden wird, in diesen »letzten Möglichkeiten seiner selbst«. Es stürzt auch den Menschen in die radikale Lebenskrise, die freilich als »Krankheit nicht zum Tode, sondern zum Leben« durchgestanden werden soll.[120]

Nach Johannes müßte die kirchliche Verkündigung in der Lage sein, die Glaubensfrage als die menschliche Sinnfrage zu artikulieren und von der Glaubensebene her die kritische Auseinandersetzung zwischen »Offenbarung und Kosmos« weiterzuführen. Sie müßte diese Auseinandersetzung aus ihrer eigenen Mitte heraus motivieren, das heißt aus ihrer Verbindung mit Jesus heraus. Zur Zeit des Johannes war sich die Gemeinde ihrer welt- und gesellschaftskritischen Aufgabe aufgrund der gegebenen Verhältnisse bewußt: »Um es kurz zu sagen, was im Leib die Seele ist, das sind in der Welt die Christen. Wie die Seele über alle Glieder des Leibes, so sind die Christen über die Städte der Welt verbreitet. Die Seele wohnt zwar im Leibe, stammt aber nicht aus dem Leibe; so wohnen die Christen in der Welt, sind aber nicht von der Welt ... Die Seele ist zwar vom Leibe umschlossen, hält aber den Leib zusammen; so werden auch die Christen von der

Welt gleichsam in Gewahrsam gehalten, aber gerade sie halten die Welt zusammen . . . In eine solche Stellung hat Gott sie versetzt, und sie haben nicht das Recht, dieselbe zu verlassen« (Diognetbrief, Kap. 6), so hat ein unbekannter Christ des 2. Jahrhunderts das Weltverhältnis der Gemeinde formuliert. Die Adresse der christlichen Botschaft war an die Welt in ihrer ganzen Weite und Breite gerichtet; immer wurde die Begegnung und die kritische Auseinandersetzung mit der Welt gesucht. Das muß im Wesen des Evangeliums und des christlichen Glaubens liegen, daß sie sich nicht auf einen religiösen Privatbereich einengen lassen, sondern auch das weltliche Denken und Handeln des Menschen prägen. – Was aber, wenn es zu solcher kritischen Begegnung und Auseinandersetzung nicht mehr kommt? Wenn der Widerspruch der Welt gegen das Christentum nicht mehr laut wird, wenn man von der Kirche im Grunde gar nichts mehr erwartet, sie einfach uninteressant findet? Solche Gleichgültigkeit ist für die Kirche wesentlich schlimmer als der offene Kampf. Dann sollte man nicht die großen Lamentationen anstimmen, sondern eher das Wort Jesu überdenken: »Wenn aber das Salz salzlos wird, womit würzt ihr es dann« (Mk 9,50)? Wenn es zu einer kritischen Auseinandersetzung mit der Welt nicht mehr kommt, dann sind in erster Linie die Kirchen gefragt, ob sie in ihrem Leben und Handeln nicht »salzlos« geworden sind, fade und geschmacklos, daß man sich dafür nicht mehr interessiert.

Man hat die Aussage von 16,12–15 in der Vergangenheit gern dazu herangezogen, um mit ihr die kirchliche Dogmenbildung und Lehrentwicklung verständlich zu machen oder auch sie biblisch zu legitimieren. Das war nicht ganz unberechtigt, bedarf aber doch einer genaueren Verständigung. Der johanneische Text »Noch vieles hätte ich euch zu sagen, aber ihr könnt es jetzt noch nicht tragen . . .« (V. 12) gibt zu mancherlei Mißverständnissen Anlaß. Es sieht so aus, als hätte Jesus vor Ostern und Pfingsten noch eine Reihe von einzelnen inhaltlichen Aussagen, von »Sätzen« zurückhalten wollen, weil ihm die Fassungskraft der Jünger noch nicht genügend kräftig zu sein schien. Später hätte dann der Heilige Geist diese vorenthaltenen Aussagen gleichzeitig mit einem neuen Fassungsvermögen gebracht, und sie dann der Kirche in Gestalt der Dogmen vermittelt. Darum geht es in dem Text aber nicht. Die Wendung »vieles« (griechisch *pollá*, Plural) will ohne Zweifel global verstanden sein. Sie kennzeichnet nicht eine Vielzahl einzelner Sätze und Dogmen, sondern in schwebender, vieldeutiger Ausdrucksweise das Verstehens-Problem als solches. In der unmittelbaren »historischen« Gegenwart, so meint das Johannesevangelium, haben die Jünger die Jesus-Offenbarung immer nur bruchstückhaft, ansatzweise verstanden, aber nicht in ihrer umfassenden Fülle; das letztere ist nur möglich mit Hilfe des Geistes. Der Zusammenhang weist ausdrücklich darauf hin, daß der Geist nach Ostern keine inhaltliche neue Wahrheit bringen wird; er wird Jesus und seine Botschaft zu Ehren bringen, keine andere. – Es ist auch klar, daß mit der »ganzen Wahrheit« nicht ein System von Lehrsätzen gemeint sein kann, keine Sammlung von Glaubensartikeln. Für Johannes ist Jesus die Offenbarung, die Wahrheit schlechthin. Es ist bezeichnend, daß das Johannesevangelium den Begriff »Wahrheit« nur im Singular kennt, es gibt da keine Mehrzahl von »Glaubens-Wahrheiten«. Diese eine und einzigartige Wahrheit ist aber in Jesus Christus in umfassender Totalität gegeben: »Denn aus seiner Fülle haben wir alle empfangen, Gnade über Gnade; denn das Gesetz ist durch Mose gegeben, die Gnade und die Wahrheit aber hat sich durch Jesus Christus ereignet«, heißt es im Prolog (1,17). Die Fülle der Wahrheit begegnet in Jesus Christus. Als solche bedarf sie keiner Zusätze.

Bedenkt man die johanneische Aussage eingehender, dann sieht man, daß die Frage der Dogmen und der Dogmen-Entwicklung doch auf einer anderen Ebene steht. Für die eschatologische Wahrheit in ihrer Fülle gibt es seit ihrer Ereignung in Jesus von Nazaret keine »Entwicklung« mehr. Das heißt aber keineswegs, wie Vers 13 sagt, daß der Glaube nicht immer neu der »Einführung in die ganze Wahrheit« bedarf!

Hier ist eine interessante Beobachtung mitzuteilen. Während es nach dem griechischen Text heißt »er wird euch in die ganze Wahrheit hineinführen« (*hodegései hymàs eis tèn alétheian pàsan*), hat die lateinische Übersetzung der Vulgata »er wird euch alle Wahrheit lehren« (*docebit vos omnem veritatem*). Diese Fassung wurde in der lateinisch-römischen Tradition dann im Sinne eines »Lehramtes« verstanden. Es ist aber ein beträchtlicher Unterschied, ob von »Einführung in die ganze Wahrheit« die Rede ist, oder ob es heißt: »er wird euch alle Wahrheit lehren«.

Obwohl in Jesus Christus die ganze Wahrheit als solche vorgegeben ist, gibt es doch in der Glaubensgeschichte ein immer neues Verstehen dieser Wahrheit und damit auch die Notwendigkeit, diese Wahrheit fortgesetzt zu erschließen, sie auszulegen. Die Dogmen haben ihre Bedeutung nun genau auf dieser Ebene der Erschließung, der Interpretation. Sie können die Christus-Offenbarung niemals ersetzen, und schon gar nicht mit ihr konkurrieren. Als sprachliche Äußerungen haben sie auch die Form von Sätzen, die aber stets nur einen bestimmten Aspekt der Wahrheits-Fülle erfassen und aussagen können. Die Wahrheits-Fülle bleibt allen Dogmen überlegen, und deshalb bleiben diese auch immer relativ und überholbar. Auch können Dogmen im Lauf der Geschichte veralten und Änderungen, Neuformulierungen notwendig machen.

Dabei darf freilich die Gefahr nicht übersehen werden, die im Lauf der Kirchengeschichte dann auch eingetreten ist, daß in der amtskirchlichen Lehrverkündigung die Dogmen oft viel wichtiger wurden als die Christus-Offenbarung in ihrer biblischen Gestalt, auf die sie doch ständig angewiesen sind. Nach Johannes kann man im Grunde mit wenigen, zentralen Formulierungen ein gläubiger Christ sein. Es genügt das Bekenntnis zu dem Offenbarer Jesus Christus, der nicht bloß eine Teilwahrheit neben anderen, sondern die ganze Wahrheit des Christentums verkörpert, und es genügen Glauben und Liebe. Es kommt auf die Wahrheit in ihrer Totalität und Fülle an, nicht auf die einzelnen Glaubensaussagen in ihrer Vielfältigkeit. Aber im Blick auf das Wahrheits-Ganze kann man die Vielzahl der verschiedenen Glaubensaussagen auch verstehen und gelten lassen; an ihnen hängt jedoch nicht das Heil. Das Heil ist eine »totale«, einheitliche und einzigartige Größe; in der Rückführung des Evangeliums auf seine fundamentalen, einfachen Grundstrukturen kommt auch der Glaubende zu jener Einheit seiner selbst, zu jener Identität im Glauben, die mit dem Begriff des Heils gemeint ist. Man kann also durchaus dafür eintreten, daß es in der endlich-geschichtlichen Welt des Menschen eine Vielzahl verschiedener Sätze und Interpretationen des christlichen Glaubens geben kann, eine legitime Pluralität von Auslegungen des Christlichen, die aber in ihrem Rückbezug auf die ursprüngliche Ganzheit und Fülle zu sehen sind und nur von daher ihren Sinn erhalten.

Noch ein letzter Gesichtspunkt sei erwähnt: Der Geist wird das Zukünftige ansagen, er begründet in der Gemeinde Jesu ein »prophetisches Charisma«. Das Urchristentum kennt das Wiedererwachen der Prophetie. Es gab in den frühchristlichen Gemeinden Propheten und Prophetinnen.[121] Als Propheten gelten geisterfüllte Männer und Frauen, die über das Wort verfügen. Man nimmt auch an, daß häufig prophetische Charismatiker in den Anfängen mit die wichtigsten Führungskräfte in den Gemeinden waren, bis ihre Stellung dann mehr und mehr vom institutionalisierten Amtsträger, von den Presbytern und dem Bischof, übernommen wurde. Wahrscheinlich war es eine Hauptaufgabe der neutestamentlichen Propheten, die Jesus-Botschaft und Jesus-Tradition den anderen zu erklären und sie auf neue Verhältnisse hin auszulegen. Man wird zwischen dem »Propheten« und dem »Lehrer« wohl keine zu großen Unterschiede machen dürfen. Das klassische Beispiel einer solchen prophetischen Neu-Interpretation der Jesus-Botschaft ist das Johannes-Evangelium. Was hat »Johannes«, der Verfasser dieses Evangeliums, denn getan? Er hat nicht bloß die alte, ihm zugängliche Überlieferung gesammelt und geordnet, sondern er hat es gewagt, die Jesus-Botschaft in einer ganz neuen Sprache, in völlig neuen Begriffen und Wörtern zu verkündigen, in Begriffen, die seinen Hörern geläufig waren, so daß sie die Botschaft verstehen und sich aneignen konnten. Auf diese Weise hat er die Jesus-Botschaft vor allem in der hellenistischen Welt heimisch gemacht. Gebildete Griechen, die zum Christentum stießen, wie ein Justin, Clemens von Alexandrien und Origenes, waren von der Lehre dieses Evangelisten ganz besonders angetan.

Damit hat Johannes für seine Epoche eine Aufgabe bewältigt, die sich in ähnlicher Weise zu allen Zeiten neu stellt. Seine Vorbildlichkeit liegt also nicht bloß im Inhaltlichen, daß er als »inspirierter Autor« die Christus-Botschaft vollmächtig verkündet, sondern vor allem auch darin, wie er das getan hat: nämlich in einer unerhörten geistigen Freiheit und Souveränität. Prophetie löst offenbar die christliche Botschaft aus den Fesseln und Verkrustungen eines lähmenden Traditionalismus. Ihre Aufgabe besteht vor allem darin, die christliche Botschaft mit der eigenen Zeit, mit ihren Erfahrungen und Aufgaben in Verbindung zu bringen, und sie für die Menschen »je heute« zu erschließen. Wenn die Botschaft lebendig bleiben oder es wieder werden soll, dann bedarf die Kirche zu allen Zeiten, und ganz besonders heute, der vollmächtigen, geisterfüllten Prophetie. – Es ist selbstverständlich, daß die Prophetie nicht einfach mit der Theologie gleichgesetzt werden darf, obschon man annehmen möchte, daß jede lebendige Theologie ein prophetisches Element enthält. Der prophetische Geist ist aber im allgemeinen an kein Amt gebunden, man denke etwa an Männer wie Kierkegaard oder Reinhold Schneider, sondern ein »freier Geist«, der sich den oft schmerzlichen Erfahrungen seiner eigenen Zeit und Welt aussetzt. Zur echten Prophetie gehört vor allem ein Moment, das heute oft verdächtigt wird, nämlich der Bezug zum »Kairos«, das Eingehen auf den »Geist der Zeit«, auf die nicht wiederholbare Forderung der gegenwärtigen Stunde. Der prophetische Geist wagt es, das Evangelium mit dem Geist der Zeit in Berührung zu bringen, sei es in einer kritischen oder in einer helfenden Weise. Denn ohne daß das Samenkorn des Wortes in den Acker der Zeit gestreut wird, kann es keine Frucht bringen. So wird der prophetische Geist sowohl vom Evangelium, von dem lebendigen Wort Gottes umgetrieben, als auch von den Erwartungen, Strömungen und Auffassungen seiner Zeit, was ihn oft in die mißliche Situation bringen kann, weder von den »Frommen« noch von den übrigen Zeitgenossen richtig verstanden zu werden. Man muß also damit rechnen, daß der prophetische Geist, ähnlich wie schon die alttestamentlichen Propheten, unter dem Zeichen einer radikalen Kritik auftritt; gehört es doch zu seiner Aufgabe, den Widerspruch zwischen der Botschaft und der kläglichen Wirklichkeit in Kirche und Welt aufzudecken.

5. Verheissung der Wiederkunft Jesu (16,16–22)

16 *Noch kurze Zeit, dann seht ihr mich nicht mehr; und*
wieder eine kurze Zeit, dann werdet ihr mich sehen!
17 *Da sprachen einige von seinen Jüngern untereinander:*
Was heißt das, was er zu uns sagt: Noch kurze Zeit, dann
seht ihr mich nicht mehr, und wieder eine kurze Zeit, dann
werdet ihr mich sehen? Und: Ich gehe zum Vater? 18 *Sie*
sagten nun: Was ist das, was er »eine kurze Zeit« nennt?
Wir verstehen nicht, was er redet.
19 *Da erkannte Jesus, daß sie ihn fragen wollten, und sprach*
zu ihnen: Darüber verhandelt ihr miteinander, daß ich
sagte: Noch kurze Zeit, dann seht ihr mich nicht mehr, und
wieder eine kurze Zeit, dann werdet ihr mich sehen?
20 *Amen, Amen ich sage euch, ihr werdet weinen und*

klagen, die Welt aber wird sich freuen; ihr werdet trauern, aber eure Trauer wird sich in Freude verwandeln. [21] *Wenn eine Frau gebären soll, erfährt sie Leid, weil ihre Stunde gekommen ist; hat sie aber das Kind geboren, dann denkt sie nicht mehr an die Beklemmung, vor Freude, daß ein Menschenkind zur Welt gekommen ist.* [22] *So habt auch ihr jetzt Leid; aber ich werde euch wiedersehen, und euer Herz wird sich freuen, und eure Freude wird euch niemand nehmen.*

Zur Exegese

Das Thema der Neu-Interpretation der urchristlichen Parusie-Erwartung wurde schon wiederholt erwähnt;[122] es wird auch hier wieder aufgenommen. Der Text zeigt uns, wie dringlich das Problem der »Parusie-Verzögerung« gegen Ende des ersten Jahrhunderts in der Kirche tatsächlich gewesen sein muß: »Den chaotischen Zustand des Übergangs vom urchristlich-apostolischen zum frühkatholischen Christentum hat das damalige christliche Bewußtsein als eine gefährliche Krise erlebt, in der das vom Ursprung her überlieferte Glaubensgut und damit die Kirche vom Zerfall bedroht wurde.«[123] Mag diese Formulierung den Tatbestand auch überspitzt ausdrücken, daß der Übergang eine echte Krise bedeutet hat, ist kaum zu bezweifeln. Entscheidend ist auch hier, daß Johannes das Problem der Naherwartung von seinem christologischen Ansatz her zu lösen sucht. Seine Antwort ist ganz und gar vom Gedanken des in Jesus Christus bereits verwirklichten Endheils her bestimmt, vom Gedanken der Heils-Gegenwart her, die als »eschatologische Gegenwart« zugleich die »eschatologische Zukunft« in sich schließt. Dieser theologische Ansatz liegt bei Johannes im »Kerygma« von Kreuz und Auferstehung, oder der »Erhöhung und Verherrlichung Christi«.[124] Er ermöglichte es ihm, den Gedanken der »Wiederkunft Christi« festzuhalten und ihm einen neuen Sinn zu geben.

Wir verstehen den Abschnitt 16,16–22 nur dann richtig, wenn wir ihn als johanneische Interpretation ernst nehmen und auf jeden Versuch, ihn auf den irdischen Jesus zurückzuführen, verzichten. Eine Zurückführung auf Jesus kann hier nur eine sachlich-theologische Bedeutung haben, nämlich so, daß der Glaube an den erhöhten und verherrlichten Christus auch die Möglichkeit eines neuen Verstehens der Wiederkunft Christi anbot.
Der Text beginnt in Vers 16 mit einer rätselhaften Aussage Jesu: »Noch kurze Zeit, dann seht ihr mich nicht mehr; und wieder eine kurze Zeit, dann seht ihr mich wieder . . .«; es geht um die »kleine Weile«. Johannes liebt diese rätselhafte, häufig auch doppelsinnige Ausdrucksweise, weil er damit seine Leser auf bestimmte Probleme bringen kann, die ihm wichtig erscheinen. Die Doppeldeutigkeit steht, wie in unserem Fall, häufig in Verbindung mit dem Stilmittel der »Mißverständnisse«. Es geht Johannes darum, seine Leser zum neuen, tieferen Verständnis einer bekannten Sache zu führen, hier also der Wiederkunft Christi. Traditionell hatte man sich die Wiederkunft Jesu als ein »Wiedersehen« gedacht, als Hoffnung auf das »Schauen« des erhöhten, himmlischen Jesus Christus, der in göttlicher Macht und Herrlichkeit kommen wird. In 1 Thess 4,13–18 hat Paulus diese Vorstellung sehr plastisch und dramatisch beschrieben (vgl. auch Phil 4,20f.). Nicht so dramatisch, aber in der Sache ähnlich heißt es im ersten Johannesbrief: »Liebe Brüder, jetzt sind wir Kinder Gottes, aber was wir sein werden, ist noch nicht offenbar geworden. Wir wissen, daß wir ihm ähnlich sein werden, wenn er offenbar wird; denn wir werden ihn sehen, wie er ist« (1 Joh 3,2). Möglicherweise handelt es sich hier um eine Ergänzung, wenn nicht um eine Korrektur der im Johannesevangelium vertretenen Auffassung. Diese Tradition war also dem Johannes vorgegeben, so daß wir das Interpretationsverfahren, das er angewendet hat, noch gut nachvollziehen können. Die Wendung »noch eine kurze Zeit« nimmt den Sprachgebrauch der Naherwartung auf

(vgl. Offb 22,20: »Es spricht, der dies bezeugt: Ja, ich komme bald. Amen, Komm, Herr Jesus!«) und legt ihn zugleich völlig neu aus: Es ist nur noch eine kurze Zeit, bis Jesus endgültig fortgeht, nämlich in sein Leiden und in seinen Tod; und eine kurze Zeit bis zum Wiedersehen, wobei zunächst im Sinn des Evangelisten an Ostern und die Ostererscheinungen zu denken ist. Da beides nicht direkt erwähnt, sondern offenbar bewußt ausgeklammert wird, verfolgt der Evangelist darüber hinaus wohl eine grundsätzliche Absicht. Die »Terminfrage« bleibt auch bei ihm – wie in der gesamten neutestamentlichen Literatur – völlig offen.
Das Jünger-Mißverständnis (V. 17–18) unterstreicht nochmals das Problem, auf das Johannes antworten will. Dabei fällt auf, daß nicht nur das »Wiedersehen« mißverstanden und von den Jüngern diskutiert wird – »Sie wenden sich nicht direkt an Jesus; sie sind gleichsam schon von ihm verlassen«[125] –, sondern auch die Wendung »ich gehe zum Vater« mit zur Debatte steht. Es geht also wieder um den ganzen Komplex des »Fortgehens Jesu« und dessen Bedeutung für die Jünger-Gemeinde. Zugleich liegt darin ein Hinweis des Evangelisten darauf, daß die beiden Momente des »Wiedersehens« und des »Fortgehens zum Vater« sachlich zusammenhängen. Darin wird deutlich, daß er das »Wiedersehen« mit Ostern verknüpft.
Jesu Antwort (V. 19–22) erläutert den Sinn der zunächst völlig dunklen Rede. Der Tadel des Jüngermißverständnisses (V. 19) ist konventioneller Stil. Vers 20 bezieht sich auf die unmittelbar bevorstehende Situation des Todes Jesu und den dadurch bedingten Zustand der Abwesenheit Jesu. Der Tod Jesu betrifft auch die Situation der Jünger, die eben durch seine Abwesenheit gekennzeichnet ist, dadurch, daß die Gemeinde in der Welt ohne äußeren Rückhalt an Jesus dasteht, so daß sie der Anfechtung, der Trauer und der Klage, der Bedrängnis und der Verwirrung ausgesetzt ist (vgl. 16,4b–6). Johannes sieht die Situation der Jünger beim Tod Jesu und die der Gemeinde gleichsam mit

einem Blick. Mit dieser Situation wird die Gemeinde stets zu rechnen haben, mit ihr wird sie immer neu sich zurechtfinden müssen. Zumal sie dem merkwürdigen Phänomen der »Freude der ungläubigen Welt« begegnet: »Die Welt aber wird sich freuen«, weil sie den ihr so unbequemen Offenbarer Gottes besiegt und endgültig erledigt zu haben meint. Es gibt jenes Überlegenheitsgefühl der »Welt« gegenüber dem Glauben, das diesen mitleidig von oben herunter belächelt und ihn mehr oder weniger mit Dummheit oder mangelnder Aufgeklärtheit gleichsetzt. Auch damit muß der Glaube rechnen und fertig zu werden suchen. Aber, und das ist schließlich entscheidend: der Glaube ist mit dieser Anfechtung nicht allein gelassen, es gibt eine Verheißung, mit der man nicht rechnen konnte: »Eure Trauer wird sich in Freude verwandeln« (vgl. 20,20: »Da freuten sich die Jünger, als sie den Herrn sahen«). Gewiß, Anfechtung, Bedrängnis und Trauer sind für die Glaubenden Gegebenheiten, die zu ihrem »Sein in der Welt« gehören und mit denen sie immer rechnen müssen. Aber sie haben in dieser Situation die Verheißung, daß die Trauer sich in Freude wandeln wird.

Der Vergleich der Jünger-Situation (V. 21) mit der Situation einer Frau in Geburtswehen, die vor der Geburt des Kindes »Leid«, oder richtiger Schmerzen empfindet, aber nach der Geburt über das neugeborene Kind sich freut, knüpft zwar an eine allgemein menschliche Erfahrung an, dürfte aber in diesem Fall doch besondere Bedeutung haben. Für Johannes sind Kreuz und Auferstehung Christi als messianisches Heilsgeschehen die Wende der Äonen. Darüber hinaus kennt das Judentum die Bezeichnung »die messianischen Wehen« für die Drangsalszeit unmittelbar vor dem Ende. Ein Spruch des Rabbi Jizchak (um 300 n. Chr.) lautet: »In dem Jahre, in welchem sich der König, der Messias, offenbaren wird, werden alle Könige der Völker der Welt sich widereinander (zum Kampf) erregen . . . Und alle Völker der Welt geraten in Bestürzung und Verwirrung, sie fallen auf ihr Angesicht, *und Wehen gleich den Wehen einer Gebären-*

den ergreifen sie. Auch die Israeliten geraten in Bestürzung und Verwirrung und sagen: Wohin sollen wir gehen und wohin sollen wir kommen? Dann wird Gott zu ihnen sagen: Meine Kinder, fürchtet euch nicht; alles, was ich getan habe, habe ich nur euretwegen getan. Warum fürchtet ihr euch? Fürchtet euch nicht; da ist die Zeit eurer Erlösung«.[126] In diesem rabbinischen Spruch werden die Israeliten ähnlich angesprochen und getröstet wie bei Johannes die Jünger. Es dürfte so sein, daß Johannes diesen Gedanken der »messianischen Wehen« aufnimmt, ihn aber zugleich christologisch interpretiert: Die Zeit der Trauer und der Bedrängnis wird jetzt im Hinblick auf Passion und Kreuz Jesu verstanden, und die eschatologische Freude fängt mit Ostern an. So ist auch für die Jünger die »Jetzt-Zeit« eine Zeit der Trauer (V. 22). Ihre Welt-Erfahrung wird von der Passion Christi her verstanden.

Dann aber folgt die Verheißung: »Ich aber werde euch wiedersehen, und euer Herz wird sich freuen, und eure Freude wird euch niemand nehmen.« Hier fällt zunächst auf, daß Jesus selbst auslösendes Subjekt des Wiedersehens ist, während nach Vers 16 es um das Wiedersehen der Jünger ging. Das mit der Naherwartung und dem Wiedersehen Jesu verknüpfte Problem läßt sich nach Johannes nicht von den Jüngern her beantworten, sondern nur von Jesus selbst her. »Zeit und Stunde« liegen hier, anders als bei den Synoptikern, ganz in der Vollmacht Jesu; Jesus kommt, wann er kommen will; er läßt sich sehen, wann er will; er bestimmt den »Zeitpunkt« und die Weise seiner Gegenwart, seines »Erscheinens«. Auch im Hinblick auf die »Parusie« kann die Gemeinde nicht über Jesus verfügen. Wenn Johannes nun Parusie und Ostern miteinander verknüpft, dann ändert dies an der grundsätzlichen Sachlage nichts; denn gerade das Erscheinen des Auferstandenen liegt in der souveränen Freiheit Jesu, in seiner göttlichen Initiative. Doch wird der Gemeinde das Wieder-Erscheinen Jesu verheißen.

Jesus wird die Seinen nicht im Stich lassen; er wird sie

wiedersehen. Mit diesem »Wiedersehen« ist dann auch für sie die Erfahrung der vollkommenen und durch keine Macht der Welt zu beendenden Freude verbunden. Wenn das »Herz« sich freut, dann freut sich der ganze Mensch von seinem innersten Grund her. Und wenn die Freude nicht genommen werden kann, dann handelt es sich um die niemals endende, »ewige« eschatologische Freude. In dieser Freude wird dann auch alle Bedrängnis, alle Anfechtung und Verwirrung zunichte. Damit ist gesagt, was die Wiederkehr Jesu für die Gemeinde bedeutet. Nach Johannes gibt es seit Ostern diese Erfahrung der »Wiederkehr Jesu«. In seiner großangelegten Zusammenschau bilden Ostern, Pfingsten und Parusie eine ineinandergreifende Einheit, es handelt sich um verschiedene Momente oder Aspekte des »Erscheinens und Wiederkommens« Jesu bei den Seinen.

Nach R. Bultmann hätte der Evangelist »die urchristlichen Anschauungen und Hoffnungen benützt, um die Stadien zu bezeichnen, durch die das Leben des Glaubenden hindurchgehen muß, an denen es auch scheitern kann«.[127] Das ist zwar nicht falsch, muß aber etwas modifizierter gesehen werden. Johannes mußte zunächst mit einem Problem fertig werden, das ihn und seine Gemeinde bewegte, dem Problem der »Parusie-Verzögerung«. Er hat es von der christologischen Mitte her zu Ende gedacht: Kreuz und Auferstehung sind für ihn die Äonen-Wende, so daß von daher auch die »messianischen Wehen« eine neue Beurteilung erfahren. Die Jünger stehen schon in der eschatologischen Drangsalszeit, und diese wird zum Strukturmoment des Glaubens in der Welt. Aber im Glauben an den Auferstandenen, in der Verkündigung, in Hoffnung und Freude erfahren sie zugleich die befreiende, erlösende Wiederkehr Jesu, die als je neue Ankunft des Erhöhten in der Gemeinde die Gegenwart der Gemeinde bestimmt.

Zur Meditation

Das Problem, das mit den Begriffen der »Naherwartung« und der »Parusieverzögerung« angesprochen wird, fand früher in der katholischen Theologie kaum Beachtung. Hier hat erst die moderne Exegese gelehrt, die Problemlage wahrzunehmen und sie kritisch zu reflektieren.[128] Das Haupthindernis früher war die dogmatische Interpretation des Wissens Jesu als Teilhabe an der göttlichen Allwissenheit selbst. Nach diesem dogmatischen Postulat war es dann auch freilich unmöglich, dem Bewußtsein des irdischen Jesus eine Entwicklung zuzuschreiben, oder gar einen Irrtum Jesu zu behaupten. Man war vielmehr der Meinung, daß in diesem Fall, wenn Jesus tatsächlich sich ein einziges Mal geirrt hätte, die Glaubwürdigkeit der ganzen neutestamentlichen Gottes-Offenbarung hinfällig würde. Noch in diesem Jahrhundert haben sich namhafte Theologen, unter anderen auch K. Rahner, damit herumgequält, durch äußerst verwickelte Interpretationen des »Wissens Jesu« spekulativ mit dem Problem fertig zu werden. In der Exegese geht man inzwischen aufgrund bestimmter Texte davon aus, daß Jesus das baldige Kommen der Gottesherrschaft erwartet und verkündet hat. Nachdem das in Mk 9,1 überlieferte Jesuswort: »Amen, ich sage euch: Von denen, die hier stehen, werden einige nicht sterben, bis sie gesehen haben, daß das Reich Gottes in seiner ganzen Macht gekommen ist«, von vielen Exegeten heute als authentisches Jesuswort betrachtet wird, ist auch die Schlußfolgerung weitgehend akzeptiert, daß der irdische Jesus sich im Hinblick auf das baldige Kommen des Reiches Gottes geirrt hat. So wenigstens wird der moderne Leser urteilen. Genau dasselbe gilt dann auch für die nachösterliche Gemeinde, wenn sie, wie das bei Paulus eindeutig der Fall gewesen ist (vgl. 1 Thess 4,13–18; 1 Kor 15) in Bälde die Wiederkunft Christi, die Parusie Jesu als des himmlischen Menschensohnes, erwartet hat. Auch die Gemeinde hat sich hier geirrt. Die kritische Auseinandersetzung mit dem

Problem der Parusie-Verzögerung wird schon in den neutestamentlichen Schriften greifbar. In gewisser Hinsicht haben alle Großevangelisten Mattäus, Lukas und Johannes ihre Evangelien auch (*natürlich nicht nur!*) als eine Antwort auf diese Frage verstanden. Die schriftliche Festlegung der Jesus-Überlieferung ist bereits ein Zeichen dafür, daß man begonnen hat, sich von einer kurzfristigen auf eine langfristige Erwartung umzustellen. Das bedeutet aber, daß man den Irrtum der Naherwartung als solchen anerkennt und das tut, was man auch sonst bei Irrtümern zu tun pflegt, nämlich daß man sie offen oder stillschweigend korrigiert. Genau das haben die Evangelisten auch getan, woraus hervorgeht, daß sie bei aller Anerkennung der göttlichen Autorität Jesu diesen nicht so dogmatisch starr verstanden haben wie spätere Zeiten. Der »Irrtum Jesu« war für sie keine Beeinträchtigung seiner göttlichen Autorität. Das besagt nun auch, daß man in diesem Irrtum Jesu und der Urgemeinde keinen gravierenden, prinzipiellen Einwand gegen die Christusbotschaft gesehen hat.
Dafür war es eine Hilfe, daß weder in der Botschaft Jesu noch in der nachösterlichen Verkündigung der Gemeinde mit der Naherwartung eine Festlegung auf einen bestimmten Termin verbunden war. Es wurde kein Datum festgelegt, an das die Gemeinde gebunden gewesen wäre. Auf diese Weise war man vor zusätzlichen Schwierigkeiten bewahrt. Im übrigen ist es bezeichnend, daß das Problem der Naherwartung später hauptsächlich dort zu unüberwindlichen Schwierigkeiten führte, wo man die Christologie in ein widerspruchsfreies theologisches System zu bringen suchte. In Wirklichkeit ist die Naherwartung ein Zeichen für die radikale Offenheit und Unverfügbarkeit der eschatologischen Zukunft, ebenso ein Zeichen für den wahrhaft geschichtlichen Charakter der christlichen Verkündigung.
Hinzu kommt, daß die Gemeinde sich immer stärker *an das Gekommensein Jesu Christi* gebunden wußte; daran hatte sie einen starken Rückhalt und war nicht mehr nur auf die Zukunft

allein angewiesen. Oder anders gesagt: auch die Zukunft der Gottesherrschaft trug jetzt, wie die Erwartung der Wiederkunft Christi zeigt, die Züge des Menschensohnes Jesus von Nazaret. Jetzt geht es um das Kommen Christi, und wir haben gesehen, wie Johannes dieses Kommen versteht, nämlich als Kommen durch den Geist, im Wort, im Gottesdienst der Gemeinde usw. Dieses Kommen ist es, das die Gemeinde lebendig macht. Ein anderer Gesichtspunkt sei noch erwähnt. Seit Nietzsche spricht man vom »Tod Gottes« oder davon, daß wir in einem Zeitalter der »Abwesenheit Gottes« lebten. Zeitweilig wurde auch die »Gott-ist-tot-Theologie« proklamiert, die jetzt wieder etwas zurückgegangen zu sein scheint, ohne daß man ihr Grundanliegen schon genauer durchdacht hätte. Es ist merkwürdig, daß in diesem Zusammenhang niemals das von Johannes artikulierte Problem der »Abwesenheit Jesu« zur Sprache gekommen ist, obgleich darin ein entscheidendes Problem der Gemeinde, und des Glaubens überhaupt, liegt. Abwesenheit Gottes und Abwesenheit Jesu liegen auf derselben Linie, und auf der anderen Seite ist die Erfahrung einer Präsenz Jesu auch das Signal für eine neue Präsenz Gottes. Wenn es richtig ist, daß die Verkündigung des Evangeliums in seiner ganzen Fülle die Erfahrung der Gegenwart Jesu vermitteln kann, dann müßte man diesem Umstand doch die größte Bedeutung beimessen. Das »Erscheinen« oder »Wiederkommen Jesu« hat für den Glauben freilich nie den Charakter einer spektakulären Demonstration, einer »Schau«; wenn es stattfindet, dann immer wie auf Taubenflügeln. Es bleibt verhüllt in die Gestalt des Wortes, des Geistes, der Sakramente, des liebenden Engagements der Menschen füreinander. Daher gehören auch Anfechtung und Verwirrung zur Glaubenserfahrung, denn Glauben ist lebendige Bewegung des geschichtlichen Menschen. Darum bleibt auch die Verheißung bestehen: »Eure Trauer wird in Freude verwandelt werden« und »eure Freude wird euch niemand nehmen«. Es gibt eine Reihe von Zeugnissen, etwa aus dem Widerstand gegen den Nationalsozialismus, wo

Menschen im Angesicht äußerster Not und Bedrängnis, unmittelbar vor ihrem Henkerstod bekundet haben, wie sehr sie von der »Freude des Herrn« erfüllt waren.
Eine der schönsten Meditationen über den Text 16,16–22 hat die Dichterin Annette von Droste-Hülshoff in dem Zyklus »Das geistliche Jahr« zum »dritten Sonntag nach Ostern« verfaßt, worin sie die moderne Erfahrung der Abwesenheit Gottes und die Erfahrung seiner gnadenhaften Wiederkehr beschreibt.[129] Die beiden letzten Strophen des Gedichts lauten:

Auf Bergeshöhn
Stand ein Prophet und suchte dich wie ich:
Da brach ein Sturm der Riesenfichte Ast,
Da fraß ein Feuer durch die Wipfel sich;
Doch unerschüttert stand der Wüste Gast.
Da hats geweht
Wie Gnadenhauch, und zitternd überwunden
Sank der Prophet
Und weinte laut und hatte dich gefunden.

Hat denn dein Hauch
Verkündet mir, was sich im Sturme barg,
Was nicht im Blitze sich enträtselt hat,
So will ich harren. Ach, schon wächst mein Sarg,
Der Regen fällt auf meine Schlummerstatt!
Dann wird wie Rauch
Entschwinden eitler Weisheit Nebelschemen,
Dann schau ich auch,
Und meine Freude wird mir niemand nehmen.

6. Die Klarheit des »Tages des Herrn« (16,23–28)

Der Abschnitt gliedert sich in vier Aussagen, die den »eschatologischen Zustand« beschreiben, der für den Glaubenden mit dem Wiederkommen Christi gegeben sein wird. a) Vers 23a: Das Fragen wird enden; b) Vers 23b–24: Erhörungsgewißheit des Gebets im Namen Jesu; c) Vers 25–27: Die Klarheit der glaubenden Existenz; d) Vers 28 bildet gleichsam einen abschließenden »Lehrsatz«, »als Hinweis auf den Hintergrund, auf dem die Reden und Gespräche gesehen werden müssen«.[130]

23a *An jenem Tag werdet ihr mich nichts mehr fragen.*

Der Vers sagt: »An jenem Tag«, das heißt am Tag der Wiederkehr Jesu, wird für die Jünger alles Fragen enden. »Jener Tag« ist apokalyptische Redeweise (vgl. das »*Dies irae, dies illa*« des Requiems). Die Wendung bezeichnet, von alttestamentlicher Tradition herkommend, ursprünglich den »Tag Jahwes«, später den endzeitlichen Gerichtstag.[131] Die neutestamentliche Tradition verbindet mit der Vorstellung vom »Jüngsten Gericht« die Erwartung der Wiederkunft Christi, wobei allerdings die Hoffnung auf die endgültige Rettung und Vollendung der Welt durch das »Kommen Christi in Herrlichkeit« den Gedanken des göttlichen Strafgerichts in den Hintergrund drängt. Diese Akzentsetzung wird später nicht immer durchgehalten, so daß das »Jüngste Gericht« doch wieder stärker in den Vordergrund trat gegenüber der Hoffnung auf das endgültige Kommen des Reiches Gottes und damit des Heils für die ganze Welt. Für die urchristliche Auffassung ist also »jener Tag« der »Tag unseres Herrn Jesus Christus«.[132] Johannes kennt die Wendung aus der Tradition, aber »jener Tag« ist für ihn die »Wiederkunft Christi«, die mit Ostern und Pfingsten beginnt. Auf diese Weise hat Johannes die traditionelle Eschatologie »entmythologisiert«, wobei er freilich nur bestimmte Konsequenzen deutlicher sieht, die im Grunde genommen schon in Jesu Botschaft von der Nähe des Reiches Gottes, aber auch bei Paulus angelegt sind. Durch die neue nachösterliche Weise der Gegenwart Jesu »im Geist« und in der Gemeinde ist »jener Tag« für die Glaubenden bereits Gegenwart. Indem der Evangelist, seiner literarischen Fiktion entsprechend, im Futur redet: »Ihr werdet mich nichts mehr fragen«, spricht er in Wahrheit von dem, was die Glaubenden schon jetzt betrifft.

Worum handelt es sich? Die Aussage (V. 23a) knüpft an das letzte Wort von Vers 22 an: »Und eure Freude wird euch niemand nehmen.« Dort ging es um die eschatologische Freude, die dem Glauben verheißen, ja schon jetzt geschenkt ist. Ob dieser Freude, die das Wesen des eschatologischen Glücks ausmacht, kommt auch alles Fragen an sein Ende, es geht gleichsam in der Freude unter. »Das aber ist eben *die eschatologische Situation*: keine Frage mehr haben! Im Glauben hat die Existenz ihre eindeutige Auslegung erhalten, weil sie nicht mehr von der Welt her ausgelegt wird und damit ihr Rätsel verloren hat.«[133] Bislang hatten die Jünger immer Fragen an Jesus zu richten gehabt (vgl. 14,5.8.22; 16,17f.); es gab Fragen und Mißverständnisse. Dies verweist darauf, daß die Fragen und Mißverständnisse bei Johannes eine prinzipielle Grenze markieren sollen, eben jene Grenze, die die »Welt«, den Kosmos, und damit auch das »welthafte« Verhalten und Denken vom Offenbarer Gottes und von seinen Worten unterscheidet und trennt. In diesem Sinn ist das Fragen das Zeichen des welthaft orientierten Menschen, ein Zeichen seines Umgetriebenseins in der Suche nach seinem wahren Glück. Hört das Fragen auf, dann bedeutet dies, daß der Mensch in jenen Bereich der göttlichen, vollkommenen Wahrheit und der vollendeten Freude eingetreten ist. Was ist das für ein Bereich? Es ist die Dimension der göttlichen Liebe, als deren Zeuge, Offenbarer und Vermittler Jesus erscheint. Diese Liebe hat sich in Jesus erschlossen, zumal in seinem Tod. Dort hat die Äonenwende stattgefunden; seitdem ist das

Eschaton in der Welt präsent; die Wiederkehr Jesu findet immer wieder statt, wo der Mensch im Glauben sich dem Wort Jesu öffnet und sich davon bestimmen läßt. Dann wird er auch die Erfahrung machen dürfen, daß im Glauben eine bestimmte Weise des Fragens an ihr Ende gelangt, im Sinn des berühmten Augustinus-Wortes: »Du selber reizest an, daß dich zu preisen Freude ist; denn geschaffen hast Du uns zu Dir, und ruhelos ist unser Herz, bis daß es seine Ruhe hat in Dir« (»*et inquietum est cor nostrum, donec requiescat* in te«) (Confessiones I,1).

23b *Amen, Amen ich sage euch, wenn ihr den Vater um irgend etwas bitten werdet in meinem Namen, wird er es euch geben.* 24 *Bisher habt ihr noch nichts in meinem Namen erbeten. Bittet, und ihr werdet empfangen, damit eure Freude vollkommen sei.*

Nochmals ist die Rede vom »Gebet im Namen Jesu« (vgl. 14,13–14 und die dort gegebene Auslegung). Auch an dieser Stelle wird dem Gebet die Erhörungsgewißheit zugesprochen. Wenn die Jünger den Vater um irgend etwas »im Namen Jesu« bitten werden, dann wird dieser es ihnen gewiß geben. Mit der Bemerkung »Bis jetzt habt ihr ja noch gar nichts in meinem Namen erbeten«, wird auch das Gebet der Jünger, und damit im Grunde alles christliche Beten, in die neue eschatologische Situation einbezogen. Es nimmt, wie das nachfolgende Abschiedsgebet Jesu (K. 17) bestätigen wird, gleichsam am Gottesverhältnis Jesu teil, und damit auch an der Bestätigung Jesu durch Gott den Vater. Dabei geht es nicht in erster Linie um die psychologischen oder auch »faktischen« Wirkungen des Betens, sondern *um die im Gebet sich ausdrückende Struktur des christlichen Gottesverhältnisses überhaupt.* Nach Johannes kommt die bleibende Offenbarer- und Mittlerfunktion Jesu auch im Gebet zum Ausdruck. Darüber hinaus verweisen die johanneischen Aussagen über das Gebet auf eine Dimension des

Betens, wo gar nicht mehr die besonderen einzelnen »Dinge«, »Gegenstände« oder »Wünsche« des Bittgebets im Vordergrund stehen, wo also das Bitten schon gar nicht als ein »magisches Beschwören der Gottheit« verstanden werden kann, wo es vielmehr zur Teilnahme an einem »göttlichen Gespräch« wird, dem Gespräch zwischen dem Sohn Gottes Jesus und seinem Vater; wo also das völlig zweckfreie Sprechen als solches den Sinn und den Inhalt alles Betens ausmacht. Da ist die Gottesgemeinschaft als solche der Inhalt des Betens, oder anders formuliert, da wird das Beten zu jenem Geschehen, bei dem sich in entscheidender Weise die menschliche Gottes-Gemeinschaft verwirklicht. Wo dies der Fall ist, da ist die Frage, was denn beim Beten herauskomme, gar nicht mehr angebracht. Denn auch hier geht es um die vollendete Freude, um das eschatologische Glück. Die Jünger, die da bitten, werden »empfangen«; es ist gar nicht so wichtig, »was« sie denn nun konkret empfangen werden. Entscheidend ist das »daß« der Erhörung, die Gottes-Antwort »Ich bin da« als solche, die dem Beter widerfährt, durch die Freude.

25 *Dies habe ich euch in Bildern gesagt; es kommt die Stunde, da werde ich nicht mehr in Bildern zu euch sprechen, sondern euch ganz offen vom Vater künden.*
26 *An jenem Tag werdet ihr in meinem Namen bitten, und ich sage nicht, daß ich den Vater euretwegen befragen werde;* 27 *denn der Vater selbst liebt euch, weil ihr mich geliebt habt und geglaubt habt, daß ich von Gott ausgegangen bin.*

Das, was jener eschatologische Freudentag der Wiederkehr Jesu bringt und den Jüngern schon jetzt eröffnet, ist die volle Klarheit der glaubenden Existenz und damit verbunden die »Unmittelbarkeit der Jünger zu Gott«.

Die Klarheit, um die es geht, wird angedeutet durch den Gegensatz: Reden in rätselhaften Bildern (griech. *paroimîa*)[134] und einer offenen, unverhüllten, direkten Rede (griech. *parrhesîa*)[135]. Bisher hatte Jesus zu den Jüngern in Bildern geredet. Der griechische Ausdruck *paroimîa* bezeichnet ursprünglich die rhetorische Figur des schlagenden, beispielhaft erhellenden Sprichworts. »Es stellt in kurzer, treffender Form einen Erfahrungssatz der Volksweisheit dar.«[136] Dagegen sind die Bildreden im Johannesevangelium für die Hörer dunkel und unverständlich. Sie rufen auch die Mißverständnisse, von denen uns schon einige begegnet sind, hervor. In 10,6 wird die Einleitung zur Bildrede vom »rechten Hirten« oder von der »Tür« als eine solche verhüllende Bildrede bezeichnet: »Diese Bildrede (*paroimîa*) sprach Jesus zu ihnen; jene aber verstanden nicht, was das, was er sprach, sein soll.« An unserer Stelle wird aber das gesamte Reden Jesu während seines irdischen Daseins als ein dunkles Reden, als rätselhaft, bezeichnet. Dem Evangelisten geht es offenkundig um eine allgemeine Charakteristik der Offenbarungs-Rede Jesu und damit auch um ein Gesamtverständnis des »historischen Jesus« aus seiner Sicht. Bei ihm hat dieses Gesamtverständnis zu einem literarisch-technischen Konstruktionsprinzip seines Evangeliums geführt. Bildet doch dieses Buch weithin eine Zusammenstellung von Bildreden, die mit Hilfe der Mißverständnisse und deren Auflösung durch Jesus entschlüsselt werden. Nach Johannes bringt freilich immer erst der Glaube in Verbindung mit dem Geist das wahre Verständnis dieser Reden: »Der Geist ist es, der lebendig macht, das Fleisch nützt da nichts; die Worte, die ich zu euch gesprochen habe, sind Geist und Leben« (6,63).

Mit Recht wurde darauf hingewiesen, daß die johanneische »dunkle Bildrede« nicht mit den synoptischen Gleichnisreden verwechselt oder zusammengebracht werden darf. Die synoptischen Gleichnisse haben eine andere literarische Form und auch eine ganz andere »didaktische Funktion«. Sie beziehen sich meist auf eine konkrete Situation, die bewußt gemacht und geändert werden soll. Dagegen enthält die johanneische Bildrede ohne Zweifel ein »dualistisches Moment«, das eher an die platonische Denkweise erinnert. So lassen etwa die Bezeichnungen »Brot«, oder »Wasser«, »Licht« und »Hirt« verschiedene Bedeutungen zu; sie können als Symbolwörter gebraucht werden und verweisen dann im johanneischen Kontext auf ein »Lebens-Brot«, »Lebendiges Wasser«, oder auf das »wahre Licht« und den »rechten Hirten«. Die Mehrdeutigkeit einzelner Wörter oder ganzer Aussagen wird vom Evangelisten bewußt eingesetzt.

Die Mißverständnisse verweisen auf den Bereich der Welt und des Unglaubens. Letztlich ist es für Johannes nicht ein Zeichen mangelnder Intelligenz, wenn die Jünger oder die Juden Jesu Wort nicht richtig verstehen, sondern Zeichen des Unglaubens oder einer mangelnden Glaubensbereitschaft. Die »Dunkelheit der Rede« entspricht der unaufgehellten, dem Kosmos und seinen Maßstäben verhafteten menschlichen Existenz. Umgekehrt versteht der Glaube den wahren Sinn der Bildrede, weil er als »eschatologische Existenz« dem Verstehen der eschatologischen Wahrheit der Offenbarung entspricht. In der Stunde der Verherrlichung Jesu und seines Wiederkommens hört die dunkle Bildrede auf und an ihre Stelle tritt die offene Kunde vom Vater.

Der Begriff der *parrhesîa* = die Offenheit, der Freimut, die »Freudigkeit« (so übersetzt M. Luther das Wort), vor allem in Verbindung mit der Rede, umfaßt[137] eine ganze Reihe von Momenten. Ursprünglich bezeichnet er das Recht der freien Rede in der Volksversammlung der antiken Stadt, das nur dem freien, eingeborenen Bürger zustand. Es handelt sich da um einen »politischen Begriff«. In der Apostelgeschichte wird der Freimut der Apostel damit bezeichnet, vor der jüdischen oder heidnischen Öffentlichkeit oder vor den Behörden die Botschaft von Jesus Christus furchtlos zu verkünden.[138] Auch bei Johannes bezieht sich der Begriff weitgehend auf die Öffentlichkeit, vor der Jesus auftritt, aber auch auf die Art, wie Jesus »vor der Welt«

redet, nämlich unbekümmert, frei und offen, ja mitunter anstoßerregend, herausfordernd.[139] So sagt Jesus im Verhör vor dem Hohenpriester Hannas: »Ich habe frei öffentlich geredet vor der Welt. Ich habe allezeit gelehrt in der Synagoge und im Tempel, wo alle Juden zusammenkommen, und ich habe nichts im Verborgenen geredet. Was fragst du mich darum? Frage die, die gehört haben, was ich zu ihnen geredet habe! Denn diese wissen, was ich gesagt habe« (18,20–21). Nach diesem Ausspruch war die Offenheit der Rede Jesu schon immer gegeben. Ein Blick in das Evangelium belehrt auch darüber, daß Jesus vor der jüdischen Öffentlichkeit nichts Wesentliches verschweigt, was den Jüngern erst hinterher gesagt oder als eine Art »Geheimlehre« vermittelt würde! Dementsprechend kann auch die eschatologische Stunde, da Jesus »frei und offen vom Vater Kunde gibt«, inhaltlich nichts Neues mehr bringen; denn vom Vater hat Jesus ja schon immer gesprochen. Damit ist erst recht deutlich, daß es nicht in erster Linie um ein verstandesmäßiges Erfassen der Worte Jesu geht. »Gerade das muß den Jüngern klargemacht werden, daß es des Einsatzes der Existenz bedarf, um diese Worte zu verstehen.«[140] Erst im Engagement des Glaubens wird das Verstehen möglich.

Doch wird man noch einen Schritt weiter gehen müssen. Johannes setzt das »Reden in dunklen Bildern« und das »offene Reden« zeitlich voneinander ab, wobei die »Stunde« oder »jener Tag« die Grenzscheide bildet. Die »Stunde« ist auch hier die »Stunde der Erhöhung und Verherrlichung Jesu«, welche die neue eschatologische Heilsgegenwart Jesu ermöglicht. Wie ein Blick auf das ganze Evangelium zeigt, ist dort das »verhüllte« und das »offene« Reden stets miteinander verbunden, so daß es sich eigentlich gar nicht zeitlich auseinandernehmen läßt. Das heißt wieder, die eigentliche Grenze ist in Wahrheit sachlicher Art. Es handelt sich um ein Nebeneinander oder Miteinander der beiden Redeweisen. Die Klarheit und Offenheit der Rede Jesu wird daher immer nur gewonnen im »Überschritt des Glaubens«, sie ist kein fester Besitz, sondern muß stets neu der »dunklen Rede« abgewonnen werden. Nur in der »Wiederkehr Jesu« kommt es je neu zu solcher Klarheit, gleichsam immer nur im Vorübergehen. So bezeichnet der Gegensatz von »dunkler Rede« und »offener Rede« etwas, womit es der Glaube in der Welt immer zu tun hat. Die zugesagte *parrhesîa*, die Freudigkeit und der Freimut verweisen noch auf etwas anderes, nämlich auf den freien, unbekümmerten und selbstverständlichen Umgang der Jünger mit dem Vater. In der eschatologischen Stunde »jenes Tages« werden die Jünger zwar auch noch »im Namen Jesu« den Vater bitten, aber sie werden dabei der hilfreichen Fürsprache Jesu gar nicht mehr bedürfen! Begründet wird dies mit der Aussage: »Denn der Vater liebt euch, weil ihr mich geliebt habt und geglaubt habt, daß ich von Gott ausgegangen bin« (V. 27). Hier zeigt sich wieder der Gedanke der göttlichen Liebe als der innerste Kern des johanneischen Offenbarungsverständnisses. Durch ihre Verbundenheit mit Jesus in Glauben und Liebe werden die Jünger, genau wie Jesus selbst, »Gegenstand« der Liebe Gottes. Und wenn sie nicht einmal mehr Jesus als Fürsprecher und Mittler beim Vater brauchen, dann ist damit zum Ausdruck gebracht, daß die Bindung des Glaubens an die Person Jesu die Jünger keineswegs in einer »untergeordneten Stellung der Unmündigkeit« beläßt, sondern sie in eine Position der »Gleichberechtigung mit Jesus« einbezieht, in dieselbe Unmittelbarkeit zu Gott wie Jesus selbst. Johannes greift damit einen Gedanken auf, der im Neuen Testament in verschiedener Weise Ausdruck gefunden hat. Die Rede Jesu von Gott als Vater (Abba) hat im Urchristentum offenkundig dazu gedient, den eigenen religiösen Stand im Unterschied zum Judentum und erst recht zum Heidentum als wahre Emanzipation zu begreifen. So sagt etwa Paulus: »Denn ihr alle seid Söhne Gottes durch den Glauben in Christus Jesus. Denn ihr alle, die ihr auf Christus getauft seid, habt Christus (als Kleid) angezogen. Da gilt nicht mehr: Jude oder Grieche, Sklave oder freier Bürger, Mann oder

Frau; denn ihr seid alle Einer in Christus Jesus« (Gal 3,26–28). Und weiter: »Daß ihr aber Söhne seid (erkennt ihr daran): Gott hat den Geist seines Sohnes in unsere Herzen gesandt, und der ruft (in uns): Abba, Vater! So bist du nicht mehr Knecht, sondern Sohn; wenn aber Sohn, dann auch Erbe durch Gott« (Gal 4,6–7; vgl. auch Röm 8,15; Hebr 2,10). Vom freien Zugang zu Gott spricht auch der Epheserbrief: »Durch ihn« – gemeint ist der gekreuzigte und verherrlichte Christus – »haben wir beide in einem Geist Zugang zum Vater. Also seid ihr jetzt nicht mehr Fremdlinge und Staatenlose, sondern Mitbürger zusammen mit den Heiligen, die in Gottes Haus Heimatrecht haben ...« (Eph 2,18–19).
In diesem letzten Text tritt das »politische Moment« deutlich hervor: Die Christen sind Bürger der neuen, eschatologischen Gottesstadt, oder auch die Hausgenossen Gottes, die dort ihre verbürgten Heimat- und Hausrechte haben. Mit der Botschaft Jesu von Gott als Vater war eine neue Gottes-Erfahrung erschlossen, die vor allem durch ein neues Vertrauens- und Liebesverhältnis zu Gott gekennzeichnet war. Man verstand sich als die neue Gottes-Familie, die »familia Dei« als das »Haus« (*oikos*) Gottes, im antiken Sinne einer umgreifenden Lebensgemeinschaft. Darauf verweist vor allem die Tatsache, daß die Glieder der christlichen Gemeinde sich als »Brüder« und »Schwestern« angeredet haben. Die urchristliche Brüderlichkeit ist ein eschatologisches Phänomen; sie ist ohne den Gedanken der Vaterschaft Gottes, wie ihn Jesus verkündet hatte, gar nicht denkbar. Es handelt sich nicht um enthusiastische Schwärmerei, vielmehr ist dieses Selbstverständnis von der Jesus-Überlieferung hergeleitet. In diesem Zusammenhang wurde auch Jesus selbst als der »Erstgeborene unter vielen Brüdern« (Röm 8,29) verstanden. Maria Magdalena bekommt vom auferstandenen Jesus den Auftrag: »*Geh hin zu meinen Brüdern* und sage ihnen: Ich steige hinauf zu meinem Vater und eurem Vater, und zu meinem Gott und eurem Gott« (20,17). Diese Stelle ist um so

bedeutsamer, als Johannes dabei auch den Unterschied zwischen Jesus und den Jüngern herausstellt. Wenn deshalb, wie hier, die Jünger als die »Brüder Jesu« angesprochen werden, dann zeigt dies, daß auch nach dem vierten Evangelium das durch Jesus begründete Gottesverhältnis – bei allem Unterschied – doch zugleich eine neue, brüderliche Verbundenheit zwischen Jesus und den Seinen einschließt. Der Gottessohn Jesus gehört also mit den vielen Brüdern und Gottessöhnen bzw. mit den Gotteskindern[141] zusammen.

28 *Ich bin ausgegangen vom Vater und in die Welt gekommen; ich verlasse die Welt wieder und gehe zum Vater.*

Der letzte Vers faßt die johanneische Offenbarungstheologie in einem lehrhaft anmutenden Kernsatz zusammen, nach Art einer »Kurzformel des Glaubens«. Jesus von Nazaret ist der Offenbarer Gottes, der für kurze Zeit in der Welt erschienen ist, um den Menschen die Wahrheit Gottes zu bringen, und der nach vollbrachtem Heilswerk wieder zum Vater zurückkehrt. Die Formel umgreift in mythologischer Rede das ganze »Gekommensein Jesu«, also im Sinn des Johannesevangeliums die Menschwerdung des Offenbarers, das »Fleischwerden des göttlichen Wortes« (1,14), seine irdische Wirksamkeit sowie seine Passion und Auferstehung (Verherrlichung) als Ganzheit, als einheitlichen »Weg«. An unserer Stelle werden gleichsam nur die beiden Enden der Kette erwähnt. Durch den »Ausgang vom Vater« und die »Heimkehr zum Vater« ist der göttliche Hintergrund bezeichnet, von woher das Wirken Jesu in der Welt theologisch zu verstehen ist. Dieses Wirken ist als »Offenbarung« ein einziges Zeugnis für den Vater, und dieser ist im Zeugnis Jesu gegenwärtig. Doch macht die Tatsache, daß Jesus diese Welt wieder verläßt, seine Gottes-Offenbarung keineswegs wieder rückgängig. Als »eschatologisches Heilsgeschehen« hat das Werk Jesu den Charakter bleibender Endgültigkeit. – Durch ihre bleibende Bindung an das Wort, das Werk und die Person Jesu und durch ihn an Gott, den Vater, bezeugt die Gemeinde, inmitten von Welt und Weltgeschichte existierend, daß ihr Existenzgrund nicht dieser Weltzeit angehört, sondern ganz in dem Gott gründet, den Jesus geoffenbart hat.

Zur Meditation

Kann es das geben, als Mensch keine Fragen mehr zu haben? Würde dies nicht bedeuten, daß man als Mensch tatsächlich am Ende wäre, wenn man aufhört, zu fragen, sei es am Ende der Resignation, wo man überhaupt nichts mehr erwartet, keine Antwort mehr, woher auch immer sie käme; oder umgekehrt am Ende einer absoluten Erfüllung, wo eine überhelle Klarheit das Rätsel des Daseins auflösen und alle Fragen beantworten würde. In der Tat macht es das Wesen des Menschen aus, fragen zu können, und zwar »nach allem, was es gibt«. In Frage und Antwort erfolgt der Umgang des Menschen mit der gesamten Wirklichkeit.[142] Freilich geht es hier nicht um die unzähligen »Einzelfragen«, die der Mensch stellen kann, sondern um die eine Grundfrage des Menschen nach sich selbst, nach dem Sinn seiner Existenz. Nach theologischem Verständnis ist darin aber stets schon die Frage des Menschen nach Gott mitgestellt. Es geht um das augustinische »Zur Frage bin ich mir selbst geworden« (*quaestio mihi factus sum*). Diese menschliche Fragwürdigkeit ist so radikal, daß man ihr weder entrissen werden, noch sie beliebig abtun oder vorschnell beantworten kann. Es ist vielmehr die Frage, mit der man buchstäblich »leben muß«. Man kann sie allenfalls zeitweilig verdrängen, sie mit einer vorgetäuschten Sicherheit überspielen. Doch bricht sie von Mal zu Mal immer wieder durch. Kaum jemand hat diese Fragwürdigkeit des Menschen so klar und unerbittlich formuliert wie Blaise Pascal (1623–1662):

»Was für ein Hirngespinst ist dann der Mensch? Welche

Neuerung, was für ein Unbild, welche Wirrnis, was für ein Ding des Widerspruchs, was für ein Wunder! Beurteiler von allem, törichter Erdenwurm, Verwalter der Wahrheit, Schlammfang der Ungewißheit und der Irrheit, Ruhm und Auswurf des Universums. Wer wird diese Verwirrung entwirren? Die Natur verwirrt die Skeptiker, und die Vernunft verwirrt die Dogmatiker. Was soll aus euch Menschen werden, die ihr durch eure natürliche Einsicht erkennen wollt, was eure wirkliche Seinslage ist? Keine der Sekten könnt ihr meiden, noch in einer bestehen. Erkenne also, Hochmütiger, was für ein Widerspruch du dir selbst bist. Demütige dich, unmächtige Vernunft, schweige still, törichte Natur. Begreife: der Mensch übersteigt unendlich den Menschen, und vernehme von deinem Herrn deine wirkliche Lage, von der du nichts weißt. Höre auf Gott.«[143]

Der Glaube an Gott und an seinen Offenbarer Jesus Christus soll dieses letzte Fragen des Menschen nach sich selbst zur Ruhe bringen und beenden, so sagt es der Text: »An jenem Tag werdet ihr mich nichts mehr fragen.«

Eine solche Aussage begegnet dem Verdacht, allzu schlechte Vereinfachung, illusionäres Trostmittel zu sein, dem Menschen nicht wirklich helfen zu können oder ihn auch von der wirklichen Hilfe fernzuhalten. Etwa im Sinn von Karl Marx: »Das *religiöse* Elend ist in einem der *Ausdruck* des wirklichen Elendes und in einem die *Protestation* gegen das wirkliche Elend. Die Religion ist der Seufzer der bedrängten Kreatur, das Gemüt einer herzlosen Welt, wie sie der Geist geistloser Zustände ist. Sie ist das Opium des Volks.

Die Aufhebung der Religion als des *illusorischen* Glücks des Volkes ist die Forderung seines *wirklichen* Glücks. Die Forderung, die Illusion über seinen Zustand aufzugeben, ist die *Forderung, einen Zustand aufzugeben, der der Illusionen bedarf.* Die Kritik der Religion ist also im *Keim* die *Kritik des Jammertales*, dessen Heiligenschein die Religion ist.«[144]

Nach Marx ist die Religion »ideologischer Überbau«, also

»falsches Bewußtsein«, sie ist ein »illusorisches Glück«, der »Heiligenschein eines Jammertals«. »Und zwar ist die Religion das Selbstbewußtsein und das Selbstgefühl des Menschen, der sich selbst entweder noch nicht erworben und schon wieder verloren hat.«[145] Demgegenüber können wir darauf hinweisen, daß der Marxismus zwar pseudoreligiöse Verhaltensweisen mit Recht aufgedeckt und kritisiert hat. Menschen, die hungern und in ungerechten, asozialen Verhältnissen leben, darf man nicht mit falschem, religiösem Trost beruhigen oder mit einem Almosen abspeisen, sondern man muß ihnen soziale Hilfe leisten, was möglicherweise auch gesellschaftliche Strukturveränderungen einschließt. Aber nach solchen Veränderungen beginnt doch wieder das Fragen des Menschen nach sich selbst und nach dem Sinn seiner Existenz, die menschlichen Bedürfnisse sind durch die welthaften Bedürfnisse nicht erschöpft. Freilich haben wir inzwischen auch lernen müssen, daß sich die »Sinnfrage« nicht bloß oder primär in einer abstrakten, rein theoretischen, philosophischen oder theologischen Weise stellt, sondern daß sie eingebettet ist in den Zusammenhang des geschichtlichen Daseins des Menschen. Die »Sinnfrage« hängt mit der gesellschaftlichen Situation des Menschen unmittelbar zusammen, aber auch umgekehrt hat die gesellschaftliche Situation eine Tiefendimension. Heute wird von vielen Christen und Theologen deutlicher als früher gesehen, daß Glaubensfragen und Lebensfragen nicht voneinander zu trennen sind, auch wenn die Zusammenhänge nicht auf eine glatte und einfache Formel gebracht werden können.

Um die johanneische Aussage glaubhaft vertreten zu können, wird man sich darum bemühen müssen, die verschiedenen menschlichen Lebensfragen mitzuhören, und zwar in allen Daseinsbereichen. Dabei darf auch die politische Dimension nicht ausgeklammert werden. Allerdings ist dann unter diesen Voraussetzungen die johanneische Antwort ohne alle Abstriche mitzuhören: Im radikalen Vertrauen auf den Gott der Liebe löst sich die Ungeduld und Auswegslosigkeit des Fragens. Hier hört das beunruhigte und aussichtslose Fragen des Menschen nach sich selbst auf, im Sinn des Psalms 131:

»Herr, mein Herz ist nicht stolz,
nicht hochmütig blicken meine Augen.
Ich gehe nicht um mit Dingen,
die mir zu wunderbar und zu hoch sind.

Ich ließ meine Seele ruhig werden und still;
wie ein Kind bei der Mutter
ist meine Seele stille in mir.

Israel harre auf den Herrn
von nun an bis in Ewigkeit.«

Solche Gelassenheit hängt damit zusammen, daß der Glaube seine eigene Art der Gewißheit hat, die mit dem göttlichen Grund des Glaubens gegeben ist. Es macht die Eigenart biblischen Glaubens aus, *in Gott selbst gegründete letzte Gewißheit zu sein.* Dies kann mit dem Gefühl der Geborgenheit verknüpft sein, muß es aber nicht. So wie das Meer in seiner Tiefe ruhig ist und still, so ist auch in der Erfahrung Gottes das menschliche Fragen überholt. Doch, um sogleich ein naheliegendes Mißverständnis auszuschließen, das heißt nicht, daß es auf zahllosen anderen Ebenen gerade im Zusammenhang mit dem Glauben nicht notwendigerweise zu immer neuen Fragen kommt. Denn dies ist die andere Seite des Glaubens, die im Johannesevangelium bedacht wird: der Glaube muß seine Situation des »In-der-Welt-Seins« durchhalten, er kann sich daraus nicht zurückziehen, er kann und darf nicht »weltloser Glaube«, reine Innerlichkeit, werden. Von dieser Position her ist Glaube zugleich fraglose Gewißheit im göttlichen Glaubensgrund, und zugleich »fragwürdig« und in Frage gestellt durch das

»In-der-Welt-Sein des Glaubens«. Insofern stellt der Glaube selbst dem Menschen immer neue Fragen.
Ebenso stellen die menschlichen Lebens- und Welt-Erfahrungen, da sie sich fortgesetzt ändern, dem Glauben neue Fragen, denen er nicht ausweichen darf. In der Vergangenheit wurde das Nicht-Fragen im Hinblick auf den Glauben geradezu als eine Tugend angesehen. Es galt als Zeichen mangelhaften Glaubens, wenn man Fragen stellte und Zweifel äußerte. Diese Mentalität ist noch keineswegs ausgestorben. Die Angst vor Fragen ist in manchen kirchlichen Kreisen häufig anzutreffen. In diesem Fall werden, aus welchen Gründen und Motiven auch immer, die Gewichte falsch verteilt. Man verwechselt die beiden Seiten des Glaubens, seine »Geborgenheit in Gott«, wo sich tatsächlich das Fragen erübrigt, weil dieser Gott als die alles tragende Wahrheit und Liebe angenommen und erfahren wird, und das »In-der-Welt-Sein« des Glaubens, zu dem das Fragen, die Anfechtung, Zweifel und Weiterdenken und Weitersuchen notwendig gehören, auch das Fragen gegenüber traditionellen Formen, Dogmen, Riten usw. So scheint gerade dies die Situation des Glaubens zu sein, daß er sich allen Fragen, die ihm gegenüber auftauchen, rückhaltlos und ehrlich stellen und sich mit ihnen auseinandersetzen muß. Die johanneische Aussage kann dazu ermuntern. Wo Glaube als radikales Vertrauen auf den Gott und Vater Jesu Christi sich zu realisieren sucht, da verläßt er sich inmitten aller Fraglichkeit des Daseins dem »grundlosen Grund von Wahrheit und Liebe«. Auf diese Weise hat der Glaube gleichsam den Rücken frei, um sich getrost den herandrängenden Problemen zuwenden zu können. Solche letzte Fraglosigkeit ermuntert auch zur Zuversicht des Fragens.

Nach einem tiefsinnigen Wort des Alten Testaments heißt Beten »das Angesicht Gottes suchen«:

»Vernimm, o Herr, mein lautes Rufen;
sei mir gnädig und erhöre mich!
Mein Herz denkt an dein Wort: Sucht mein Angesicht!
Dein Angesicht, Herr, will ich suchen.
Verbirg nicht dein Gesicht vor mir;
weise deinen Knecht im Zorn nicht ab!
Du wurdest meine Hilfe.
Verstoß mich nicht, verlaß mich nicht,
du Gott meines Heils!
Wenn mich auch Vater und Mutter verlassen,
der Herr nimmt mich auf« (Ps 27,7-10).

Es geht beim Beten darum, sich selbst »vor Gott«, oder »Gott gegenüber« zu finden. Dazu bedarf es heute vermutlich mehr denn je der Einübung, ganz besonders der Sammlung und der Stille. Zum Beten braucht man Zeit. Man muß sich aus dem Vielerlei des Betriebs, der täglichen Anforderungen und Zerstreuungen zurückholen, sich auf sich selbst besinnen, den Mut zum Alleinsein aufbringen. Pascal meint, »daß alles Unglück des Menschen einem entstammt, nämlich daß sie unfähig sind, allein in ihrem Zimmer bleiben zu können« (Pensées Nr. 139). Wir müssen lernen, die »Stimme unserer eigenen Seele« zu Wort kommen zu lassen, und dürfen auch dann nicht vor uns weglaufen, wenn sich da nur unsere eigene Erbärmlichkeit meldet. Auf Worte kommt es gar nicht so sehr an:
»Und wenn ihr betet, so sollt ihr nicht sein wie die Heuchler, welche gern in den Synagogen und an den Straßenecken stehen und beten, damit sie von den Menschen gesehen werden. Wahrlich ich sage euch, sie haben ihren Lohn schon empfangen. Du aber, wenn du betest, geh in deine Kammer und schließ die Tür zu, und bete zu deinem Vater im Verborgenen; und dein Vater, der im Verborgenen sieht, wird es dir vergelten. Wenn ihr aber betet, sollt ihr nicht viel reden wie die Heiden; denn sie meinen, daß sie erhört werden, wenn sie viele Worte machen.

Seid also nicht wie sie; denn euer Vater weiß schon vorher, was ihr braucht, ehe ihr ihn darum bittet« (Mt 6,5–8).
Im ruhigen Beten erfolgt keine Abkehr von der Welt und den Begebnissen des Lebens. Vielmehr geht es darum, das ganze Leben in das Gespräch vor und mit Gott einzubeziehen. Dafür mag das kurze Gebet von W. von Goethe aus dem »West-östlichen Divan« ein gutes Beispiel sein:

«Mich verwirren will das Irren;
Doch du weißt mich zu entwirren.
Wenn ich handle, wenn ich dichte,
Gib du meinem Weg die Richte.«

Die Aussagen, die vom Gegensatz der »verhüllten Bildrede« und der »klaren, offenen Rede« handeln, könnte man zum Anlaß nehmen, um über das Problem der »religiösen Sprache« zu diskutieren. Das Johannesevangelium bietet dafür einen guten Einstieg. Für religiöse Sprache darf gelten, daß sie wohl immer jenen schwebenden Übergang zwischen Dunkelheit und Klarheit enthält. Sie liebt die Bilder, die mehrdeutig sind, die Analogie und die Metaphorik, nicht zu vergessen das Paradox. Warum dies so ist, sei hier nicht weiter erörtert. Es kommt vor allem darauf an, durch die Bilder zu besinnlicher Meditation sich anregen zu lassen, ihrer Spur zu folgen und zu sehen, wohin sie einen führen . . .
Hier sei noch ein anderer Gesichtspunkt hervorgehoben, der mit der *parrhesia*, dem Freimut, und mit der Unmittelbarkeit des Jüngers Jesu zu Gott zu tun hat. Johannes ist der Auffassung, daß die Christus-Offenbarung zu einer Mündigkeit des Menschen vor Gott führt, die sich auf sein Denken und Handeln, auf seine ganze Existenz befreiend, also »emanzipatorisch« auswirkt. Der Wendung, daß Jesus nicht mehr in Bildern, sondern frei und offen vom Vater sprechen will, entspricht ein Schriftzitat, das in 6,45 angeführt wird: »In den Propheten steht

geschrieben: Ihr werdet alle von Gott belehrt sein« (vgl. Jes 54,13: »Alle deine Söhne werden Schüler des Herrn sein, und tiefer Friede wird bei ihnen herrschen«). Auch auf Jeremia wäre hinzuweisen, wo es in dem berühmten Text vom »Neuen Bund« (Jer 31,31–34) heißt: »Denn das wird der Bund sein, den ich nach diesen Tagen mit dem Haus Israel schließe – Wort des Herrn –: Ich lege mein Gesetz in sie hinein und schreibe es auf ihr Herz. Ich werde ihr Gott sein, und sie werden mein Volk sein. Keiner wird mehr den anderen belehren, und man wird nicht zueinander sagen: Erkennt den Herrn!, sondern sie alle, klein und groß, werden mich erkennen, – Wort des Herrn. Denn ich verzeihe ihre Schuld, und an ihre Sünde denke ich nicht mehr.«

Der Gedanke, den diese Texte zum Ausdruck bringen, ist dieser, daß es in der Endzeit angesichts der überragenden Klarheit der eschatologischen Gottesoffenbarung überhaupt keiner Lehre, keiner schriftlichen und mündlichen, mehr bedarf, weil alle durch Gott unmittelbar die wahre Lehre empfangen. Nach dem Jeremia-Text dadurch, daß Gott das Gesetz (die »Tora«) in das Innere des Menschen selbst verlegt, so daß er keiner äußeren Belehrung mehr bedarf. Bei Johannes ist es das Wort der Jesus-Offenbarung, das den Menschen zu einem »Schüler Gottes« macht. Oder es ist der Heilige Geist, der dem Menschen die göttliche Lehre mitteilt, als der »innere Lehrer«, der nicht bloß den Verstand des Menschen anspricht, sondern der vor allem auch sein »Herz« belehrt. Es dürfte sich lohnen, dieser Auffassung weiter nachzugehen. Sie beruht anscheinend auch auf der Erfahrung, daß Belehren eines Menschen durch einen anderen Menschen, so notwendig und unentbehrlich dieser Vorgang auch sein mag, doch eine Art »Notbehelf« bildet, weil er auch Abhängigkeiten schafft. Vor allem der Erwachsene läßt sich nicht mehr gern belehren, er empfindet das, besonders wenn gewisse Zwischentöne dazukommen, als unangemessen.

Die neutestamentliche Auffassung, die sich auch bei Paulus und bei Mattäus aufzeigen läßt, besteht darin, *daß auf dem Boden der Glaubens-Erkenntnis eine grundsätzliche Gleichheit* bestehe und daß es unter den Voraussetzungen einer allgemeinen Geist-Belehrung einer Aufteilung der Kirche in eine »lehrende Kirche« und eine »hörende Kirche« nicht bedarf. Erst eine spätere Zeit hat gemeint, den Anteil am Geist-Besitz gewissermaßen auseinanderdividieren zu müssen und dem »Lehramt des Papstes und der Bischöfe« von vornherein einen größeren Anteil zuzusprechen als dem gesamten übrigen Kirchenvolk.. Tatsächlich macht es einen gewaltigen Unterschied aus, ob sich die ganze Kirche mit dem Papst und den Bischöfen als eine Gemeinschaft von grundsätzlich Freien und Gleichen versteht, in der alle gleichermaßen »Schüler Gottes« sind, oder ob man von vornherein mit einer »Zwei-Klassen-Kirche« von Klerus und Laien rechnet. Im ersten Fall wird das »Lehramt« sich eher im Sinn einer Arbeitsteilung von seiner »Funktion« und seinem »Dienst« her verstehen, wie das auch für die Kirche als einer Großgruppe notwendig ist. Im Hinblick auf die Offenbarung und ihr Verständnis garantiert im übrigen auch noch nicht das Lehramt die »bessere Wahrheit«. Lehre ist der Dienst der Wortverkündigung, der von der Voraussetzung ausgeht, daß der Geist Gottes, und nicht etwa der Papst, der eigentliche Glaubenslehrer des gesamten Gottesvolkes ist, also auch zumindest jedes erwachsenen Christenmenschen. Im zweiten Fall begreift man, wie das leider noch häufig geschieht, das Lehramt als eine Macht-Institution mit besonderen Wahrheits-Privilegien, die die Gläubigen in einer strukturellen, angeblich auf göttlichem Willen beruhenden Unterordnung und Unmündigkeit festhalten will. Hier schafft das Lehramt eine Abhängigkeit des Kirchenvolks von der Amtskirche, hier herrscht kein partnerschaftlicher Dialog. Da steht von vornherein fest, daß die Vertreter der Amtskirche »mehr recht haben«, nicht weil sie das überzeugend darlegen und auch begründen könnten, sondern weil sie eben die Vertreter der Amtskirche sind usw.

Der heilige Augustinus (354–430 n. Chr.), Kirchenvater, Bischof von Hippo, einer Gemeinde mit zirka fünftausend Seelen, hat als Bischof und Prediger um dieses Problem des christlichen Lehrens noch gewußt. Er fragte sich, wie überhaupt jemand einen anderen etwas lehren könne. Und er vertrat die sehr interessante Auffassung, kein Mensch könne im Grunde einen anderen etwas lehren, *wenn nicht die Wahrheit selber*, also die eigenen Einsichten und Fähigkeiten, den Schüler belehren. Gar im Glauben könne einzig nur der göttliche Geist selbst den Menschen in seinem Innern, in seinem Verstand und in seinem Herzen, belehren. Die äußere Lehre, vor allem die Lehre durch das Wort, ist dazu eine unerläßliche Hilfe, die aber nicht zum Selbstzweck gemacht werden darf. Wo sie es doch gemacht wird, verfehlt sie ihr eigentliches Ziel, nämlich die Aktivierung des Schülers im Hinblick auf seine eigene Selbständigkeit und Mündigkeit. Das Ideal ist also, daß der Lehrer selbst sich mehr und mehr überflüssig macht; das Ziel christlicher Lehre ist der mündige Christ, der in der Gemeinde volles Mitspracherecht besitzt. Das wäre das genaue Gegenteil der »Zwei-Klassen-Kirche«, die aus der arbeitsteiligen und geschichtlich gewordenen Kirchenstruktur von Amtskirche und Kirchenvolk eine Gegebenheit »göttlichen Rechts« und metaphysischer Seinsqualität gemacht hat.

Oder anders ausgedrückt, auch die Vertreter des »Lehramts« bedürfen der Lehre – durch Gott, durch das Evangelium und durch das gesamte Kirchenvolk. In Wirklichkeit gibt es ja gar kein unabhängiges Lehramt, das auf den Dialog verzichten könnte, es sei denn um den Preis einer nahezu vollständigen Wirkungslosigkeit. In unserer Welt wird dies auch von Tag zu Tag offenkundiger. Man sieht allenthalben, daß das einseitige »amtskirchliche« Verständnis des Lehramts den modernen Gegebenheiten nicht mehr gerecht wird. Und zwar deshalb nicht, weil die traditionelle Kirchenlehre sowohl gegenüber der modernen Theologie mit ihren Methoden wissenschaftlicher Wahrheitsfindung als auch gegenüber der wissenschaftlichen und gesellschaftlichen Gesamtentwicklung weitgehend ins Abseits geraten ist. Gerade um ihre Funktion als Vertreter des Lehramts vollgültig wahrzunehmen, bedürfen sie des ständigen Dialogs mit dem Kirchenvolk. Aber auch das Kirchenvolk, die »Laien«, sind ja ihrerseits schon lange nicht mehr die biederen Kirchenschafe früherer Zeiten. Sie sind die eigentlichen, kompetenten *Fachleute der Moderne*, die kraft ihrer Zuständigkeiten und Fähigkeiten auch in der Kirche mit Recht eine ernsthafte Gleichberechtigung erwarten dürfen. Dasselbe gilt auch von der Gleichberechtigung der Frau innerhalb der Kirche. Auch von dieser Seite erweist sich das Denkmodell einer »Zwei-Klassen-Kirche« als überholt.

In der Klosterregel des heiligen Benedikt, des Vaters der abendländischen Mönche, findet sich die Vorschrift, daß der Abt im Kapitel alle Mönche anhören soll, »denn häufig offenbart es Gott den Jüngeren, was besser ist« (»quia saepe juniori Dominus revelat, quod melius est«) (Regula Sancti Benedicti o. III). Benedikt hat in seiner Kloster-Verfassung der Gottunmittelbarkeit durchaus Rechnung getragen; ihr ist eine Chance eingeräumt. Es ist angebracht, diese alte Mönchsweisheit in Erinnerung zu rufen.

7. Schlusswort der zweiten Abschiedsrede (16,29–35)

Mit dem Abschnitt 16,29–33 schließt die zweite Abschiedsrede. Das Schlußwort enthält zugleich einen Übergang zur Passionsgeschichte (V. 32f.). Mag der Evangelist oder ein späterer Bearbeiter den Text hier untergebracht haben, so läßt sich doch nicht leugnen, daß er sachlich genau an dieser Stelle hinpaßt. Ebendiese sachliche Stimmigkeit läßt die literarkritischen Fragen, die man oft in den Vordergrund gestellt hat, zweitrangig erscheinen.

[29] *Da sagten seine Jünger: Siehe, jetzt redest du ganz offen*
und gebrauchst überhaupt kein Bild mehr. [30] *Jetzt wissen*
wir, daß du alles weißt und nicht nötig hast, daß einer dich
fragt: darum glauben wir, daß du von Gott ausgegangen
bist. [31] *Da gab ihnen Jesus zur Antwort: Jetzt glaubt ihr?*
[32] *Siehe, die Stunde kommt und sie ist schon gekommen, wo*
ihr zerstreut werdet, jeder in sein Eigen, und mich laßt ihr
allein; aber ich bin nicht allein, weil der Vater bei mir ist.
[33] *Solches habe ich zu euch gesagt, damit ihr in mir Frieden*
habt. In der Welt habt ihr Drangsal, doch seid getrost: Ich
habe die Welt besiegt.

Zur Exegese

Die Verse 29–30 bringen die Antwort der Jünger auf das vorausgegangene Jesuswort bezüglich der Klarheit und Offenheit seiner Rede. Die Jünger sagen: »Siehe, jetzt redest du ganz offen und gebrauchst überhaupt kein Bild mehr.« Das ergibt sich aus dem Zusammenhang. Jesu Ansage, daß die Jünger ihn nichts mehr fragen würden und näher betrachtet auch nichts mehr fragen können, da Jesus endgültig fortgeht, beginnt sich an den Jüngern zu erfüllen. Damit ist auf der Ebene des Textes der tatsächliche Anfang des »eschatologischen Tages« markiert. Und dies wiederum hängt mit der bevorstehenden Passion und Verherrlichung Jesu zusammen. Denn dies war und ist ja, wie immer wieder festgestellt wurde, der eigentliche Sinn der Abschiedsreden, die Jünger und damit alle nachfolgenden Generationen an diese Schwelle des »Verstehens Jesu« heranzuführen. Dann lautet in der Tat das Fazit dieses Bemühens: Das »Verstehen Jesu« ist nach Johannes entscheidend an das Heilsereignis von Kreuz und Auferstehung Jesu, an Jesu »Erhöhung und Verherrlichung« gebunden. Damit wäre denn auch das Ziel der Abschiedsreden, ja der gesamten vorausliegenden Wort-

Offenbarung erreicht. Für die Jünger heißt das: Sie haben mit dem Verstehen Jesu schon den Anfang gemacht und sich auf sein Wort eingelassen.

Ihr Verstehen bekundet sich auch sogleich in dem anschließenden Christus-Bekenntnis, das man wohl auch als Jünger-Antwort auf den »christologischen Lehrsatz« (V. 28) auffassen darf. Die Bekenntnis-Aussage ist zweigliedrig gestaltet; Vers 30a: »Jetzt wissen wir, daß du alles weißt und nicht nötig hast, daß einer dich fragt«; und Vers 30b: »darum glauben wir, daß du von Gott ausgegangen bist«.

Vers 30a will sagen, Jesus ist in der Tat der Offenbarer Gottes, der an der »Allwissenheit Gottes« teilhat, wobei freilich der Gedanke der göttlichen Allwissenheit nicht in einem märchenhaften Sinn gemeint ist. Es handelt sich vielmehr um das Wissen Jesu um den Vater, das er den Seinen mitteilt, sowie um das besondere Wissen Jesu um den Menschen. In dieser Hinsicht sagt Vers 30a nichts Neues, sondern liefert eine griffige Formel für einen im Evangelium längst erwähnten Tatbestand. So redet Jesus den jungen Mann Natanael, der zum erstenmal zu ihm kommt, mit den Worten an: »Siehe, wahrhaftig ein Israelit, an dem kein Falsch ist«. Auf dessen Frage: »Woher kennst du mich?« antwortet Jesus: »Bevor Philippus dich rief, habe ich dich gesehen, wie du unter dem Feigenbaum warst«. Worauf Natanael nur noch sagen kann: »Rabbi, du bist der Sohn Gottes, du bist der König von Israel«. Darauf Jesus: »Weil ich dir sagte, daß ich dich unter dem Feigenbaum sah, glaubst du? Du wirst noch Größeres als das zu sehen kriegen« (1,47–50). – Ähnlich weiß Jesus um den problematischen Lebenswandel der samaritanischen Frau (4,16–19): »Mit Recht sagst du, ich habe keinen Mann. Denn fünf Männer hast du gehabt, und den du jetzt hast, ist nicht dein richtiger Mann.« Darauf die Frau: »Herr, ich sehe, du bist ein Prophet.« – Oder in einer allgemeinen Formel ausgedrückt: »Als er am Passa-Fest in Jerusalem war, da glaubten viele an seinen Namen, da sie die Zeichen sahen, die er tat; Jesus selber aber vertraute sich ihnen nicht an, *da er selbst sie alle kannte* und nicht nötig hatte, daß einer ihm über den Menschen Zeugnis gebe; *denn er wußte selbst, was im Menschen war«* (2,23–25).

Ebendies haben die Jünger in ihrem Umgang mit Jesus erfahren, daß er der ist, der um Gott weiß und der um Heil und Unheil des Menschen weiß. Das Wissen um Gott und jenes um den Menschen hängen miteinander zusammen. Die Offenbarung im johanneischen Sinn bringt nicht nur die Kunde von Gott, sie enthüllt auch in eins damit die problematische Situation des Menschen, seine Sünde, seinen Unglauben und seinen Haß. Der Gedanke der »Allwissenheit Jesu« bleibt also bei Johannes streng auf die genannten beiden Punkte bezogen, ein »Wahrsager« ist der johanneische Jesus ebensowenig wie der synoptische. In diesem Offenbarer-Wissen Jesu sind alle Fragen der Jünger in der Tat überholt. Vielleicht darf man zur Erhellung die Aussage des ersten Johannesbriefs heranziehen: »Und daran werden wir erkennen, daß wir aus der Wahrheit sind, und werden vor ihm unser Herz beruhigen; wenn nämlich unser Herz uns anklagt, dann ist doch Gott größer als unser Herz und weiß alles« (1 Joh 3,19–20). Das Wort ist ganz und gar von der Gotteserfahrung Jesu her geprägt. Die Klarheit der Jesus-Offenbarung ist von solcher Art, daß sie die letzten Fragen des Menschen nach sich selbst, und dazu gehören ganz gewiß die Fragen nach dem Unrecht, nach der Schuld, nach der verfehlten Mitmenschlichkeit und Liebe, die Fragen, in denen das Herz zu Wort kommt, beantwortet. So haftet der Aussage, daß Jesus alles weiß und niemanden zu fragen braucht, doch etwas Tröstliches an, vergleichbar dem Wort Pascals: »Tröste dich, du würdest mich nicht suchen, wenn du mich nicht gefunden hättest.«[146] Der Glaube, der verstanden hat, daß in Jesus und seiner Offenbarung das Heil des Menschen gegenwärtig ist, der hat in der Tat das Entscheidende verstanden.

Vers 30b: »darum glauben wir, daß du von Gott ausgegangen

bist«, spricht das Bekenntnis zu Jesus als den Offenbarer aus. Wer so zu Jesus steht, daß er dessen Herkunft nicht bloß im rein Menschlichen, im Historischen und Weltlichen sucht, sondern sie als »Herkunft von Gott« annimmt, wer in Jesus in erster Linie den Zeugen Gottes erkennt, der ist zum rechten Glauben an Jesus durchgedrungen. Tatsächlich begründet erst der Glaube das rechte Verhältnis zu Jesus. Auch das ist eins der Hauptanliegen der Abschiedsreden. Jede andere Kategorie humaner, nicht-religiöser Art mag auf dem Weg der Annäherung an die Gestalt Jesu ihre Notwendigkeit und Berechtigung haben, aber das letzte Wort ist doch das Bekenntnis des Glaubens an Jesus. Wenn Johannes an dieser Stelle die Wendungen »Jetzt wissen wir . . .« und »darum glauben wir . . .« nebeneinander stellt, wird damit auch die Einheit von »Glauben und Verstehen« angesprochen. »Glauben« enthält bei Johannes immer zugleich das Moment des Verstehens, ebenso der Unglaube das Moment des »Nicht-Verstehens«. Umgekehrt ist mit dem Verstehen im Hinblick auf die Offenbarung stets das Moment des Glaubens im Sinn einer positiven Entscheidung, eines Ja-Sagens verbunden. Einen »blinden« ganz und gar einsichtslosen Glauben, der gar nichts verstehen würde, kennt das vierte Evangelium nicht. Die Alternative zum Glauben ist nicht, wie man dies oft noch lesen kann, das Wissen, sondern der Unglaube. Der Glaube hat in seinem eigenen Ursprung das Moment des »Wissens« vorab in der Weise des Verstehens bei sich.

Die Antwort Jesu »Jetzt glaubt ihr?« (V. 31) wird sehr verschieden ausgelegt, entweder als Bestätigung des Glaubens der Jünger, daß diese, nach so vielen Fragen und Mißverständnissen, nun endlich doch zum Glauben durchgedrungen sind, oder aber als »großes Fragezeichen«,[147] das Jesus hinter das Jüngerbekenntnis setzen würde. Oder: »Seine Antwort stellt ihren Glauben nicht grundsätzlich in Frage, doch muß sich ihr Glaube die Anfrage gefallen lassen.«[148] Man wird die Aussage streng aus dem Zusammenhang heraus interpretieren müssen. Dann bezieht sich der Evangelist noch einmal auf die »Abschiedssituation«, und zwar im Blick auf das bevorstehende Passionsgeschehen, wie Vers 32 verdeutlicht. Das bedeutet, Johannes entläßt auch an dieser Stelle den Glauben nicht aus seiner konkreten »Weltsituation«; er wird auch an dieser Stelle nicht zu eindeutiger »Schau«. Glauben kann niemals zu einem absolut sicheren Besitz werden, er bleibt immer auch Wagnis. Des weiteren wird der Glaube auch in die Bindung an den historischen Jesus und seinen Weg, und dies ist der Weg der Passion, verwiesen. Mit der bevorstehenden Passion Jesu wird der Glaube der Jünger erneut auf die Probe gestellt, und dies gilt nicht nur für den Glauben der historischen Jesus-Jünger, sondern für den Glauben überhaupt. Dieser muß sich immer neu gegenüber den Anfechtungen der Welt bewähren.

Nun folgt ausdrücklich der Hinweis auf die Passion, und zwar im Blick auf das Verhalten und Schicksal der Jünger. Die Stunde der Gefangennahme und der Passion Jesu ist für die Jünger die »Stunde der Zerstreuung«. An dieser Stelle greift der Evangelist wieder auf Traditionen zurück, die wir auch aus den Synoptikern kennen. »Da sagte Jesus zu ihnen: Ihr werdet alle an mir irre werden; denn es steht geschrieben: Ich werde den Hirten schlagen, und die Schafe werden zerstreut. Aber nach meiner Auferweckung werde ich euch nach Galiläa vorausgehen« (Mk 14,27f.; das Schriftzitat: Sach 13,7). Die Markus-Fassung kennt offenbar eine Überlieferung, wonach die Jesus-Jünger direkt nach der Gefangennahme Jesu »sich zerstreuten«, das heißt, die Flucht ergriffen und wahrscheinlich nach Galiläa zurückkehrten. Das war für die Jünger und die Urgemeinde kein sehr rühmlicher Vorgang. Doch konnte man sich dafür schließlich auch auf eine Schriftstelle berufen, die als Weissagung dienen mochte. Nach Markus haben denn auch die ersten Erscheinungen des Auferstandenen in Galiläa stattgefunden (vgl. Mk 16,7; wo der Engel am leeren Grab zu den Frauen sagt: »Nun aber geht und sagt seinen Jüngern und dem Petrus: Er geht euch voraus nach

Galiläa, dort werdet ihr ihn sehen, wie er es euch gesagt hat«). Bei Johannes heißt es: »Ihr werdet zerstreut, ein jeder in sein Eigen« (V. 32a). Dies kann bedeuten, daß Johannes das »Wohin« der Zerstreuung bewußt offenlassen möchte, da ja nach seinem Bericht die Ostererscheinungen in Jerusalem, nicht in Galiläa, stattfinden (20,11–18. 19–23. 24–29), obgleich die johanneische Tradition auch von Erscheinungen in Galiläa zu berichten weiß (Kap. 21). Deshalb mag er den Hinweis auf »Galiläa« vermieden und durch das unbestimmte »in sein Eigen« oder »in das Eigene« ersetzt haben; solche unbestimmte Redeweise begegnet bei Johannes häufiger. Eine andere Möglichkeit ist, daß sich mit dem Text eine Erinnerung an Jes 53, das »Lied vom leidenden Gottesknecht« verbindet, wo es heißt: »Wir alle gingen wie Schafe in die Irre, jeder von uns auf seinen eigenen Weg bedacht. Aber Jahwe ließ ihn treffen unser aller Schuld« (Jes 53,6). Mir scheint diese letzte Vermutung mehr Wahrscheinlichkeit für sich zu haben. Nach 18,8 setzt Jesus sich bei der Gefangennahme ausdrücklich für seine Jünger ein, damit ihnen nichts geschehe. Die Zerstreuung der Jünger bei Jesu Festnahme ist, zusammen mit der Verleugnung des Petrus, wohl der stärkste Einwand gegen das vorher so zuversichtlich geäußerte Glaubensbekenntnis. Von daher ist die Frage Jesu: Jetzt glaubt ihr?, sofern sie einen leisen Zweifel an diesem Bekenntnis anmelden dürfte, wohl berechtigt. Auch hier ist Jesus noch der Überlegene, indem er mit dieser Frage die Zuversicht der Jünger zugleich bestätigt – sie haben ja recht damit, daß man Jesus gar nicht erst zu fragen braucht – und vorsichtig zurechtrückt. Die Jünger werden Jesus in seiner Passion (noch) nicht nachfolgen, später werden sie es wohl einmal. Sie werden auch in der ersten Glaubensprobe versagen und, menschlich betrachtet, Jesus allein lassen. Das ist das bittere Fazit, was das Verhältnis der Jünger zu ihrem Meister während der Passion betrifft.

Aber daneben stellt Johannes etwas anderes fest: Auch in dieser menschlichen Verlassenheit ist Jesus nicht allein, sondern der

Vater ist bei ihm. Von Gott ist Jesus keineswegs verlassen. »Der Nachsatz ›doch ich bin nicht allein‹ klingt wie eine Korrektur des synoptischen Kreuzigungsberichts mit dem Schrei der Gottverlassenheit.«[149] Es ist gut möglich, daß Johannes Mk 15,34ff. hat korrigieren wollen. Sicher ist jedenfalls, daß eine Gott-Verlassenheit Jesu zum johanneischen Passionsbericht, wie wir noch sehen werden, nicht paßt. Von seinen Freunden wird Jesus verlassen, das ist wahr, aber nicht von seinem himmlischen Vater. Denn die Passion Jesu ist ja, wie Vers 33 lapidar feststellt, *Jesu Sieg über die Welt.*

Vers 33a nimmt das Stichwort »Frieden« noch einmal auf (vgl. dazu Joh 14,23–32). Jesu Wort vermittelt den Glaubenden den »Frieden«, näherhin den »Frieden Jesu«, den man nur in der Verbindung mit ihm haben kann. Dieser »Friede« ist das eschatologische Heil, das dem Glauben inmitten einer fried- und heillosen Welt zuteil werden soll. »Nicht im Glaubenden selbst, sondern im Offenbarer, an den er glaubt, ruht die Sicherheit des Glaubens. Und gerade die immer wieder begegnende Unsicherheit des Glaubenden lehrt ihn, den Blick von sich weg auf den Offenbarer zu richten, so daß es sogar möglich wird, von felix culpa (»glücklicher Schuld«) zu reden.[150] Letztlich ist es das Heilswerk Jesu, das den Frieden begründet und definitiv verbürgt.

Vers 33b dagegen umreißt mit einer Art Kernsatz die Situation des Glaubens in der Welt: »In der Welt habt ihr Drangsal; doch seid getrost, ich habe die Welt überwunden.« Man muß die Aussage auf dem Hintergrund der jüdischen Eschatologie (Apokalyptik) verstehen. Mit der »Drangsal« ist die Zeit der letzten Not vor dem Ende gemeint. »Ehe die Frommen in die weiten Ebenen des Heils hinaustreten dürfen, müssen sie durch den dunkelsten Engpaß der Leiden hindurch; ehe die neue Zeit kommt, muß die alte zuvor in ihren Grundfesten erschüttert werden. Die Zeit unmittelbar vor dem Endakt ist die jüngste, die schrecklichste Zeit, es ist die letzte böse Zeit.«[151] Es ist jene Zeit, die anderwärts als die »Zeit der messianischen Wehen« (vgl. zu 16,21) bezeichnet wurde. Während in den frühjüdisch-apokalyptischen Zeugnissen diese Zeit der Drangsal in düstersten Farben ausgemalt wird, ebenso in der neutestamentlichen Johannes-Apokalypse, etwa in der Gestalt der »vier apokalyptischen Reiter« oder der verschiedenen Plagen (vgl. Apk 6,1–17; 9,1–12 etc.; auch Mk Kap. 13), kommt es bei Johannes zu einer äußersten Reduktion. Die endzeitliche Drangsal oder Bedrängnis wird nicht näher beschrieben. Sie ist das Gegenteil des von Jesus verheißenen »Friedens«, also Unfrieden und Unheil schlechthin, und sie ist mit der Situation des »In-der-Welt-Seins« als solcher gegeben. Die Drangsal wird gleichsam zum Strukturmerkmal für die Situation des Glaubens in der Welt. »Welthaftes Dasein« und »glaubende Existenz« werden demnach niemals miteinander zur Deckung gebracht werden können; sie werden sich vielmehr immer aneinander reiben und stoßen. Die »Welt« und ihre »Drangsal« auf der einen Seite, der Glaube und der Friede Jesu Christi auf der anderen Seite bilden den Grundkonflikt, den man nicht umgehen kann. Eine fraglose, indiskutable, konfliktlose Identität zwischen Welt und Glauben gibt es nach diesem Wort nicht und kann es »in der Welt« auch gar nicht geben.

Martin Luther hat die Stelle so übersetzt: »In der Welt *habt ihr Angst.* Aber seid getrost, ich habe die Welt überwunden«. Diese geniale Übersetzung hebt das subjektive Moment der Drangsal, die »Enge« und damit die Angst des Menschen besonders hervor. Hier werden das »In-der-Welt-Sein« und die »Angst« so miteinander verquickt, daß eben die Angst zum besonderen Strukturmerkmal des »In-der-Welt-Seins« wird. Die Angst ist aber zuletzt Todesangst. Die Angst, die der Mensch in der Welt hat, ist die Angst vor dem Tod, vor dem Nichts, die als solche niemals abzuschütteln ist, weil die Todesmacht mitten im Leben präsent ist. Danach wäre es die Todessituation des Menschen, die mit dem Wort »In der Welt habt ihr Angst« oder »Drangsal«

angesprochen ist. Wenn demgegenüber Jesus sagen kann: »Doch seid getrost, ich habe die Welt überwunden«, dann ist diese Aussage nur möglich, *weil Jesus der Auferstandene ist, der Sieger über den Tod.* Jesu Sieg über die Welt, das ist sein Sieg über die die Welt beherrschende Todesmacht. Nur wenn man es so versteht, hat das Wort Jesu einen ernsthaften Sinn, nur dann ist es keine triumphalistische Großsprecherei. Nur wenn die Todesmacht überwunden ist, ist auch der Kosmos mit seiner Angst und Bedrängnis wirklich überwunden. Der Glaube aber, und darin liegt auch sein wahrhafter und wirklicher Trost, hat schon jetzt an diesem Sieg Jesu teil. Denn als der Auferstandene ist Jesus der eschatologische Lebensspender. So wird der Glaube zu der den Menschen inmitten der Todeswelt zum Leben befreienden Macht. Das Evangelium des Johannes verkündet von der ersten bis zur letzten Seite diese eschatologische Siegerbotschaft. Dies zeigt sich vor allem darin, wie der Evangelist die Passion Jesu darstellen wird, nämlich als Bericht vom Sieg Jesu. So entspricht es durchaus dem Gefälle seiner Darstellung, wenn die Abschiedsrede mit diesem verheißungsvollen Siegeswort schließt.

Zur Meditation

Der Text spricht vom eschatologischen »Sieg Jesu über die Welt«: »In der Welt habt ihr Drangsal, doch seid getrost, ich habe die Welt besiegt.« Es klingt wie ein Echo auf dieses Wort, wenn es im ersten Johannesbrief heißt: »Denn alles, was aus Gott geboren ist, besiegt die Welt; und dies ist der Sieg, der die Welt überwindet, unser Glaube. Wer sonst ist denn der Sieger, wenn nicht der, der glaubt, daß Jesus der Sohn Gottes ist« (1 Joh 5,4–5)?

Die unmittelbaren Adressaten dieser Worte waren tatsächlich die Glieder einer bedrängten, in ihrer rechtlosen Stellung höchst ungesicherten und von ihrer heidnischen Umwelt verfolgten Gemeinde, für die der Begriff der »Drangsal« von seiten der Welt einen ganz konkreten Inhalt hatte. Die heidnische Gesellschaft stand den Jesus-Freunden weitgehend verständnislos und feindselig gegenüber. Wenn diese Gemeinde auf den »Sieg Christi« hingewiesen wurde, dann galt dies ihrer Stärkung und Tröstung (vgl. auch Apk 19,11–16), nicht in erster Linie, um die Existenz der Gemeinde in dieser Welt abzusichern, sondern um bis zum bitteren Ende durchzuhalten. Die »Sieger-Worte« der einzelnen Sendschreiben der Johannes-Apokalypse vermitteln davon einen starken Eindruck: »Dem Sieger will ich zu essen geben vom Baum des Lebens, der im Paradies Gottes steht.« – »Fürchte nichts, was du auch leiden mußt. Siehe, der Teufel wird einige aus euch ins Gefängnis bringen, damit ihr geprüft werdet, und ihr werdet zehn Tage lang Trübsal leiden. Sei getreu bis zum Tod, und ich werde dir den Siegeskranz des Lebens geben. Wer Ohren hat, der höre, was der Geist den Gemeinden sagt: Der Sieger wird vom zweiten Tod keinen Schaden leiden.« »Den Sieger werde ich zu einer Säule im Tempel meines Gottes machen, und er wird niemals mehr herauskommen, und ich werde auf ihn schreiben den Namen meines Gottes und den Namen der Stadt meines Gottes, des neuen Jerusalem, das aus dem Himmel von meinem Gott her herabsteigt, und meinen neuen Namen. Wer Ohren hat, der höre, was der Geist den Gemeinden sagt« (Offb 2,7.10–11; 3,12f.).[152] Die Begriffe Sieg, siegen und Sieger werden, wie vor allem die Johannes-Apokalypse verdeutlicht, nicht in einem innerweltlichen Sinn verstanden. Sieg ist da nicht gleichbedeutend mit »innerweltlichem Erfolg«. Vielmehr ist der Sieg noch ganz und gar eschatologisch verstanden; er wird sich erst am Ende bei der Wiederkunft Christi und beim Erscheinen des neuen, himmlischen Jerusalem herausstellen. Bis zu diesem Zeitpunkt ist die Gemeinde auf Erden eine Gemeinde in allerlei Bedrängnissen und Ängsten, von außen, aber, was genau so wichtig ist, auch von »innen«, von ihren eigenen Reihen her. Als Bedrängnis im Binnenbereich der Gemeinde selbst erscheinen das Nachlassen der »ersten Liebe«, allerlei Irrlehren und Fehlverhalten, Scheinchristentum, Lauheit: »Ich kenne deine

Werke, du bist weder kalt noch heiß. Wärest du doch entweder kalt oder heiß! Weil du aber lau bist, weder heiß noch kalt, will ich dich ausspeien aus meinem Mund« (Offb 2,4. 14. 20; 3,1. 15 f.). Der Hinweis auf den eschatologischen Sieg ist daher als ein kräftiger Zuspruch zu verstehen, die irdische Zeit der Drangsal bis zu ihrem Ende durchzustehen. Solcher Motivation dient auch der Hinweis auf den schon erfolgten »Sieg Christi«. Dabei darf man keinen Augenblick vergessen, daß der Sieg Christi nach Johannes radikal mit dem Kreuz verbunden ist. Auch hier handelt es sich in keiner Weise um einen »innerweltlichen Sieg«, was noch deutlicher wird, wenn man bedenkt, daß gerade die Auferstehung Christi zum ewigen, göttlichen Leben das Wesen dieses Sieges ausmacht.

Freilich, die Worte vom »Sieg des Glaubens über die Welt«, besonders in der zweiten Fassung des ersten Johannesbriefs, wo es heißt, »unser Glaube« sei dieser Sieg, der die Welt überwindet, klingen in unseren Ohren heute doch viel zu schrill, als daß wir sie uns ohne Vorbehalt und allerlei Bedenklichkeiten zu eigen machen könnten. Einen Haupteinwand liefert die kirchengeschichtliche Vergangenheit mit ihrem »Triumphalismus«, wo dieser »Sieg über die Welt« im Rahmen eines christlich verbrämten, innerweltlichen und »weltgeschichtlichen« Erfolgsdenkens häufig sehr handfest verstanden wurde. Dazu einige Beispiele.

Der alten Kirche erschien die »konstantinische Wende« mit dem Ende der Christenverfolgungen und der staatlichen Anerkennung des Christentums (Mailänder Edikt 313 n. Chr.) als ein Sieg Christi und des wahren Glaubens. Welche Stimmung damals herrschte, mag man dem folgenden Text aus der »Kirchengeschichte« des Eusebius von Caesarea (262–339 n. Chr.) entnehmen: »Alle Menschen waren so von der Schreckensherrschaft der Tyrannen befreit; und von den früheren Leiden erlöst, bekannte der eine in dieser, der andere in jener Weise, daß der einzige wahre Gott der sei, der für die Frommen gestritten. Vor allem aber waren wir, die ihre Hoffnung auf den Gesalbten Gottes gesetzt, von unaussprechlicher Heiterkeit erfüllt, und eine Art göttlicher Freude leuchtete um uns alle. Sahen wir doch, wie jeglicher Ort, der noch vor kurzem von gottlosen Tyrannen zerstört daniederlag, wie aus langem und tödlichem Falle sich neu erhob und wie die Kirchen wieder von Grund aus zu unermeßlicher Höhe erstanden und viel herrlicher wurden, als die zerstörten gewesen. Ja, die höchsten Kaiser erweiterten und mehrten durch fortgesetzte Gesetzgebung zugunsten der Christen die hohe Gnade, die Gott uns geschenkt, Bischöfe empfingen kaiserliche Schreiben und Ehrungen und Geldzuweisungen.«[153]

Von derselben triumphalistischen Grundstimmung erfüllt ist auch der folgende Abschnitt aus einer Predigt Papst Leos I. des Großen (Papst von 440–461 n. Chr.), die er zum Fest der »Apostelfürsten« Peter und Paul – in welchem Jahr, ist nicht genau zu ermitteln – gehalten hat: »Geliebteste! All unsere heiligen Feste sind ein Gemeingut der ganzen Welt. Die Ehrfurcht vor dem für alle gleichen Glauben erfordert es, daß sämtliche Gedenkfeiern der zum Heile der gesamten Menschheit vollbrachten Taten überall mit derselben Freude begangen werden. Allein, abgesehen von der Verehrung, die das heutige Fest auf dem weiten Erdenrund verdient, muß es in unserer Stadt mit ganz besonderem Jubel begrüßt werden. Wo die Apostelfürsten ihr Leben so herrlich beschlossen haben, da gehört es sich auch, den Tag ihres Martyriums herrlich zu feiern. Das sind ja die Männer, von denen dir, Rom, das Licht des Evangeliums Christi gebracht wurde: Aus einer Lehrerin des Irrtums wurdest du zu einer Schülerin der Wahrheit. Das sind deine heiligen Väter und deine wahren Hirten, die für deine Eingliederung in das göttliche Reich weit bessere und segensreichere Gründer waren als jene, durch deren Fürsorge der erste Stein zu deinen Mauern gelegt wurde; denn der eine von ihnen, der dir seinen Namen gab, hat dich durch Brudermord geschändet. Diese beiden Apostel sind es, die dich zu so hohem Ruhm geführt haben. Durch den

Heiligen Stuhl des seligen Petrus wurdest du ein gottgeweihtes Geschlecht, ein auserwähltes Volk, ein Staat von Priestern und Königen, das Haupt der Welt. Durch die göttliche Religion solltest du deine Herrschaft weiter ausbreiten als vordem durch deine weltliche Macht. Obgleich du, durch viele Siege groß geworden, dein Herrenrecht über Länder und Meere ausdehntest, so ist doch das Gebiet, das dir der harte Krieg unterjochte, kleiner als das, welches dir das friedliche Christentum untertänig machte.«[154]

Der Text gewährt uns einen guten Einblick in die Entstehung der christlich-triumphalistischen Rom-Ideologie. Sprachlich drückt es sich darin aus, daß Begriffe der alten, imperialistischen Rom-Ideologie und überhaupt politische und symbolische Begriffe, die einst die Größe Roms zum Ausdruck brachten, nunmehr auf christliche Gegebenheiten übertragen werden. Dabei wollen wir die feinen Differenzierungen nicht übersehen. Gefeiert wird das Martyrium der Apostel Petrus und Paulus, die jetzt zu »Apostelfürsten« hochstilisiert werden (zu den »praecipui apostoli« wie es wörtlich heißt), also ihr Sieg im ursprünglichen christlichen Sinn. Ebendiese Männer, so heißt es weiter, haben Rom das Licht des Evangeliums gebracht, und aufgrund dieser Tatsache erscheinen sie nach Leo als die zweiten Gründer des wahren, nämlich des christlichen Rom. Sie sind die neuen »heiligen Väter«, also die neuen Senatoren Roms. Der rhetorische Schwung arbeitet mit dem Schluß »vom Geringeren aufs Größere« (a minori ad maius): Wenn schon die politisch-imperiale Macht des alten Rom so groß gewesen ist, so ist doch die christlich-geistliche Macht mit ihren Auswirkungen noch sehr viel größer. Ja, die Religion hat in Wahrheit Roms Machtbereich noch viel weiter ausgedehnt, als es den Feldherrn und Politikern jemals möglich war, und zwar, wie ausdrücklich hervorgehoben wird, auf gewaltlose Weise.

Man denke ferner an das militante Frömmigkeitsideal des »christlichen Mittelalters« mit seinem Schwert-Glauben; an die

Kreuzzüge gegen die Albigenser und Katharer, an die Zwangsbekehrung der Sachsen oder an das Verhalten der Portugiesen bei der Eroberung Indiens und das der Spanier bei der Eroberung von Mexiko und Peru. Da vor allem die letztgenannten Vorgänge noch immer viel zu wenig bekannt sind, sei dafür noch ein Beispiel von der Eroberung Perus durch Pizarro angeführt.[155] Gargia schildert die entscheidende Begegnung zwischen Franzisco Pizarro und dem Inka Atahuallpa, die am Sonnabend 16. November 1532 stattfand, folgendermaßen:
Bald nach Sonnenaufgang rief lauter Trompetenschall die Spanier zu den Waffen. Pizarro setzte den Truppen beim Appell seinen Plan auseinander. Nun heißt es wörtlich: »Nachdem diese Vorkehrungen getroffen waren, wurde eine Messe gelesen. Der Gott der Schlachten wurde angerufen, seine schützende Hand über die Soldaten zu halten, die bereit waren, für die Vergrößerung des Reiches der Christenheit zu kämpfen. Alle stimmten begeistert in den Gesang: ›Exsurge Domine, et iudica causam tuam‹ ein« (= »Steh auf, o Herr, und führe deinen Rechtsstreit«). Am späten Nachmittag kam der Inka mit seinem Heer an. Als er noch zögerte und erst am nächsten Tag zur Verhandlung mit Pizarro erscheinen wollte, wurde er in eine Falle gelockt. Pizarro »sandte zu dem Inka einen Boten mit der Bitte, er möge noch heute in die Stadt kommen, da alles für seine Bewirtung vorbereitet sei. Atahuallpa willfahrte dieser Bitte. Er ließ die Zelte abbrechen, der Zug setzte sich wieder in Bewegung. Vorher hatte Atahuallpa den spanischen Befehlshaber wissen lassen, daß er den größeren Teil seiner Krieger zurücklassen werde ... Keine Nachricht konnte Pizarro willkommener sein. Es schien so, daß Atahuallpa keinen anderen Wunsch hatte, als in die ihm gestellte Falle zu gehen. Ich wage es, zu behaupten, daß dies der unmittelbare Finger der göttlichen Vorsehung war.« Als dann der Inka mit einem Gefolge von 6000 Mann auf dem Stadtplatz von Caxamalca eintraf, war dieser völlig leer, weil die Spanier sich in den Hinterhalt zurückgezogen hatten. Nur ein

Dominikanerpater, Vincente de Valverde mit Namen, der auch Pizarros Beichtvater war, befand sich auf dem Platz. Er beherrschte auch die Quicha-Mundart. Mit einem Kruzifix und der Bibel in der Hand begann er vor dem Inka sofort mit einer Bekehrungspredigt. Nach der Darlegung des christlichen Glaubensbekenntnisses sagte er weiter: »Der Heiland ließ auf Erden den Apostel Petrus als seinen Stellvertreter zurück, dieser gab sein Amt an den Papst weiter, dieser wieder an die ihm folgenden Päpste. Der Papst, der jetzt über alle Herrscher der Welt Gewalt hat, hat dem spanischen Kaiser, dem mächtigsten aller Fürsten, den Auftrag erteilt, die Eingeborenen auf der westlichen Halbkugel zu unterwerfen und zu bekehren. Franzisco Pizarro ist jetzt gekommen, die ihm gestellte Aufgabe zu erfüllen. Ich aber fordere Euch jetzt auf, Atahuallpa, dem Irrglauben, in den Ihr verstrickt seid, abzuschwören. Überdies sollt Ihr anerkennen, daß Ihr dem spanischen Kaiser ab heute zinspflichtig seid.«

»Atahuallpa stand wie erstarrt da, nachdem der Dominikaner seine Rede beendet hatte. Dann sagt er mit einer Stimme, aus der Haß klang: ›Ich werde keinem zinspflichtig sein. Ich bin der größte Fürst der Erde, niemand kommt mir gleich. Wie kann der Mann, der Papst heißt, Länder verschenken, die nicht sein Eigentum sind? Meinen Glauben werde ich nicht ablegen. Euer Gott ist von den Menschen getötet worden, die er erschaffen hat. Mein Gott‹ – bei diesen Worten zeigte er auf die Sonne – ›lebt im Himmel und blickt auf seine Kinder herab.‹ Jetzt stand auch Pizarro auf der Plaza. Er sah, wie Atahuallpa dem Mönch die Bibel aus der Hand riß und auf den Boden warf. Die Zeit war gekommen. Mit einer weißen Binde gab Pizarro das vereinbarte Zeichen. Das Geschütz wurde abgefeuert. Und schon strömten die Spanier auf die Plaza. Mit dem Schlachtruf ›St. Jago!‹ warfen sich Fußvolk und Reiterei in geschlossenen Schlachtreihen mitten unter den Haufen der Indianer.« Atahuallpa wurde zunächst gefangengenommen, später getötet, und es entbehrt nicht der grausamen Ironie, wenn es von dem Pater Valverde heißt: »Er versuchte, Atahuallpa zu trösten und ihm begreiflich zu machen, daß alle, die sich den Streitern Christi widersetzten, dem Untergang geweiht waren.« [156]

Katholiken lieben es im allgemeinen nicht, wenn man sie mit solchen Begebenheiten abendländisch-christlicher Vergangenheit konfrontiert. Jahrhundertelang wurden die Juden aus dem christlichen Bewußtsein verdrängt; bis heute sind es weithin die Ereignisse, die mit der Eroberung und »Christianisierung« Lateinamerikas zusammenhängen, die schlicht und einfach nicht gewußt werden. Man fragt sich nach der Lektüre eines solchen Berichts: Was war das eigentlich für ein Gott, an den diese spanischen Eroberer glaubten, dieser grausame »Gott der Schlachten«, der einen Teil seiner Geschöpfe als seine Feinde betrachtet, der Zwangsbekehrungen nicht nur zuläßt, sondern fordert, der den Massen-Völkermord, damals schon die Vernichtung zahlloser Indianerstämme, geschehen läßt usw.? Unseren Dominikaner plagen nicht die geringsten Zweifel, wenn er da den Papst und den spanischen König über die neu entdeckten Länder verfügen läßt und vom Inka Unterwerfung fordert. Steht der Inka nicht sehr viel größer da, wenn er ganz richtig sagt: Euer Gott ist von den Menschen, die er erschaffen hat, getötet worden. Mein Gott lebt im Himmel und blickt auf seine Kinder herab, ganz wie der Gott und Vater Jesu, der seine Sonne über Guten und Bösen scheinen läßt?

Hier liegt doch wohl der entscheidende Punkt: Der »Gott der Schlachten« ist in der Tat nicht der Gott und Vater Jesu. Es ist der »Gott der Herrschenden«, der Machtgötze, der Herrschaft von Menschen über andere Menschen legitimieren soll und der »seine Feinde«, seien es die des Staates oder der Kirche vernichtet. Wir müssen uns klarmachen, daß es dieser »Gott der Schlachten« war, der in der christlich-abendländischen Geschichte immer wieder für den »wahren Gott«, für den »christlichen Gott« ausgegeben und gehalten wurde! Viele Christen haben nie einen anderen Gott kennengelernt; der Vater Jesu Christi, der Gott der

Liebe ist ihnen nicht begegnet, sondern der Gott der Rechthaber und der Herrschenden.
Es ist kein Zweifel: dieser Gott ist mit dem Wort vom »Sieg Christi« nicht gemeint. Blickt man auf den christlich-abendländischen Triumphalismus zurück, dann richtet sich das Wort des Apostels Paulus: »Denn der Name Gottes wird um euretwillen gelästert unter den Heiden« (Röm 2,24) gegen die Christen. Der moderne Atheismus ist wohl auch ganz wesentlich ein Produkt jener unbegreiflichen »Sieges-Geschichte« europäisch-imperialistischen Schwertglaubens, der unterscheidungslos die Eroberung und Vernichtung fremder Völker und Kulturen mit der Mission und Ausbreitung des Christentums in eins setzte. Die Geschichte von Atahuallpa weist eindringlich darauf hin, daß es eine gewaltige christliche Mitschuld am gegenwärtigen Zustand der Welt gibt, vor allem gegenüber den ehemaligen »Kolonien«.
Der Gedanke vom »Sieg des Glaubens« hat, wie man sieht, eine äußerst gefährliche Seite, wenn man dieses Wort in irgendeiner Weise auf innerweltliche, gar »weltgeschichtliche«, politische Erfolgserlebnisse beziehen möchte. Von Martin Buber stammt das erwägenswerte Wort: »Erfolg« ist keiner der Namen Gottes! Für uns kommt es heute darauf an, zu begreifen, daß die »Welt«, die das Glauben heute schwermacht, gerade auch die geschichtliche, vom Christentum mitgestaltete und mit zu verantwortende Welt ist. Aufgrund dieses geschichtlichen Ballasts, der sicher nicht nur seine negativen, sondern auch seine positiven Seiten hat, die wir hier selbstverständlich voraussetzen, ist das Adjektiv »christlich« tief zweideutig geworden. Das Christentum hat sich mit den herrschenden Mächten verbündet, und seine Vertreter, bis hin zu den Päpsten, haben im Lauf der Geschichte blutbefleckte Hände bekommen. Das macht es heute schwer, unbefangen vom »Sieg des Glaubens« zu sprechen. Wahr wird solche Rede in der Tat nur bezogen auf den »Anführer des Glaubens«, Jesus. Nur er hat gesiegt – und zwar als Opfer der religiösen und politischen Mächte.

IV. DAS ABSCHIEDSGEBET JESU ODER DAS »HOHEPRIESTERLICHE GEBET« (17,1–26)

Zur Exegese

In der überlieferten Fassung des Johannesevangeliums folgt nach den Abschiedsreden ein längeres Gebet, das man auch als das »Hohepriesterliche Gebet Jesu« bezeichnet. Diese Bezeichnung geht auf den Theologen David Chytreus (1531–1600) zurück, der in diesem Gebet Jesu offenbar einen Ausdruck seines »hohenpriesterlichen Amtes« erblickte, möglicherweise unter Bezugnahme auf die Passion, in der ja nach traditioneller theologischer Lehre Jesus sich selbst als Opfer dargebracht hat. Dann wäre dieses Gebet gleichsam als das »Weihe-Gebet Jesu« im Hinblick auf seinen bevorstehenden Tod anzusehen. Die Bezeichnung »Hohepriesterliches Gebet« ist exegetisch nicht unzutreffend; denn Jesus übt darin unter anderem auch die Funktion des Fürsprechers für die Seinen beim Vater aus (vgl. 17,6–24), wie sie nach urchristlicher Auffassung dem erhöhten Christus vor Gott zugesprochen wurde (vgl. Röm 8,34; 1 Joh 2,1f.; Hebräerbrief). Geht man von dieser »Fürsprecher-Rolle« aus, dann ergibt sich bereits ein wichtiger Gesichtspunkt für das Gebet: Auch an dieser Stelle verlagert Johannes eine Funktion des himmlischen, nachösterlichen Christus in die Situation des irdischen Jesus, oder umgekehrt formuliert, der irdische Jesus nimmt eine Funktion wahr, die eigentlich erst dem erhöhten Christus zukommt. Damit wird auch hier deutlich, wie stark in der »johanneischen Sehweise« der irdische und der erhöhte Christus zu einer einheitlichen Größe verschmolzen sind, woraus sich auch ergibt, daß wir es bei diesem Gebet mit einer Bildung des Evangelisten zu tun haben. Es handelt sich also nicht, wie beim »Vater unser«, dessen Grundbestand sehr wahrscheinlich auf den historischen Jesus zurückgehen dürfte (vgl. Mt 6,9–13; Lk 11,2–4), um ein von Jesus selbst verfaßtes Gebet. Eine traditionsgeschichtliche Verbindung läßt sich dagegen eher zu dem

»johanneischen Logion«, dem »Lobpreis des Vaters« aus der »Redenquelle« herstellen:

»In jener Stunde antwortete Jesus und sprach:
Ich preise dich, Vater, Herr des Himmels und der Erde,
daß du dies den Weisen und Klugen verborgen,
den Unmündigen aber geoffenbart hast.
Ja, Vater, so war es deine Absicht.
Alles ist mir von meinem Vater übergeben,
und niemand kennt den Sohn als der Vater,
und niemand kennt den Vater außer dem Sohn
und wem der Sohn es offenbaren will« (Mt 11,25–27; vgl. Lk 10,21f.).

Es ist kein Zweifel, daß sich das johanneische Abschiedsgebet Jesu und das Gebet aus der Redenquelle in der Sprache, aber noch viel stärker in der gedanklichen Eigenart miteinander berühren. Vor allem stimmen der zweite Teil Mt 11,27 (Lk 10,22) und das Abschiedsgebet in der Auffassung von Jesus als dem exklusiven und absoluten Offenbarer Gottes als des Vaters überein, so daß klar wird, daß Johannes mit seiner besonderen Sicht der Christus-Offenbarung in einem breiteren Strom der urchristlichen Überlieferung steht. Auch im johanneischen Abschiedsgebet Jesu steht die Gottesanrede »Vater« im Zentrum des Gebets (V. 1.5.11.21.24.25). Entscheidend ist für Johannes das Gottesverhältnis Jesu, das sich in der Bezeichnung Gottes als »Vater« bekundet, und in dieses Gottesverhältnis werden die Glaubenden einbezogen. Darin hat Johannes ganz sicher ein zentrales Anliegen der Jesus-Botschaft aufgenommen und es in seiner Weise vertieft.

Dazu kommt weiter, daß das Abschiedsgebet Jesu eine Art Zusammenfassung des ganzen Johannesevangeliums und seiner Offenbarungstheologie darstellt. Die Bedeutung seiner Aussagen erschließt sich erst dem, der das Johannesevangelium und vor allem auch die Abschiedsreden schon einigermaßen kennt; vorher wird man seine Tiefen gar nicht ausloten können. Mit Recht meint E. Käsemann: »Wie immer man die Frage nach dem ursprünglichen Ort des Kapitels beantwortet, unverkennbar bildet es ein Summarium der johanneischen Reden und insofern ein Gegenstück zum Prolog.«[157] Das Gebet enthält also die ganze johanneische Offenbarungstheologie, nun allerdings nicht mehr wie in den verschiedenen Offenbarungs-Reden, in der Form einer Belehrung durch den Offenbarer, sondern in der Weise eines lebendigen betenden Vollzugs, als eine Art irdisch-himmlische Liturgie. Der himmlische Fürsprecher beim Vater und die irdische Gemeinde seiner Freunde werden in diesem Gebet zu einer geistgewirkten Einheit verbunden. In diesem Gebet wird deutlich, daß es in der Offenbarung letztlich nicht um theoretische Belehrung geht, sondern um ein neues Leben, um die lebendige Gemeinschaft mit Jesus und mit dem Gott und Vater Jesu. Darum zeigt sich auch in diesem Gebet, was nach Johannes die »christliche Gemeinde« ihrem tiefsten geistlichen Wesen nach ist, nicht bloß nach ihrer äußeren soziologischen Erscheinung. Johannes hat, worauf schon verschiedentlich hingewiesen wurde, keine »Lehre von der Kirche« (»Ekklesiologie«) im ausdrücklichen Sinn entwickelt; die Kirche erscheint bei ihm nicht als ein selbständiges Thema. Aber indem er die Jüngergemeinde Jesu darstellt und sie mit seiner eigenen Gemeinde identifiziert (oder auch umgekehrt), zeigt er deutlich, welche Auffassung von Kirche er selbst hat. Das wird sich vor allem bei dem Stichwort »Einheit« ergeben.

Das Gebet gliedert sich in vier Teile: 1. 17,1–5 handelt zusammenfassend von der Jesus-Offenbarung und ihrer Bedeutung; 2. 17,6–19 ist ein Gebet für die in der Welt zurückbleibenden Jünger; 3. 17,20–24 ist ein Gebet für die »spätere Gemeinde«; 4. 17,25–26 bildet den Gebets-Schluß.[158] R. Bultmann hat in seinem Kommentar das Abschiedsgebet nach dem Bericht vom »Letzten Mahl« 13,1–30 und vor den »Abschiedsreden« eingeordnet.[159] Einen überzeugenden Grund für dieses Vorgehen gibt es meines Erachtens nicht. Oder besser gesagt, es gibt viele gute und überzeugende Gründe, das Gebet an der Stelle zu belassen, an der es sich jetzt befindet. Als »Kompendium der johanneischen Offenbarungstheologie« macht es sich auch viel besser hinter den Abschiedsreden als davor, ebenso als Brücke zu der nachfolgenden Passionserzählung. Mochte es ursprünglich einmal ein selbständiges Stück gewesen sein, was jedoch völlig hypothetisch bleiben muß, so hätte es doch in der abschließenden Redaktion des Evangeliums seinen guten Platz gefunden. Auch hier zeigt sich einmal mehr, daß für das Verständnis und die Auslegung des Johannesevangeliums mit literarkritischen Operationen und Textumstellungen nicht viel zu gewinnen ist. Das Entscheidende liegt in der »Sache«, die in diesem Text zur Sprache kommt.

1. Jesu Gottesoffenbarung (17,1–5)

1 *Nach diesen Worten erhob Jesus seine Augen zum Himmel und sprach:*
Vater,
die Stunde ist gekommen.
Verherrliche deinen Sohn, damit der Sohn verherrliche dich,
2 *gleichwie du ihm Macht gegeben hast über alles Fleisch,*
damit er allen, die du ihm gabst, ewiges Leben schenke.
3 *Dies aber ist das ewige Leben:*
Dich, den einen wahren Gott zu erkennen
und den du gesandt hast, Jesus Christus.
4 *Ich habe dich auf Erden verherrlicht,*
indem ich das Werk vollbrachte,

das du mir gabst, damit ich es tue.
5 *Und jetzt verherrliche du mich, Vater,*
bei dir selbst mit derselben Herrlichkeit,
die ich bei dir hatte, ehe die Welt war.

Mit einer knappen Einführung »Nach diesen Worten erhob Jesus seine Augen zum Himmel und sprach . . .« (Vers 1a) markiert der Evangelist das Ende der Abschiedsreden und den Anfang des Gebets, letzteres durch das Einnehmen der Gebetshaltung: Jesus erhebt seine Augen zum »Himmel«, zum »Ort Gottes«. Möglicherweise ist dabei auch mit an die »Gebetsrichtung« gedacht: Die Christen richteten sich ursprünglich nach keiner geographisch angebbaren Gebetsrichtung, sondern sie wenden sich direkt an Gott. Diese grundlegend andere Haltung und Einstellung bedeutet zugleich auch eine andere Art des Redens. Das Gebet, etwa als Fürbitte, oder eines, das ein »Stellvertreter«, ein liturgischer Sprecher für andere spricht, hat einen anderen Charakter als die Streitrede oder die Jünger-Belehrung. Beim Beten wird nicht mehr gestritten; da wird auch nicht mehr diskutiert. Insofern entspricht es auch der johanneischen Reihenfolge, wenn es in 16,25.29f. geheißen hatte, daß jetzt alle Fragen geklärt seien und es keine Dunkelheiten, kein Rätsel mehr gebe. Die Voraussetzung des Gebets ist in der Tat, daß man einmal alle Probleme auf sich beruhen läßt und zu einer offenen Übereinstimmung kommt, die ein Gemeinsames hervortreten läßt. Diese »gemeinsame Mitte«, auf die es beim gemeinschaftlichen Beten ankommt, ist in unserem Abschiedsgebet die Person Jesu selbst und sein Wort. Es ist also sicher kein Zufall, wenn Jesus selbst das Gebet spricht. An ihm sollen sich ja die Glaubenden aller Zeiten orientieren. An ihm selbst finden sie ihre Mitte, ihren maßgeblichen Anhaltspunkt und damit auch ihre eigene Richtung.
Die Gebetsanrede »Vater«, die wiederholt aufgenommen wird (V. 24.5.21; aber auch »heiliger Vater« V. 11b, »gerechter Vater« V 25), entspricht nicht nur dem grundlegenden Gottes-Prädikat

bei Johannes, sondern auch der sonstigen Überlieferung vom Gebet Jesu.[160] Johannes dürfte hier von urchristlicher Tradition abhängig sein, näherhin von einer Tradition, die das besondere Gottesverständnis Jesu als »Vater« mit dem apokalyptischen Offenbarungsgedanken verbunden hatte, wie dies im Jubel-Gebet der Redenquelle der Fall ist (Mt 11,25–27).[161] Die Auffassung, daß es zur Erkenntnis Gottes als *Vater* einer besonderen Offenbarung bedarf, die nur durch Jesus als dem Sohn erfolgen kann, ist bereits vorjohanneisch. Johannes hat sie vermutlich auf dem Weg mündlicher Tradition übernommen, sie aber dann zum zentralen Thema seiner Offenbarungstheologie gemacht.[162]

Das zeigt sich sofort im weiteren Zusammenhang, der auf die Anrede folgt: »die Stunde ist gekommen« und »verherrliche deinen Sohn, damit der Sohn verherrliche dich« (V. 1b). Der Hinweis auf das Gekommen-Sein der »Stunde« erinnert an den Beginn des letzten Mahles (13,1); kein Zweifel, daß es sich hier wie dort um die gleiche »Stunde« handelt. Diese »Stunde« ist keine Zeitangabe, die man mit der Uhr nachmessen könnte. Vielmehr bezeichnet der Ausdruck »Stunde« das Heilsgeschehen des Todes und der Auferstehung Jesu.[163] Für Johannes ist entscheidend der jeweilige Inhalt der »Stunde«. Dieser Inhalt wird allein durch das bestimmt, was jeweils mit Jesus selbst geschieht. Es ist der Tod Jesu als Heilstod, der Tod des Gottessohnes und Menschensohnes, der die »Stunde« zu dem macht, was sie ist, nämlich zur »Stunde des Heils« für den Kosmos und für die ganze Menschheit. So bezeichnet die »Stunde« auch den Eintritt der eschatologischen Wende der Zeitalter (»Äonen«), und damit der bleibenden Gegenwart des Heils.

Deshalb ist die »Stunde« betont die »Stunde der Verherrlichung Jesu«[164], in der Jesus durch den Vater jene Anerkennung zuteil wird, wie sie ihm als dem Sohn Gottes gebührt. Diese Ehrung Jesu durch Gott ist aber nicht bloß eine äußerliche Bestätigung, sondern die Aufnahme Jesu in den Bereich göttlicher Klarheit und Lichtherrlichkeit. Die Kunst hat das, was sich mit Worten schwer ausdrücken läßt, dem Verstehen dadurch nähergebracht, daß sie den thronenden Christus mit der Mandorla, dem Symbol der Gottheit, umgab. Wenn Jesus hier den Vater um seine »Verherrlichung« bittet, dann ist auch sein Gang in den Tod als wesentliches Moment jenes umfassenden »Dialogs zwischen Vater und Sohn« zu begreifen, wie er die Existenz Jesu, sein ganzes irdisches Dasein bestimmt. Im Hinblick auf den Vater lebt Jesus eine durch und durch »dialogische Existenz«. Auch Jesu Tod ist als ein »göttlich Werk« aufzufassen, nicht nur als ein Geschehen blinder, frevelhafter Menschen, schon gar nicht als ein unpersönliches »Schicksal«. Als schieres Erleiden ist Jesu Tod zugleich äußerste, erfüllte Tat, Geschehen, in das Jesus sich ganz hineingibt. Schon im Tod beginnt die Verherrlichung Jesu durch den Vater. Auch bei Johannes bleibt ein letzter »Vorrang« Gottes des Vaters gegenüber Jesus dem Sohn gewahrt, was damit zusammenhängt, daß Johannes letztlich doch von keinem von der »Offenbarung« und also vom göttlichen Heilshandeln losgelösten, rein spekulativen Gottesverständnis weiß. Gerade als der Offenbarer bleibt Jesus mit der menschlichen Geschichte verbunden. Findet schon im Kreuz die Verherrlichung Jesu durch den Vater und des Vaters durch Jesus statt, so kommt darin zum Ausdruck, daß hier die vollendete Offenbarung Gottes durch Jesus geschieht. Insofern bilden Kreuz und Auferstehung den Gipfelpunkt der Offenbarung. Dies ist gemeint, wenn Johannes von »Verherrlichung« redet.

Vers 2 und 3 gelten wegen des Stilbruchs (»Du«-Anrede in V. 1, die V. 4 wieder aufnimmt, während V. 2 und 3 in objektivierender Weise vom »Sohn« in der dritten Person sprechen), als nachträglicher Einschub. Vers 3 bedient sich darüber hinaus noch einer ausdrücklichen Bekenntnissprache. Doch muß dies deshalb noch nicht später eingetragen sein. Auch hier ist der Vergleich mit Mt 11,25–27 aufschlußreich, weil dort eine ähnliche Verbindung von Du-Anrede in Vers 25–26 mit objektivierender Redeweise in Vers 27 vorliegt. Auch Mt 11,27 spricht von »Vollmachtsübertragung« an den Sohn.

Die Verherrlichung ist zugleich *die Bestätigung der göttlichen Vollmacht Jesu*, hier als »Vollmacht über alles Fleisch« bezeichnet, das heißt über die gesamte Menschheit. Während der Gedanke der Vollmacht Jesu bei den Synoptikern hauptsächlich mit Jesu Wundermacht verbunden erscheint, näherhin mit der Vollmacht, Dämonen auszutreiben (vgl. Mk 1,22.27), oder auch als Gegebenheit, die für die Außenstehenden unbegreiflich und umstritten ist,[165] gehört »Vollmacht« bei Johannes von Anfang an zur Ausstattung Jesu als Gottessohn und Messias. So heißt es schon in 3,35: »Der Vater liebt den Sohn und hat ihm alles in die Hände gegeben.« Als Offenbarer ist Jesus auch der autorisierte »Hoheitsträger Gottes in der Welt«. Wahrscheinlich hat Johannes den Gedanken der Bevollmächtigung Jesu in Verbindung mit der Menschensohn-Christologie übernommen; so heißt es 5,27: »Und er (der Vater) gab ihm Vollmacht, Gericht zu halten, weil er der Menschensohn ist.« Die Übertragung göttlicher Vollmacht an den himmlischen Menschensohn ist bereits in der jüdischen Apokalyptik geläufig.[166] Entscheidend ist freilich die Veränderung, die Johannes im Hinblick auf Jesus, oder richtiger unter dem Einfluß Jesu vornimmt: Der Menschensohn Jesus hat die Vollmacht nicht in erster Linie dazu bekommen, das Gericht zu halten, sondern »damit er allen, die du ihm gabst, ewiges Leben schenke« (V. 2b). Die Vollmacht, die Jesus besitzt, ist also in erster Linie Heilsvollmacht, Vollmacht zur Erlösung und Mitteilung ewigen Lebens, und erst in zweiter Linie »Vollmacht zum Gericht«. Es handelt sich um die unbedingte »Priorität des Heils vor dem Gericht«, wie sie auch 3,13–21 ausgesprochen ist.[167] »Leben und Heil« einerseits und »Gericht« andererseits sind für Johannes keine gleichwertigen Alternativen; vielmehr liegt der Akzent auf dem Heil, das Jesus bringt, und das »Gericht« ist eigentlich nur noch der begleitende Schatten, die negative Möglichkeit, mit der man wohl rechnen muß, solange die Fehlbarkeit der menschlichen Existenz gegeben bleibt. Aber gerade sie soll ja immer neu durch den Glauben überwunden werden!

Genau dies sagt auch Vers 2: Jesus hat die umfassende Vollmacht zur Heilsvermittlung bekommen. Auch in diesem Vorgang bekundet sich die bleibende Abhängigkeit Jesu vom Vater: Die Glaubenden sind diejenigen, die ihm vom Vater »gegeben« sind (vgl. auch 6,37.44). Quer durch das Heilsgeschehen hindurch geschieht das Werk Gottes, auch im Glauben an Jesus. Weiter, die Heilsvollmacht Jesu ist universal, sie gilt allen Menschen, wenigstens nach ihrer Grundausrichtung. Trotzdem scheinen die Glaubenden eine besondere »Auswahl« darzustellen. Es darf hier genügen festzustellen, daß Johannes beide Seiten zur Geltung bringt, die sich logisch nicht auf einen glatten Nenner bringen lassen: Die Heilsvollmacht Jesu ist in der Tat ihrem Umfang nach »universal«; sie erstreckt sich auf alle Menschen ohne Ausnahme. Gleichwohl wird daran festgehalten, daß immer nur eine begrenzte Anzahl von Menschen das von Jesus dargebotene Heil auch ausdrücklich ergreift und das Wort der Offenbarung annimmt. Wie es sich mit den anderen Menschen verhält, entzieht sich unserer Kenntnis; man muß dieses Problem auch offen lassen können. Der Glaube ist in diese Spannung hineingestellt: Er muß am Begriff und an der radikalen Hoffnung einer universalen Erlösung der gesamten Menschheit durch Jesus Christus festhalten, und er kann auf die konkret-geschichtliche Verkündigung, auf den Glauben als persönliches Bekenntnis nicht verzichten, ohne über jene ein Urteil fällen zu dürfen, die sich selbst nicht (mehr) für Christen halten. Trotz negativer Erfahrungen darf er sich nicht einer Ghetto-Mentalität überlassen.

»Ewiges Leben« (griech. *zoé aiónios*), das ist nach Johannes das Heil schlechthin, das mit der Offenbarung verbunden ist.[168] »Der johanneische Christus verheißt den an ihn Glaubenden die *zoé* nicht bloß als ›ewigwährendes Leben‹ in der eschatologischen Zukunft, sondern als eine *Gabe der Gegenwart*, die ihnen jetzt schon in ihrem irdischen Dasein geschenkt ist.«[169] Die geläufigste Wendung dafür ist »das Leben haben«. Der Glaubende hat schon jetzt in der Gegenwart am »ewigen Leben« teil. Darum kann der erste Johannesbrief sagen:

»Was von Anfang an war,
was wir gehört haben, was wir gesehen haben mit unseren eigenen Augen,
was wir geschaut haben und unsere Hände berührt haben –
es handelt sich um das Wort (den Logos) des Lebens –
ja, das Leben ist erschienen –
und wir haben gesehen und bezeugen und verkünden euch das ewige Leben,
das beim Vater war und das uns erschienen ist –
was wir also gesehen und gehört haben,
das verkünden wir auch euch,
damit auch ihr Gemeinschaft haben sollt mit uns.
Und unsere Gemeinschaft ist aber (Gemeinschaft)
mit dem Vater und mit seinem Sohn Jesus Christus.
Und dies schreiben wir euch,
damit eure Freude vollkommen sei« (1 Joh 1,1–4).

Die johanneische Lebens-Theologie ist von Gott her (»theologisch«) und von Christus her (»christologisch«) begründet. Das wahre, absolute Leben, Leben schlechthin und frei von allem Tod ist das göttliche Leben allein, das gibt es nur bei Gott. Die Menschenwelt dagegen kennt wohl die Sehnsucht nach ewigem Leben, ist aber sonst »eine Welt des Todes«. Jesus ist der göttliche Logos, das Wort, das im Anfang bei Gott war und von dem es heißt: »In ihm war Leben, und das Leben war das Licht der Menschen« (1,4). Und dieses göttliche Lebens-Wort »ist Fleisch geworden« (1,14), um allen Menschen am ewigen Leben Anteil zu geben. Die Lebens-Mitteilung ist deshalb auch die entscheidende Heils-Funktion des johanneischen Christus.

So wird auch klar, daß »Offenbarung« und »Lebensmitteilung« unmittelbar zusammenhängen und einen einzigen Vorgang bilden, wie Vers 3 sagt: »Dies aber ist das ewige Leben, Dich, den einen wahren Gott, zu erkennen und den du gesandt hast, Jesus Christus.« Erkenntnis Gottes und Erkenntnis Jesu Christi – das also ist der »Inhalt« des ewigen Lebens. Natürlich handelt es sich hier nicht um einen theoretischen, distanzierten Erkenntnis-Begriff, sondern um »Anerkennung«, oder besser, um ein Erkennen, das als solches die innere Beteiligung, die Liebe einschließt, das Moment ergriffener Betroffenheit, das zum Glauben führt. Auch in Vers 3 handelt es sich um eine konzentrierte »johanneische Kurzformel des Glaubens«, die das ganze Offenbarungsverständnis des Johannes enthält. Johannes steht auch hier in einer breiteren urchristlichen Tradition, wenn er *Gottesglauben* und *Christusglauben* als Einheit zusammenfaßt, wie etwa die paulinische Formel bezeugt:

»Aber wir haben nur einen Gott, den Vater, aus dem das All (kommt)
und wir (sind) zu ihm hin und einen Herrn Jesus Christus,
durch den das All (geworden ist) und wir durch ihn« (1 Kor 8,6).

Im ersten Glied (»dich, den einen wahren Gott zu erkennen«) verwendet Johannes wohl traditionelle Sprache der urchristlichen Mission, die schon auf die jüdisch-hellenistische Glaubenspredigt zurückgeht (vgl. 1 Thess 1,9ff.). Hier handelt es sich um das klassische Grundbekenntnis zum Monotheismus biblischer Prägung. Der Gott Israel ist der eine, wahre und lebendige Gott im Unterschied zu den vielen Göttern der Heiden (vgl. z. B. Psalm 115,4–8), die ihrem Wesen nach keine Götter, sondern »Gott-Nichtse« sind *(elilim)*. Das Urchristentum knüpfte an die jüdisch-monotheistische Religionspredigt an. Es mußte, vor allem gegenüber der polytheistisch eingestellten Volksreligion, auch den strengen Monotheismus verkünden. Doch eben nicht in einem abstrakten Sinn, wie damals auch die philosophisch Gebildeten von Gottes Einheit sprachen, sondern in Verbindung mit der Person Jesu. Daher kam es schon ziemlich früh, wie Paulus in 1 Kor 8,6 bezeugt, dazu, das Christus-Bekenntnis neben das Gottes-Bekenntnis zu stellen und beide fest miteinander zu verbinden: Der eine wahre Gott und der eschatologische Offenbarer Jesus Christus gehören zusammen: ». . . und den du gesandt hast Jesus Christus«.

Hier begegnet nun der volle Name JESUS CHRISTUS, der in dieser Form im Johannesevangelium nur dreimal verwendet ist, jedesmal an hervorgehobener Stelle (1,17; 17,3; 20,31), hier mit dem Zusatz »und den du gesandt hast«. Jesus ist »der Gesandte Gottes«, in einem genau bestimmten Sinn.[170] Zum Verständnis des johanneischen Sendungsgedankens ist auszugehen von dem jüdischen Rechtsgrundsatz: »Der Abgesandte eines Menschen ist wie dieser selbst«.[171] Es handelt sich um eine Auffassung, die im antiken Gesandtenwesen tief verwurzelt ist und die sich bis in die Gegenwart erhalten hat: Ein Botschafter ist der Repräsentant seiner Regierung, er vertritt sie und ist streng an ihre Weisungen gebunden. So bezeichnet auch bei Johannes der Gedanke der Sendung gewöhnlich die Autorisierung Jesu durch Gott; kraft seiner Sendung verfügt Jesus über die göttliche Offenbarer- und Heilsvollmacht, ebenso ist er als Offenbarer der Repräsentant Gottes in der Menschenwelt. Wer ihn anerkennt, der erkennt darin Gott an, wer ihn verwirft, der verwirft Gott. Darum sollen »alle den Sohn ehren«, d. h. in vollem Umfang anerkennen, »gleichwie sie den Vater ehren. Wer den Sohn nicht ehrt, der ehrt auch den Vater nicht, der ihn gesandt hat« (5,23). Johannes verwendet den gesandtenrechtlichen Repräsentationsgedanken, um damit Jesu Stellung gegenüber Gott wie gegenüber der Menschenwelt zu charakterisieren. Natürlich ist er der Auffassung, daß man den Offenbarer und Gesandten Gottes Jesus Christus von Gott nicht trennen kann, so daß die wahre Gotteserkenntnis an die Person Jesu Christi gebunden bleibt.

Nach der eschatologischen Offenbarung in Jesus Christus gibt es keinen anderen Weg mehr als diesen: *Per Christum in Deum* (»durch Christus zu Gott«). Die Bekenntnissprache von Vers 2 und 3, die von der Du-Sprache des Gebetsstils deutlich absticht, bringt noch einmal den »objektiven Chrakter« des johanneischen Offenbarungsverständnisses zum Ausdruck. Auf dieser Anerkennung Gottes und seines Offenbarers beruht auch das Gebet mit allem, was es zu sagen hat.
Die folgenden Verse 4 und 5 nehmen das Thema der »Verherrlichung« wieder auf und vertiefen es durch zwei weitere Gedanken. Vers 4 blickt auf das »Werk Jesu« zurück.[172] Jesus hat bereits »auf Erden« den Vater verherrlicht – schon ein erster Hinweis darauf, daß Johannes das ganze und bereits abgeschlossene irdische Dasein Jesu vor Augen steht. Das Erdenwirken Jesu wird hier unter dem Vorzeichen des »Soli Deo Gloria«, der Verherrlichung Gottes, gesehen, als Gesamtsinn der Existenz Jesu. Dann wird gesagt, worin diese Verherrlichung des Vaters durch Jesus besteht, nämlich darin, daß Jesus »das Werk vollendet« oder »vollbracht« hat, das zu tun die ihm von Gott gestellte Lebensaufgabe war. Johannes spricht wiederholt sowohl vom »Werk« (Singular) wie von den »Werken« (Plural) Jesu. Dabei bezieht der Plural »Werke« sich sehr häufig auf die von Jesus gewirkten »Wunder«, die »Zeichen«, wie Johannes sie nennt. Das bedeutet einmal, daß diese als »Taten Jesu« aufzufassen sind. Es handelt sich nicht um bloße Fakten, um simple Begebnisse. Vielmehr sind sie als »Werke Jesu« auch zugleich »Werke Gottes«, die am Menschen sichtbar werden (9,3). Das heißt, die einzelnen »Zeichen-Werke« stehen im größeren Kontext des Offenbarer- und Heils-Wirkens Jesu. Sie demonstrieren Sinn und Macht der Offenbarung, in zeichenhafter, symbolischer Weise. Als Zeichen verweisen sie auch wieder auf Jesus selbst, indem sie ihn und sein Wollen auslegen. Denn der Sinn dieser Zeichen besteht nicht in sensationellen Demonstrationen um ihrer selbst willen, sondern darin, auf Jesus aufmerk-

sam zu machen und zum Glauben an ihn zu bewegen. Demgegenüber spricht der Singular vom »Werk Jesu« als einer umfassenden Einheit und Ganzheit. In 4,34 sagt Jesus: »Meine Speise ist es, den Willen dessen zu tun, der mich gesandt hat, und sein Werk zu vollbringen.« Dazu 5,36: »Ich habe aber noch ein größeres Zeugnis als das des Johannes, nämlich *die Werke, die mir der Vater gegeben hat,* damit ich sie vollbringe; ebendiese Werke, die ich tue, legen Zeugnis ab für mich, daß mich der Vater gesandt hat.« Die Nähe der beiden Stellen zu Vers 4 ist offenkundig. Jesus »vollbringt« das Werk des Vaters; das ist für ihn der »Wille Gottes«, seine »Speise«, das, wovon er lebt. Insofern ist der »Wille Gottes« das zentrale Thema Jesu. Dieser göttliche Wille ist freilich für Jesus nicht primär das Einzelgebot, das erfüllt werden soll, sondern das gesamte »Lebens-Werk« des Offenbarers.

Man muß aber noch einen Schritt weiter gehen. Das Lebenswerk des Offenbarers Jesus gehört diesem nicht äußerlich zu; es kann nicht als selbständiges »Werk«, als eine »Sache« von der Person Jesu abgelöst werden. Wo man in dieser Weise zwischen dem »Werk« und der Person Jesu noch einen Unterschied macht, hat man beides noch nicht richtig verstanden. Jesu Werk steht ihm nicht so gegenüber, wie das Werk eines Bildhauers, Dichters oder Philosophen diesem gegenübersteht und danach sich gleichsam verselbständigt, um sein »Eigenleben« unabhängig vom Urheber zu führen. Nach Johannes ist Jesus vielmehr mit seinem Werk identisch. Das zeigt sich in der entscheidenden Phase dieses »Werkes«, in der Passion, wo in der Person Jesu selbst »Subjekt« und »Objekt« zusammenfallen. Es ist unmöglich, die Passion Jesu als »äußerliches Werk« oder Geschehen verstehen zu wollen. Nein, *hier ist Jesus selbst das Werk, das er vollbringt, er vollbringt sich selbst im Hinblick auf Gott.* Wenn nämlich vom »Vollbringen« (griech. *teleioûn*) bzw. »Vollenden« dieses Werkes die Rede ist, dann lenkt schon dieses Wort den Blick auf das letzte Wort, das Jesus am Kreuz spricht: »Es ist vollbracht«

(19,30). Wenn nun gerade das Sterben Jesu unter diesem Zeichen des »Es ist vollbracht« steht, so wird von daher rückblickend auch wieder klar, daß das »Werk Jesu« nur das gesamte Heilswerk sein kann, verkörpert und zusammengefaßt in der Person Jesu. Endlich wird auf diese Weise verständlich, daß Jesus und sein Lebensweg das eine »Werk Gottes« ist, die Offenbarung, und nicht bloß einzelne verschiedene »Mitteilungen über Gott«. Es geht auch hier um das theologische Gesamtverständnis Jesu. Jesus steht aber zu Gott im Verhältnis des freien Austauschs, eines freien Gebens und Empfangens. Auch das Werk, das Jesus auf Erden vollbringt, wird als Gabe verstanden. »Jesus hat alles vom Vater als Geschenk erhalten, nicht nur das Vollenden-Können, sondern auch das tatsächliche Vollenden. Er hat aber dieses Geschenk auch voll verwirklicht, indem er dieses Erlösungswerk zum vollständigen Abschluß brachte, so wie es der Vater ihm gegeben hat, daß er es tue.«[173]

Darum bittet Jesus auch (V. 5), daß der Vater ihn verherrlichen möge, und zwar »bei sich selbst«, also im urgöttlichen Bereich, »mit derselben Herrlichkeit, die ich bei dir hatte, ehe die Welt war«. Damit ist der Präexistenzgedanke angesprochen. Es dürfte kaum zweifelhaft sein, daß der Evangelist an dieser Stelle auch an den Prolog erinnern möchte, wo es heißt: »Im Anfang war Er, das Wort« (griech. der *lógos*), »und Er, das Wort, war bei Gott, und Gott war Er, das Wort. Dieses war im Anfang bei Gott« (1,1–2). Und weiter: »Und Er, das Wort, wurde Fleisch und wohnte unter uns, und wir schauten seine Herrlichkeit, eine Herrlichkeit, wie sie dem Eingeborenen vom Vater her eignet, voller Gnade und Wahrheit« (1,14). Johannes ist davon überzeugt, daß Jesus mit rein menschlichen Kategorien nicht erfaßt und nicht nach menschlichen Maßstäben beurteilt werden kann. Alle dem Kosmos entnommenen Maßstäbe bleiben dem Offenbarer Gottes letztlich äußerlich, fremd und unangemessen. Jesus kommt aus dem göttlichen Bereich; er bleibt während seines Erdendaseins diesem Bereich zugehörig und kehrt dorthin auch wieder zurück. Vers 24b sagt, daß die urewige Herrlichkeit, an der Jesus schon immer vom Vater her teilhat, nichts anderes ist als die ewige Liebe zwischen dem Vater und dem Sohn: ». . . weil du mich geliebt hast vor Grundlegung der Welt«. Die Gott-Zugehörigkeit Jesu ist also keine zeitweilige und partielle, sie ist vielmehr radikal und total, sie ist – man kann es nach Johannes nicht anders ausdrücken – eine ewige, die ihren Grund nicht in der Zeit, sondern vor, über und jenseits aller Zeit hat. Die Präexistenzaussage bringt dies am entschiedensten zum Ausdruck.[174] Die Frage nach den religionsgeschichtlichen Voraussetzungen des Präexistenzgedankens braucht uns hier nicht weiter zu beschäftigen. Das Urchristentum fand diese Denkweise vor und hat sie aufgenommen, um damit den göttlichen Offenbarungscharakter des Heilsgeschehens abzusichern und die radikale Zusammengehörigkeit von Jesus und Gott zum Ausdruck zu bringen. Weil das Heilsereignis in Gott selbst gründet, darum hat es auch kein Ende. Die Bitte Jesu um die Verherrlichung durch den Vater faßt deshalb auch den »ewigen Fortbestand«, die ewige Zukunft und bleibende Gültigkeit des Heilsereignisses ins Auge. Als Heilsgeschehen haben Tod und Auferstehung Jesu Ewigkeits-Bedeutung; sie sind »ein für allemal« gegeben. Sie haben deshalb nicht nur eine Zukunft, sondern in ihnen ist die ewige Zukunft schon eröffnet.

Der Abschnitt 17,1–5 stellt das Offenbarungs- und Heilsgeschehen, wie es sich nach Johannes in der Person Jesu darstellt, an den Anfang des Abschiedsgebets Jesu. Insofern ist Jesus selbst in seiner unablöslichen Bindung an den Vater der tragende Grund, die bleibende Mitte und die verheißungsvolle Zukunft des »ewigen Lebens«.

2. Das Gebet für die in der Welt zurückbleibenden Jünger (17,6–19)

6 Ich habe deinen Namen den Menschen offenbart,
die du mir aus der Welt gegeben hast.
Dein waren sie, und du hast sie mir gegeben,
und sie haben dein Wort bewahrt.
7 Jetzt haben sie erkannt,
daß alles, was du mir gegeben hast, von dir ist;
8 denn die Worte, die du mir gabst, habe ich ihnen gegeben,
und sie haben sie angenommen
und haben in Wahrheit erkannt,
daß ich von dir ausgegangen bin,
und geglaubt, daß du mich gesandt hast.
9 Ich bitte dich für sie.
Nicht für die Welt bitte ich,
sondern für sie, die du mir gegeben hast,
denn sie sind dein.
10 Alles, was mein ist, ist dein, und was dein ist, ist mein,
und ich bin in ihnen verherrlicht.
11 Ich bin nicht mehr in der Welt,
doch sie sind in der Welt,
ich aber komme zu dir.
Heiliger Vater,
bewahre sie in deinem Namen, den du mir gegeben hast,
damit sie eins seien gleichwie wir.
12 Solange ich bei ihnen war,
habe ich sie in deinem Namen bewahrt, den du mir gegeben hast,
und ich habe sie behütet,
und ist keiner von ihnen verlorengegangen außer dem Sohn des Verderbens,

damit die Schrift erfüllt würde.
13 *Jetzt aber komme ich zu dir,*
und dies rede ich in der Welt,
damit sie meine Freude vollkommen in sich haben.
14 *Ich habe ihnen dein Wort gegeben,*
die Welt aber hat sie gehaßt, weil sie nicht von der Welt waren,
so wie auch ich nicht von der Welt bin.
15 *Ich bitte dich nicht darum,*
daß du sie aus der Welt fortnehmen sollst,
sondern daß du sie vor dem Bösen bewahrest.
16 *Von der Welt sind sie nicht,*
so wie auch ich nicht von der Welt bin.
17 *Heilige sie durch die Wahrheit;*
dein Wort ist Wahrheit.
18 *So wie du mich in die Welt gesandt hast,*
so habe auch ich sie in die Welt gesandt.
19 *und ich heilige mich für sie;*
damit auch sie in Wahrheit geheiligt seien.

Jesus hat das Werk, das seine von Gott gesetzte Lebensaufgabe war, »vollbracht«. Dieses Werk steht aber nicht als in sich abgeschlossene und isolierte Größe da, vielmehr war es von Anfang an darauf angelegt, eine Wirkung zu zeitigen, oder in der Sprache des Johannes formuliert, es sollte »Frucht bringen«: »Amen, Amen, ich sage euch, wenn das Weizenkorn nicht in die Erde fällt und stirbt, bleibt es allein; wenn es aber stirbt, bringt es viele Frucht« (12,24). Die entscheidende Frucht des Heilsgeschehens ist aber *die Gründung der Jünger-Gemeinde Jesu, der Kirche.* Johannes spricht davon, daß die Offenbarung zwar nicht bei allen Menschen zum Ziel gekommen ist, obwohl sie an alle Menschen adressiert ist. Aber bei den Jüngern hat sie ihr Ziel erreicht. Dabei werden die Gegenwart der johanneischen Gemeinde und die »Vergangenheit« Jesu und des ersten Zeugenkreises wieder ineinandergeblendet. Bei Jesu ersten Jüngern geschieht schon exemplarisch, was in der Gemeinde zu allen Zeiten geschieht. Trotzdem übergeht Johannes die historisch-zeitliche Differenz zwischen der ersten und der zweiten Generation nicht völlig. Er hält daran fest, daß Offenbarung und Gemeinde doch auch einen historischen Ursprung haben, eine »Gründerzeit«, und eine »Gründergeneration«, mit einem geschichtlichen Gefälle, das man nicht übergehen oder umkehren kann. Die Jesus-Jünger der ersten Generation sind diejenigen, die von Jesus unmittelbar die Offenbarung empfangen haben, während die späteren Generationen diejenigen sind, »die auf ihr Wort hin an mich glauben« (V 20b). Zwar ist das »Wesen« dieses Glaubens in beiden Fällen gewiß nicht verschieden; es gibt keinen wesentlichen Unterschied zwischen den »Schülern erster und zweiter Hand« (Kierkegaard), was den Glauben als solchen betrifft. Außerdem gibt es die Kontinuität des Glaubens innerhalb der Jünger-Gemeinde. Andererseits gibt es aber doch einen Unterschied von bleibender Geltung, sofern nachfolgende Jünger-Generationen an das Zeugnis der ersten Jünger zurückgebunden bleiben. Diesem grundlegenden Sachverhalt trägt auch Johannes in seiner Weise Rechnung.

Die Gottesoffenbarung Jesu hat im Jüngerkreis ihr Ziel erreicht. Jesus hat nicht nur Mißerfolg gehabt, es gab vielmehr Menschen, die zu ihm kamen und die im Anschluß an ihn, in der Gemeinschaft mit ihm, auch den ersten Kern der christlichen Gemeinde, der Kirche, bildeten. Johannes spricht von den »Menschen, die du mir gegeben hast aus der Welt« (V. 6a). Das heißt, er sieht in der Grundlegung der Gemeinde ein göttliches Werk; die christliche Gemeinde ist nach ihm kein menschlich verfügter Zusammenschluß, sondern sie hat ihren letzten und bleibenden Ursprung im Wirken Gottes selbst. Daß Menschen zum Glauben an den Offenbarer und durch ihn zum Glauben an Gott kommen, das ist keine menschliche Leistung, sondern göttliche Gabe. Die Glaubenden kommen »aus der Welt«, dem »Kosmos«. Dieser ist einerseits gleichsam das Reservoir, das den »Nachwuchs« für den Glauben enthält; andererseits ist aber jeder, der glaubt, einer, der den Kosmos mit seinen Vorurteilen und Maßstäben hinter sich läßt, ihn damit überwindet und auf die Seite Jesu hinübertritt. Letztlich wird die Annahme der Offenbarung Jesu immer diesen Chrakter gnadenhafter Freiheit behalten; das Glauben ist so unerzwingbar wie die Liebe. Auch die christliche Gemeinde ruht auf dieser Grundlage gnadenhafter Freiheit. Ihre Existenz in der Welt ist »Gabe« und so gesehen weltlich völlig ungesichert. Vers 6b bringt diesen Sachverhalt noch deutlicher zum Vorschein, wenn Jesus die Glaubenden ausdrücklich als *das Geschenk des Vaters an ihn*, Jesus selbst, bezeichnet. Indem sie das Wort Jesu aufgenommen, »bewahrt« haben, haben sie darin Gott selbst angenommen: ». . . und sie haben dein Wort bewahrt«. Dabei ist ein konstitutives Element der Gemeinde genannt: Das »Bewahren des Wortes Gottes«, das mit dem Wort Jesu identisch ist. Es ist dieses Wort, das die Gemeinde Jesu begründet (die »sozialisierende Funktion der Verkündigung«), und so ist es auch das Wort, das ihr Bleiben, ihren Bestand garantiert. Indem die Jünger das Wort Jesu als Wort Gottes festhalten und bewahren, bleiben sie auch in der Gemeinschaft mit Jesus. Dies um so mehr, als Jesus selbst in seiner Person als das »Fleisch gewordene Wort« das entscheidende Wort Gottes für die Menschen ist. Weiter, indem die Jünger das Wort Jesu akzeptiert und festgehalten haben, haben sie auch den Inhalt der Jesus-Offenbarung in ihrem theologisch-christologischen Zusammenhang verstanden. Sie haben die göttliche Herkunft Jesu und seines Wirkens erkannt, nämlich »daß alles, was du mir gegeben hast, von dir ist« (V. 7b). Ferner, daß sie in die Weitergabe des Wortes einbezogen sind, wobei sich ein eigentümlicher Aspekt des johanneischen Traditionsgedankens ergibt: Der Vater hat das Wort dem Sohn gegeben, der Sohn gibt es weiter an die Jünger, und diese geben es wieder an die nachfolgenden Generationen weiter. Für das johanneische Traditionsverständnis ist es bedeutsam, daß die Weitergabe des Wortes in einer »Tradition« diesem nichts von seiner »göttlichen« Unmittelbarkeit nimmt, und zwar deshalb nicht, weil in jedem Fall der gegenwärtige Christus selbst hinter diesem Wort steht und darin dem Menschen begegnet. Immer bleibt die »Tradition des Wortes« mit der bleibenden Gegenwart Christi verknüpft, und diese bleibt der Tradition grundsätzlich überlegen, so daß der Mensch, der das Wort Jesu als Gottes Wort akzeptiert, zugleich in einer Tradition steht und doch nicht zum Sklaven dieser Tradition gemacht werden kann, sondern durch sie und in ihr frei bleibt. Denn die Tradition eröffnet durch das Wort die unmittelbare Bindung des Glaubens an Jesus selbst: ». . . und sie haben sie angenommen und haben in Wahrheit erkannt, daß ich von dir ausgegangen bin, und geglaubt, daß du mich gesandt hast« (V. 8c). Das glaubende Erkennen und erkennende Glauben ist der ganz persönliche Schritt, der den Menschen in die gnadenhafte Freiheit der Jesus-Gemeinschaft und damit der Gottesgemeinschaft führt.

War schon die Begründung der Jüngergemeinde Jesu als göttliche Gabe, als Geschenk gnadenhafter Freiheit als Frucht göttlichen Wirkens verstanden worden, so wird in den folgenden Versen 9–19 auch der Fortbestand der Gemeinde auf das göttliche Wirken zurückgeführt. Auch weiterhin verdankt die Gemeinde ihre Existenz der Fürbitte Jesu und dem göttlichen Beistand; in diesem Sinn hat die Gemeinde keine »autonome« oder »autarke« Existenz. Als der himmlische Fürsprecher tritt Jesus für die Seinen ein bei Gott und ist er zugleich in der Gemeinde gegenwärtig wirksam. Die Bitte Jesu für seine Jünger ist das Zeichen dafür, daß das ganze Geschehen, von dem hier die Rede ist, im Raum der gnadenhaften Freiheit, oder was dasselbe ist, der göttlichen Liebe steht, wie es durch das Werk der Jesus-Offenbarung ein für allemal erschlossen wurde. In diesem »Raum« gehören Jesus und die Seinen zusammen.

Darum kann Jesus auch nicht »für die Welt« bitten, diese wird vielmehr ausdrücklich aus der Fürbitte ausgeschlossen. Die »Welt« ist ja die im Unglauben verschlossene Welt, so daß der Ausschluß aus der Fürbitte durchaus auf der Linie dessen liegt, was Johannes auch sonst über die Welt sagt. Trotzdem gibt es im Johannesevangelium wohl keine Aussage, wo die ungläubige Welt und die Jüngergemeinde einander so schroff gegenübergestellt würden wie hier. Mag man wie R. Bultmann[175] darauf hinweisen, daß Gottes Liebe, die im Sohn wirksam wird, sich auf die ganze Welt erstreckt (3,16) und daß die Welt auch in die Fürbitte einbezogen werde, sofern die Bitte für die Gemeinde auch die Gewinnung der Welt selbst zum Gegenstand hat (V. 21.23), so bleibt die Aussage doch sehr hart. Die »Welt« ist hier radikal als der gnadenlose Bereich des Unglaubens und des Unheils gesehen, dem nicht einmal mehr die Fürbitte Jesu helfen kann. Gewiß soll »die Welt glauben, daß du mich gesandt hast« (V. 21), und darin auch Gottes Liebe »erkennen« (V. 23); insofern drückt das Abschiedsgebet auch noch die Heilshoffnung für die Welt aus. Man muß sich gleichwohl fragen, wie weit an dieser Stelle das johanneische Denken noch dem Geist Jesu entspricht, wie er sich im Gebot der Feindesliebe bekundet (Mt 5,43–48; Lk 6,24–36).

Eine Aussage wie »Nicht für die Welt bitte ich . . .« weist uns darauf hin, daß man auch die Aussagen der Evangelien nicht kritiklos verabsolutieren darf, sondern genau auf ihren Stellenwert zu achten hat. Uns heute ist es jedenfalls nicht mehr so ohne weiteres möglich, zwischen der »ungläubigen Welt« und der Jüngergemeinde Jesu, der Kirche, einen solchen scharfen Trennungsstrich zu ziehen. Zu verstehen ist die Aussage freilich aus der Situation der johanneischen Gemeinde heraus, die sich als Gruppe der Jesus-Freunde erfährt, denen eine feindselige Gesellschaft gegenübersteht. Was man davon festhalten kann, ist dies, daß der johanneische Jesus darum bittet, die Gemeinde vor dem Unglauben zu bewahren. Es handelt sich eher um die dunkle

Folie, von der die Gemeinde abgehoben werden soll. Jesu Fürbitte gilt also betont denen, die ihm vom Vater gegeben sind. Die Jüngergemeinde erscheint als das Eigentum Gottes und Jesu (V. 10). Als dieses ist sie auch in Jesu Verherrlichung mit einbezogen. Die Gemeinde ist der Ort, wo Jesus durch den Glauben die gebührende Anerkennung findet, und das ist auch die Frucht der Verherrlichung, worin sich das Heilswerk Jesu fortsetzt und immer neu erfüllt.

Die folgenden Verse bestimmen von immer neuen Ansätzen und Aspekten her den »Ort« der Jüngergemeinde in positiver Weise. Negativ durch die Abgrenzung gegenüber der »Welt«; positiv durch das Aufzeigen des »göttlichen Grundes der Gemeinde«. Vers 11 nimmt darauf sogleich Bezug. Jesus ist nicht mehr in der Welt, er geht ja zum Vater. Aber die Jünger sind in der Welt; auch weiterhin wird die Gemeinde ihren »Ort« nicht außerhalb der Welt haben, sondern mitten darin. Freilich begründet das Fortgehen Jesu zugleich den eigentlichen Existenzgrund der Gemeinde außerhalb der Welt, so daß das »In der Welt sein – aber nicht von der Welt sein« ihre besondere Situation kennzeichnet. Das wird zwar erst später in Vers 15 und 16 ausdrücklich gesagt, ist aber im Ansatz bereits mitgesehen. Die von Jesus in der Welt zurückgelassene Gemeinde bedarf weiterhin des göttlichen Beistandes, der sie »bewahrt« (V. 11b).

Die Gottesanrede »Heiliger Vater« hebt Gottes Heiligkeit hervor, die Gottes Wesen bestimmende Andersartigkeit gegenüber allem Nicht-Göttlichen und Wider-Göttlichen. Letzteres besteht nach Johannes vor allem im Unglauben und im Bösen. Das Bewahren der Jüngergemeinde besteht demnach positiv darin, die Gemeinde in ihrer Gottzugehörigkeit zu erhalten, sie nicht wieder an die kosmischen Mächte des Bösen zurückfallen zu lassen, sie im Glauben und in der Liebe zu befestigen. Dabei wird an dieser Stelle erstmals der besondere Nachdruck auf die »Einheit der Gemeinde« gelegt: ». . . damit sie eins seien gleichwie wir«. Die Einheit der Gemeinde soll der Einheit

zwischen Gott und Jesus entsprechen, diese ist das Urbild für jene. Das Thema der Einheit wird später (V. 20–24) ausdrücklich aufgenommen.
Vers 12 reflektiert auch im Gebet Jesu die Abschiedssituation: Solange Jesus auf Erden bei den Seinen war, hat er die Jünger »bewahrt«, sie im Bereich der Offenbarung festgehalten, ja sie sogar behütet und bewacht, so daß kein einziger davon verlorenging außer Judas, der hier ohne Namensnennung als »Sohn des Verderbens« bezeichnet wird. Aber, so sagt der Hinweis auf die Schrifterfüllung, dessen »Verderben« war ja gleichsam »eingeplant«, es war kein Fehler Jesu, wenn es so gekommen ist. Die Frage, wie das eingeplante »Verderben« des Judas, die Schrifterfüllung und die Beurteilung als menschliche Schuld zueinander sich verhalten, darf man an dieser Stelle wohl nicht aufwerfen. Der Text will sagen: Das Verderben des Judas geht nicht zu Lasten Jesu; vielmehr hat Jesus die Aufgabe, die Jünger zu bewahren, erfüllt. Entscheidend ist, daß jetzt ein »anderer« die Gemeinde bewahren muß, sie braucht einen anderen Beistand – und eigentlich ist es verwunderlich, daß an dieser Stelle nicht der »Paraklet« erwähnt wird, der Heilige Geist, was von der Sache her genau passen würde.
Wichtig ist, daß das Fortgehen Jesu zum Vater für die Jünger den Anfang vollkommener Freude bedeutet[176]: Jesu Tod und Auferstehung sind für die Jünger der Anfang des eschatologischen Heils, und ebendieses ist ja die »vollkommene Freude«, wie sie die Welt nicht geben, aber auch nicht nehmen kann. »Es ist *seine* Freude, die ihnen zuteil werden soll; d. h. sie sollen nicht eine Freude von der *Art* erhalten, *wie die* seine ist, sondern *diese seine* Freude *selbst* soll zu der ihren werden; dadurch nämlich, daß ihre Freude in der seinen begründet ist, wenn sich in ihnen der Sinn seines Kommens und Gehens als des eschatologischen Geschehens realisiert.«[177] Anders gesagt: da die Gemeinde durch den Glauben am ewigen Leben des auferstandenen Christus teilhat, hat sie dadurch auch an der Freude teil; denn die Gegenwart

dieses Lebens macht den Grund der Freude aus. Ist menschliches Lebenkönnen als solches schon mit Freude verbunden, so erst recht das ewige Leben.

Die Gegenwart des Heils ist durch das »Wort Gottes« verbürgt: Jesus hat den Jüngern dieses Wort gegeben. Das Wort Gottes ist aber das zum Leben erweckende und Leben erzeugende Wort, das auch die Gemeinde von der »Welt« bereits geschieden hat. Insofern ist es nur logisch, daß in Vers 14b festgestellt wird, daß den Jüngern der Haß der Welt widerfährt, weil sie nicht mehr »aus der Welt« sind, so wenig wie der Offenbarer selbst. Die Glaubenden haben an der Herkunft des Offenbarers Anteil gewonnen. Nicht aufgrund einer »natürlichen Wesensverwandtschaft« mit dem Offenbarer, wie es die gnostischen Lehren verstanden, sondern weil sie durch den Glauben »aus Gott geboren sind«, wie der Prolog (1,13) formuliert, oder »von oben geboren aus Wasser und Geist« (vgl. 3,1–6). Durch die geschichtliche Entscheidung des Glaubens haben die Glaubenden den neuen »Ursprung aus Gott« gewonnen, darum sind sie nicht mehr aus der Welt. Und wie einst den Offenbarer selbst, so trifft auch sie der »Haß der Welt« (vgl. 15,18.19).

Gleichwohl gilt es für die Gemeinde, ihr »In-der-Welt-Sein« durchzuhalten (V. 15). Der Glaube und die Zugehörigkeit der Gemeinde zu Gott bedeuten nicht, daß die Gemeinde in einer unangefochtenen »sturmfreien« Zone leben könnte. Was die Anfeindung von seiten der Welt betrifft, so bleibt die Gemeinde verletzlich, ungesichert und sogar todbringendem Haß ausgeliefert. Die Geborgenheit in Gott bedeutet für den Glauben keinesfalls eine »heile Welt« im Diesseits. Wovor die Gemeinde freilich bewahrt werden soll, ist »das Böse« (oder auch »der Böse«: die Gemeinde soll dem Teufel nicht ausgeliefert werden, grammatikalisch ist beides möglich). Die Macht des Bösen ist nach Johannes vor allem gekennzeichnet durch Unglauben, Lüge und Haß, durch jenes Fehlverhalten, welches das Leben als solches in Frage stellt. Davor freilich soll die Gemeinde bewahrt

bleiben; denn das würde sie von ihrem göttlichen Ursprung abschneiden und sie damit auflösen. Während Jesu keinen Anteil am Bösen hatte, liegt an dieser Stelle die einzige ernste Gefährdung der Gemeinde, so daß diese Bitte besonders dringlich erscheint. Doch gilt auch hier, daß die Gemeinde zusammen mit Jesus »nicht aus der Welt ist«, sondern auf die Seite Gottes gehört; sie ist unter den Angriffen der Mächte des Bösen nicht auf sich allein und ihre Kräfte angewiesen, da wäre sie in der Tat verloren. Das ist freilich nicht die Leistung der Gemeinde; sie hat sich nicht selbst auf die Seite Gottes gestellt, sondern umgekehrt, Gott hat sich in Jesus auf ihre Seite gestellt.
Die Gemeinde bedarf darum auch der »Heiligung«, das heißt der fortgesetzten Angleichung an Gottes Art und Wesen: »Heilige sie in der (oder: durch die) Wahrheit« (V. 17). Nach Johannes ist »Wahrheit« Wesensbestimmung Gottes und seiner Offenbarung, so daß »Wort Gottes« und »Wahrheit« ein und dasselbe sind. »Wahrheit« ist das, was dem Menschen durch Jesus begegnet und widerfährt, so daß Johannes sagen kann: »Wenn ihr in meinem Wort bleibt, seid ihr wirklich meine Jünger, und ihr werdet die Wahrheit erkennen, und die Wahrheit wird euch frei machen« (8,31 f.). Damit ist natürlich nicht ein theoretischer Begriff von «Wahrheit« gemeint, sondern es ist die göttliche Wirklichkeit selbst in ihrer dem Menschen zugewandten Offenheit und Ausstrahlung; der Mensch wird durch die Wahrheit »geheiligt«, so wie er durch sie befreit wird. Er wird durch sie verändert und dem Gott der Wahrheit und der Liebe angenähert. Solcher Heiligung bedarf die Gemeinde Jesu zu aller Zeit, weil ihre Glieder »aus der Welt« kommen, aus der Gottesferne und Gottentfremdung und weil sie die Annäherung an den Gott der Wahrheit und der Liebe nicht selbst bewerkstelligen können. Heiligung als Annäherung an Gott ist ein dauernder Prozeß, der für den Menschen niemals an ein Ende kommt.
Gleichwohl hat die Gemeinde, und dies ist die letzte Aussage in diesem Abschnitt, an der Sendung Jesu teil. »Wie du mich in die

Welt gesandt hast, so habe auch ich sie in die Welt gesandt, und ich heilige mich für sie, damit auch sie in Wahrheit geheiligt seien« (V. 18f.). Mit dem Fortgehen Jesu hört Jesu Sendung durch den Vater nicht auf. Vielmehr geht die Sendung Jesu weiter in der Sendung der Jüngergemeinde. Johannes gebraucht den urkirchlichen Begriff des »Apostels« nicht (die Bezeichnung »Apostel« kommt im Evangelium nur einmal 13,16 in sehr allgemeiner Bedeutung – »der Gesandte« – vor). Nach ihm ist Jesus selbst in exklusiver Weise der »Gesandte Gottes« schlechthin. Die Gemeinde kann nur die Sendung Jesu durch Gott bezeugen und ihre eigene Sendung als Fortsetzung der Sendung Jesu begreifen. Der Begriff des »Apostolischen« gewinnt hier einen eigenständigen Sinn: Die Gemeinde ist deshalb »apostolisch«, weil sie ganz und gar aus der Sendung Jesu durch Gott herausgewachsen ist und in dieser grundlegend steht. Es ist die Herkunft von Jesus, die zugleich das Gesandtsein der Gemeinde ausmacht. Die Gemeinde ist also von Grund auf »missionarisch« angelegt und geprägt; indem sie die Sendung Jesu fortsetzt, hat sie auch die Heilsverantwortung Jesu für die Welt mit übernommen. Ziel der Sendung ist und bleibt die »Welt«.

Die Möglichkeit, daß die Gemeinde die Sendung Jesu zur Welt fortsetzen kann, liegt letztlich darin, daß Jesus selbst sich für die Jünger »heiligt«. An dieser Stelle bekommt das Wort »heiligen« einen neuen Akzent: Heiligen ist hier gleich »weihen, darbringen, opfern«, und man hat, wie das formelhafte »für sie« anzeigt, an Jesu stellvertretenden Heilstod, an das Engagement seiner »Liebe bis ans Ende« zu denken. Jesu Tod am Kreuz ist damit als »Todesweihe«, als »Opfertod« verstanden, der zugleich für die Glaubenden die »Heiligung durch die Wahrheit« einschließt. Durch Jesu Opfertod wird die Gemeinde in den Bereich der göttlichen Heiligkeit hereingenommen. Dann ist freilich auch klar, daß ihre Sendung in die Welt hinein stets auch unter den Zeichen des »Opfers für die Welt« steht, was den Verlust des irdischen Lebens einschließen kann. Sendung, Glaubens zeugnis und das Glauben-Können bleiben auch nach Johannes mit dem »Opfer« und damit auch mit dem Kreuz Jesu verbunden.

3. Gebet für die Gemeinde (17,20–24)

20 *Nicht nur für diese bitte ich dich,*
sondern für alle, die durch ihr Wort an mich glauben,
21 *damit alle eins seien,*
so wie du, Vater, in mir bist und ich in dir bin,
so sollen auch sie in uns sein,
damit die Welt glaube, daß du mich gesandt hast.
22 *Und ich habe die Herrlichkeit, die du mir gabst,*
auch ihnen gegeben,
damit sie ebenso eins seien, wie wir eins sind:
23 *Ich in ihnen und du in mir,*
damit sie zur Einheit hin vollendet werden
und die Welt erkenne, daß du mich liebst.
24 *Vater,*
ich will, daß jene, die du mir gegeben hast,
auch mit mir dort zusammen seien, wo ich bin,
damit sie meine Herrlichkeit, die du mir gabst, schauen,
weil du mich geliebt hast vor Grundlegung der Welt.

Obgleich bereits mit der »ersten Generation« (V. 6ff.) die christliche Gemeinde als solche angesprochen war, so fällt doch erst in den Versen 20ff. die Kirche in ihrer zeitlichen Erstreckung in den Blick: »Nicht nur für diese bitte ich, sondern für alle, die durch ihr Wort an mich glauben . . .« (V. 20). Die Jünger der »ersten Stunde« haben das Wort von Jesus selbst empfangen.

Durch die Annahme des Wortes haben sie, wie Vers 18 zeigt, an Jesus Sendung Anteil bekommen. Das durch Jesus in die Welt gekommene Wort wirkt weiter. Es wird immer wieder Menschen geben, die durch das Zeugnis der Jünger zum Glauben an Jesus kommen. Dabei wird sich auch stets der Vorgang wiederholen, daß die neugewonnenen Jünger für die nächste Generation zu Glaubensboten werden. So gesehen ist das Verhältnis zwischen der »ersten« und der »zweiten Generation« ein exemplarisches Verhältnis. Zugleich kommt darin auch zum Ausdruck, daß es der lebendige Christus selbst ist, der durch das Wort seiner Jünger und durch die Verkündigung der Kirche den Glauben ermöglicht. Es wird nie so sein können, daß die Kirche an die Stelle Jesu tritt. Im Grunde kann sie nur bezeugen, was ihr von Jesus übergeben wurde, und das heißt im Sinn des Johannes, sie muß bezeugen »den einen wahren Gott und den du gesandt hast Jesus Christus« (V. 3). Im Evangelium begegnet letztlich Jesus Christus selbst. Ist doch das Evangelium nach johanneischem Verständnis nichts anderes als der durch den Mund seiner Jünger sich selbst verkündigende Christus.

Es ist nun sicher kein Zufall, wenn an dieser Stelle im Hinblick auf die Kirche aller Zeiten als erstes Anliegen *die Einheit der Glaubenden* so betont zur Sprache gebracht wird: ». . . damit alle eins seien, so wie du, Vater, in mir bist und ich in dir bin, so sollen auch sie in uns eins sein, damit die Welt glaube, daß du mich gesandt hast . . .« (V. 21). Angeklungen war dies schon in Vers 11. »Damit alle eins seien«: man darf das »alle« sowohl im Sinn einer zeitlichen als auch einer räumlichen Erstreckung und Kontinuität verstehen. Durch Verkündigung und Glauben entsteht auch die zeitlich-geschichtliche Kontinuität der Gemeinde wie ihr Zusammenhalt über die gesamte Ökumene hin. Darüber hinaus: wenn Johannes so betont die Einheit der Jüngergemeinde als Einheit aller Glaubenden, aller »Christen« in das Zentrum rückt, dann muß er dafür wohl seine Gründe gehabt haben. Dann wird vermutlich diese »Einheit« zu seiner Zeit

schon nicht mehr ganz selbstverständlich gewesen sein. Möglicherweise schimmert im Abschiedsgebet Jesu auch schon das Bild einer idealen Kirche durch, nach dem zur Zeit der ersten Jünger diese Einheit in der Gegenwart Jesu fraglos gegeben war. Damals gab es nur die einzige Ausnahme des Judas, und dessen Schicksal war ja von Gott selbst vorausgeplant (V. 12). Jetzt, in der Zeit des Evangelisten, also in der zweiten oder höchstwahrscheinlich dritten Generation, ist das anders geworden.
In Wahrheit hat das Problem der »Einheit der Kirche« schon von den ersten Anfängen an eine Rolle gespielt, und genau besehen konnte dies auch mit dem zunehmenden Wachstum der Urgemeinde gar nicht anders sein. »Einheit der Kirche« war keine fraglose Gegebenheit; sie mußte vielmehr immer neu gewonnen werden. Neutestamentliche Schilderungen der urchristlichen Frühzeit enthalten offenkundig stark idealisierende und verklärende Züge, wenn es etwa heißt: »Die Gemeinde der Gläubigen war ein Herz und eine Seele. Keiner nannte etwas von seiner Habe sein Eigen, sondern sie hatten alles gemeinsam« (Apg 4,32). Wenn Lukas dergleichen schreibt, dann predigt er der Kirche seiner eigenen Zeit, wie es in ihr eigentlich zugehen sollte. Der Rückblick auf die »glorreichen Anfänge« wird zur ethischen Motivation in der eigenen Gegenwart. Je mehr neue Anhänger zur christlichen Gemeinde kamen, je weiter die Gemeinden sich ausbreiteten, je stärker der Faktor Zeit, also die Geschichte sich bemerkbar machte, um so dringlicher mußte sich auch das Problem der »Einheit der Gemeinde« anmelden.
Die ersten Spannungen tauchen nach der Apostelgeschichte in der Urgemeinde im Zusammenhang mit der Gütergemeinschaft auf – als »soziale Spannungen« (Apg 5,1–11: Ananias und Sapphira), dann zwischen den »Hebräern« und den »Hellenisten«, d. h. zwischen dem aramäisch-sprechenden Teil der Urgemeinde, zu dem wohl auch die ältesten Jesus-Jünger gehörten, und dem griechisch sprechenden Teil, der sich hauptsächlich aus zum Christentum bekehrten Diasporajuden

zusammensetzte. Die Spannungen werden wohl nicht bloß die Armenpflege betroffen haben, sondern auch grundlegende theologische Fragen der Gesetzesfrömmigkeit und überhaupt des Messias-Jesus-Glaubens und seiner möglichen Konsequenzen im Verhältnis zum Judentum (vgl. Apg 6 und 7). Durch den Apostel Paulus kommt es erneut zu Spannungen zwischen den konservativ eingestellten Judenchristen, die das mosaische Gesetz für alle Christen verbindlich machen wollen, und den Vertretern der gesetzfreien Heidenmission, deren führender Kopf der Apostel inzwischen geworden war. Hier gelang es dem »Apostelkonzil« (Apg 15,1–35; Gal 2,1–10), einen Konsens zu finden und auf diese Weise die Einheit der Kirche zu wahren. Beim »antiochenischen Zwischenfall« (Gal 21,11–21), wo Paulus dem Petrus »ins Angesicht widerstand«, wäre es fast zum offenen Bruch zwischen dem judenchristlichen und dem heidenchristlichen Teil der Gemeinde gekommen, zur Kirchenspaltung im eigentlichen Sinn. Weiter wissen wir, daß es in der Gemeinde von Korinth sehr bald zu Gruppenbildungen kam, die die Einheit der Gemeinde von innen her bedrohten: »Es wurde mir nämlich, meine Brüder, von den Leuten der Chloe berichtet, daß es Zank und Streit unter euch gibt. Ich meine damit, daß jeder von euch etwas anderes sagt: Ich halte zu Paulus – ich zu Apollos – ich zu Kephas – ich zu Christus. Ist denn der Christus geteilt? Wurde Paulus für euch gekreuzigt? Oder seid ihr auf den Namen des Paulus getauft worden« (1 Kor 1,11–13)? Man könnte die Beispiele vermehren. Mit der Entstehung der christlichen Gemeinden war auch das Problem ihrer »Einheit«, das heißt ihres inneren Zusammenhalts, der Gemeinschaft in Leben und Lehre gestellt. Die Gemeindebriefe des Apostels Paulus zeigen, daß sein Bemühen von Anfang an darauf gerichtet war, die Einheit zu erhalten oder auch wieder herzustellen, und darüber hinaus das Band der Gemeinschaft zwischen den einzelnen Gemeinden zu stärken. Im Rahmen der frühkatholisch-großkirchlichen Entwicklung mußte sich dieses Problem noch dringlicher gestalten.

Das Johannesevangelium steht offenbar an der Schwelle dieser Entwicklung.
Wie suchte man diesem Problem beizukommen? Es gab offenbar verschiedene Möglichkeiten. Paulus ruft die zerstrittenen Korinther auf den Boden des einen und gemeinsamen Evangeliums zurück, auf den Boden der Botschaft vom Kreuz (1 Kor 1,77ff.). Nach Paulus ist die Einheit der Gemeinde nicht in erster Linie ein organisatorisches oder soziologisches Problem, sondern eine geistliche Wirklichkeit (vgl. besonders 1 Kor 12 und 13). Wenn man die Einheit erhalten will, dann kann man dies dadurch erreichen, daß man die Glaubenden an die geistlichen Grundlagen ihrer christlichen und kirchlichen Existenz erinnert, insbesondere an die allen Gnadengaben (Charismen) überlegene Liebe (1 Kor 13). Im Epheserbrief, der nicht von Paulus stammt, sondern einer späteren Zeit angehört (um 80 n. Chr.), werden schon bestimmte »Merkmale der Einheit« genannt: »Seid demütig, friedfertig und geduldig, ertragt einander in Liebe und bemüht euch, die Einheit des Geistes zu wahren durch das Band des Friedens. *Ein* Leib und *ein* Geist, wie euch auch durch eure Berufung *eine* gemeinsame Hoffnung gegeben ist; *ein* Herr, *ein* Glaube, *eine* Taufe, *ein* Gott und Vater aller, der über allem und in allem ist« (Eph 4,3–6).
Eine besonders wichtige Rolle spielt der Gedanke der »Einheit« in den Briefen des Bischofs Ignatios von Antiochien, der um 110 n. Chr. oder kurz danach unter Kaiser Trajan in Rom den Martyrertod erlitt. Sein Verständnis der Einheit ist deshalb von großem Interesse, weil seine Briefe nur zeitlich wenig später als das Johannesevangelium anzusetzen sind und weil er eine Richtung vertritt, die in der alten Kirche sehr bald die Führung gewonnen hat und die im Verständnis der »Einheit« typische Unterschiede zu Johannes aufweist. So ermahnt Ignatios seinen bischöflichen Kollegen Polykarp von Smyrna: »Sorge für die Einheit; es gibt nichts besseres als sie« (Ign Pol 1,2). An die Gemeinde von Ephesus schreibt er: »Daher geziemt es euch, mit

dem Sinn des Bischofs einig zu laufen, was ihr ja auch tut. Denn euer Gottes würdiges Presbyterium, das seinen Namen mit Recht trägt, ist mit dem Bischof so verbunden, wie Saiten mit einer Zither. Deshalb ertönt in eurer Eintracht und zusammenklingenden Liebe das Lied Jesu Christi. Aber auch Mann für Mann sollt ihr zum Chore werden, damit ihr in Eintracht zusammenklingt, Gottes Melodie in Einigkeit aufnehmt und einstimmig durch Jesus Christus dem Vater singet, auf daß er euch höre und aus euren guten Werken euch erkenne als Glieder seines Sohnes. Es ist also nützlich, wenn ihr in untadeliger Einigkeit lebt, damit ihr auch an Gott stets Anteil habt. Wenn nämlich ich in kurzer Zeit zu eurem Bischof ein solch inniges Verhältnis gewann, nicht menschlicher, sondern geistlicher Art, wieviel mehr preise ich euch glücklich, die (mit ihm) so eng verbunden sind wie die Kirche mit Jesus Christus und Jesus Christus mit dem Vater, auf daß alles in Einigkeit zusammenklinge« (Ign Eph 4,1–5,1). Oder an die Gemeinde von Philadelphia: »Ich tat nun das Meinige als ein Mensch, zur Einigung geschaffen. Wo aber Spaltung herrscht und Erbitterung, wohnt Gott nicht. Allen Bekehrungswilligen freilich vergibt der Herr, wenn sie sich bekehren zur Einheit Gottes und zur Ratsversammlung des Bischofs« (Ign Phil 8,1).

Wie die Texte zeigen, kennt Ignatios durchaus den Gedanken der geistlichen Einheit, wonach die Kirche mit Jesus Christus verbunden ist und Jesus Christus mit dem Vater. Ist doch der Gott, der die Einheit verheißt, zugleich diese selbst (Ign Trall 11,2). Allerdings fällt in die Augen, daß bei Ignatios neben der glaubensmäßig-geistlichen Einheit direkt die Einheit mit dem Bischof und seinem Presbyterium steht. Bekehrung zur Einheit Gottes und zur Ratsversammlung des Bischofs ist für Ignatios ein und dasselbe (vgl. oben). Für Ignatios ist der Bischof zusammen mit dem Presbyterium und den Diakonen das sichtbare Zeichen und zugleich auch der Garant der Einheit der Kirche und darin eingeschlossen der Einheit aller Glaubenden mit Christus und

mit Gott. *Das kirchlich-institutionelle Moment* hat im Einheitsverständnis des Ignatios eine Bedeutung gewonnen, das es in dieser Weise vorher nicht hatte.
Vergleicht man damit die johanneischen Aussagen in 17,20–24, tritt der Unterschied deutlich zutage: Dieses institutionelle Moment des Bischofs und des Presbyteriums spielt bei Johannes (noch?) keine klar erkennbare Rolle. Vielmehr wird die Einheit der Gemeinde bei Johannes direkt mit dem göttlichen Urbild, das zugleich ihr Grund ist, begründet: »... so wie du, Vater, in mir bist und ich in dir bin« (V. 21a). Hier begegnet wieder die »johanneische Immanenzformel«, die das gegenseitige Verhältnis der göttlichen Personen von Vater und Sohn als gegenseitiges »Inne-Sein« bestimmt, das heißt als die intensivste Weise der Gemeinschaft, wie sie letztlich nur durch die Liebe ermöglicht werden kann (vgl. V. 23). Dieses lebendige, von der Liebe getragene gegenseitige »Inne-Sein« ist der geistliche Grund für die Einheit der Jüngergemeinde Jesu. Diese Einheit muß man sich dann wohl auch ähnlich strukturiert denken, nämlich als eine durch die göttliche Liebe selbst ermöglichte Einheit, die ihrerseits die göttliche Einheit, wenn auch noch so gebrochen, widerspiegelt. Kraft solcher Einheit wird die Gemeinde gegenüber der Welt zum bleibenden Jesus-Zeugnis: »... damit die Welt glaube, daß du mich gesandt hast« (V. 21b). Die Einheit der Gemeinde ist etwas so Überzeugendes und Wunderbares, daß die »Welt« dadurch zum Glauben an Jesus gebracht werden kann. Das schließt umgekehrt den Gedanken ein, daß Zwietracht, Haß und Spaltung der Gemeinde den Unglauben der Welt erzeugen und zementieren.
Vers 22 erweitert die Aussage noch, indem hinzugefügt wird, daß die Gemeinde an Jesu Herrlichkeit Anteil hat. Jesus hat den göttlichen Lichtglanz, den er selbst vom Vater her bekommen hat, auf die Gemeinde gelegt, ihn an diese weitergegeben, so daß auch hier noch einmal deutlich wird: Die Einheit der Gemeinde, die eine Spiegelung der göttlichen Einheit in der Welt ist, ist keine

moralische oder organisatorische »Leistung« der Gemeinde, sondern ganz und gar göttliche Gabe. Die Gemeinde kann nicht selbst der Garant dieser Einheit sein; sie kann sie nur durch ihre bleibende Bindung an Jesus gewinnen wie bezeugen. Dann gilt aber auch: solange die Gemeinde sich an Jesus selbst orientiert, braucht sie sich um ihre Einheit keine Sorge zu machen. Dann wird ihr diese Gabe auch nicht fehlen. Denn es ist der erhöhte und gegenwärtige Christus selbst, der die Mitte und also auch den Grund der Einheit bildet.

Wenn die Einheit Gabe des in der Gemeinde gegenwärtigen Christus ist, dann besagt dies auch, daß die Gemeinde ihre Einheit nicht als feste Größe je schon hat, sondern daß sie zugleich unterwegs zur Einheit ist, unterwegs zur vollendeten, vollkommenen Einheit: »Ich in ihnen und du in mir, damit sie zur Einheit hin vollendet werden und die Welt erkenne, daß du mich gesandt hast und sie genauso liebst, wie du mich liebst« (V. 23). Die vollendete Einheit ist für die Gemeinde auch ihre Zukunft; die Einheit steht ihr immer noch bevor, als ihre Vollendung in der göttlichen Liebe selbst. Die Einheit der Kirche im johanneischen Sinn ist letztlich von der Eschatologie her zu begreifen. Sie ist jedenfalls nicht Einheit in einem Allerweltsverständnis, sondern sie ist die Gabe des Offenbarers und der Offenbarung, Frucht des Heilsgeschehens; sie kann deshalb auch nicht erzwungen werden, auch nicht durch kirchliche Instanzen.[178] Der johanneischen Eschatologie entspricht es auch, wenn die Einheit der Gemeinde/Kirche einerseits als durch das Heilswerk Jesu schon gegebene Größe bezeichnet werden kann, und wenn sie zugleich als eine zukünftige Größe gesehen wird, deren Vollendung noch aussteht. Einheit ist nach Johannes beides: gegenwärtige Gabe und bleibendes Ziel aller Glaubenden. Darin kommt auch zum Ausdruck, daß durch das »In-der-Welt-Sein« der Jünger die Einheit stets auch in Frage gestellt wird, daß sie als weltlich-sichtbare Einheit gefährdet und nicht ohne weiteres mit der eschatologischen und vollkommenen

Einheit identisch ist. Mit Recht sagt R. Bultmann dazu: »Diese Einheit wird in der Geschichte der Gemeinde stets in Frage gestellt; sie droht vergessen oder gar verleugnet zu werden. Und von dem Wissen um diese Einheit hängt es doch ab, ob die Gemeinde ihren Charakter als eschatologische, entweltlichte Gemeinde behält, die durch nichts gegründet ist und bleibt als durch das eschatologische Offenbarungsgeschehen.«[179] Wenn die Einheit der Gemeinde für die Welt zum Glaubenszeugnis werden soll, dann muß sie gewiß auch ihre »sichtbare« Seite haben – an eine ganz und gar »unsichtbare« Einheit dürfte Johannes von seinen Voraussetzungen her wohl kaum gedacht haben. Aber hier besteht die Gefahr, die Einheit der Kirche nicht mehr aus ihrem geistlichen Grund, aus der Offenbarung heraus zu begreifen, sondern sie vorwiegend institutionell abzusichern. Das ist der Weg, den anscheinend Ignatios von Antiochien beschritten hat, und den Johannes aus guten Gründen vermied. Vers 24 spricht noch die Bitte um Vollendung der Gemeinde aus, nachdem schon Vers 23b gesagt hatte, daß letztlich die eine und ungeteilte Liebe Gottes der »Raum« der christlichen Gemeinde ist, wobei die Liebe Gottes zu Jesus und die zu den Jüngern Jesu als ein und dieselbe Liebe bezeichnet werden. Dann kann die Vollendung der Gemeinde nur noch ihre Vollendung in der Liebe sein. Die Gemeinde steht in der Nachfolge des Offenbarers Jesus. Und diese Nachfolge führt, wie in den Abschiedsreden wiederholt zum Ausdruck gebracht wurde, über den »Weg« Jesus in die offene Schau der göttlichen Herrlichkeit. Sie ist die ungefährdete und unverlierbare Teilnahme an der göttlichen Liebe, wie sie zwischen Vater und Sohn seit Ewigkeit obwaltet. Damit schließt sich der Kreis.

4. Gebetsschluss (17,25–26)

25 *Gerechter Vater,*
die Welt hat dich nicht erkannt,
ich aber habe dich erkannt,
und diese haben erkannt, daß du mich gesandt hast,
26 *und ich habe ihnen deinen Namen kundgetan*
und werde ihn kundtun,
damit die Liebe, mit der du mich geliebt hast,
in ihnen sei
und ich in ihnen.

Mit einem kurzen Neuansatz »Gerechter Vater ...« endet das Abschiedsgebet Jesu. Der Schluß faßt noch einmal alle wesentlichen Motive des Gebets zusammen und bestätigt zugleich, daß in diesem Gebet der »wahre Ort« der Glaubensgemeinde erschlossen wurde. Dieser Ort ist kein anderer als die göttliche Liebe, aus der der Offenbarer Jesus gekommen ist, und wohin er auch wieder zurückkehrt. Seine Bestimmung war und ist auch in alle Zukunft hinein keine andere, als diesen Raum den Glaubenden zu erschließen und sie da hinein zu führen.

Zur Meditation:

Von den verschiedenen Motiven und Themen, die im Abschiedsgebet Jesu anklingen, sei hier nur das Thema der »Einheit« (der Kirche/Kirchen) herausgegriffen.
Freilich ist der Begriff »Einheit« so vielfältig und – so häufig er auch gebracht wird – alles andere als klar und eindeutig, deshalb auch schwer zu fassen.[180] Besondere Aufmerksamkeit erfordert der Begriff der Einheit, wo er sich auf soziale Gebilde, auf Gruppen und damit auf Menschen bezieht. Die Einheit menschlicher Gruppierungen unterliegt besonderen Bedingungen. Hier sei nur auf die Gefahr hingewiesen, menschliche Gruppen oder

»die Gesellschaft« unter einem abstrakten Einheitsraster zu sehen und dabei die Bedingungen der »Einheit von Personen« außer acht zu lassen. Die rein organisatorische »Einheit« von Mengen und die »Einheit« geschichtlich gewordener Gruppierungen und Sozialgebilde sind zu unterscheiden. Endlich stellt die Einheit der Glaubensgemeinde noch einmal ein Problem für sich.

Im Johannesevangelium spielt der Gedanke der Einheit nicht nur im Abschiedsgebet Jesu eine wichtige Rolle. In der Bildrede vom »Guten Hirten« heißt es: »Ich bin der gute Hirt, und ich kenne die Meinen, und die Meinen kennen mich, so wie mich der Vater kennt und ich den Vater kenne, und ich setze mein Leben ein für meine Schafe. Auch habe ich noch andere Schafe, die nicht aus dieser Herde sind; auch diese muß ich führen, und sie werden meine Stimme hören, und es wird sein *eine* Herde, ein Hirt« (10,14–16). Danach ist es die Aufgabe Jesu als des »guten Hirten«, die Menschen zur »einen Herde«, das heißt zu einem einzigen »Volk Gottes«, zusammenzubringen. Die »anderen Schafe« stehen hier im Unterschied zu den »Meinen«, den Jüngern Jesu. Es gibt also einerseits schon die feste Gruppe der »Jüngergemeinde«, die zu Jesus als dem wahren Heilsführer gehört, andererseits »die anderen«, das sind ohne Zweifel alle Menschen ohne Ausnahme, in einer unbestimmten Offenheit. Jesu Sendung erstreckt sich auch auf sie, sie ist schlechterdings universal. Ähnlich lautet eine Replik des Evangelisten auf die Bemerkung des Hohenpriesters Kaiphas (»Ihr wißt und überlegt nicht, daß es besser ist, ein Mensch stirbt für das Volk, als daß das ganze Volk zugrunde geht«): »Dies aber sagte er nicht aus eigenem Antrieb; sondern als Hoherpriester jenes Jahres prophezeite er, daß Jesus sterben werde für das Volk, und zwar nicht bloß für das (jüdische) Volk, sondern damit er die in der Welt zerstreuten Kinder Gottes zur Einheit zusammenführe« (11,49–52).

Die Person Jesu, insbesondere sein engagierter Liebestod für die

Welt, hat nach Johannes eine zentrale Bedeutung für die Zusammenführung der Menschen zur Einheit des endzeitlichen Gottesvolkes. In diesem Zusammenhang ist »Einheit« eschatologisch gedacht; sie ist das Ziel des Heilsgeschehens, und als solches liegt es allen menschlichen Bemühungen um die Einheit voraus. Aber Johannes ist davon überzeugt, daß mit Jesus der entscheidende Grund für die Einheit schon gelegt ist. Nach ihm gründet die Einheit der Gemeinde im Wort und im Werk Jesu, und so gesehen ist sie keineswegs rein zukünftig, sondern bereits gegenwärtig in der Gemeinde und ihrer Christus-Verbundenheit. Wir sprechen deshalb vom »geistlichen Grund der Einheit«. Johannes drückt dies so aus, daß er die Einheit der Jüngergemeinde in Entsprechung zu seiner eigenen Einheit mit Gott dem Vater sieht: ». . . die Meinen kennen mich, so wie mich der Vater kennt und ich den Vater kenne« (10,15); ». . . damit sie eins seien wie wir« (17,11); »damit alle eins seien, wie du, Vater, in mir und ich in dir, so sollen auch sie eins sein, damit die Welt glaube, daß du mich gesandt hast« (17,21). Die so verstandene Einheit der Gemeinde, die die göttliche »Einheit von Vater und Sohn« als ihren Grund und ihr Vorbild hat, geht selbstverständlich über eine organisatorische oder soziologische Einheit hinaus; sie ist nicht mehr natürlich-menschlicher, sondern »übernatürlich-göttlicher« Art. Es ist die Einheit, die mit dem Glauben zusammenhängt, und diese läßt sich nicht durch menschlichen Befehl »machen« und schon gar nicht erzwingen. Hier kann auch kein kirchlicher Amtsträger die Einheit gewissermaßen »verfügen«; das würde ja bedeuten, daß er der »Grund« der Einheit sein wollte. Die Einheit muß »erbeten« werden, das heißt, sie muß als Gabe empfangen und angenommen werden. Aber als solche »geistliche Einheit« bleibt sie aufgrund der eschatologischen Zusage Jesu auch der Jüngergemeinde vorgegeben. In diesem Sinn mag man mit H. Schlier sagen: »In alldem ist die Einheit der Kirche nach dem Neuen Testament eine immer schon gegebene und nicht erst von den Gläubigen zu schaffende, eine gegenwärtige und nicht erst zukünftige, eine konkret-geschichtliche und nicht nur allgemein-ideale des einen Volkes Gottes, das der eine Leib Christi und der eine Tempel des Heiligen Geistes ist und in der einigen und einigenden Gemeinschaft der Gläubigen seine Einheit bewahren und bewähren soll.«[181] Allerdings ist darauf zu achten, daß nach Johannes die »göttliche Einheit« der Kirche ihren bleibenden Grund in Gott und Jesus Christus hat und man davon die empirisch-geschichtlichen Momente der Einheit unterscheiden muß. Die Gemeinde muß – und das ist der Sinn der Fürbitte Jesu – in der Einheit *erhalten* werden. Insofern wird die Gegenüberstellung »allgemein-idealer Einheit« und »konkret-geschichtlicher Einheit« dem johanneischen Sachverhalt nicht gerecht. Denn die »geistliche Einheit in Gott und Jesus Christus« ist für den Glauben durchaus real und ernst gemeint, und die Einheit der Gemeinde ist davon ganz und gar abhängig, weil sie nicht das »Produkt der Gemeinde« ist.

Das bedeutet freilich auf der anderen Seite, daß die Einheit der Kirche Christi trotz aller menschlichen »Spaltungen und Trennungen« niemals aufgehört hat. Wenn die Einheit der Kirchen in erster Linie »Gabe Gottes und Christi« ist, unverfügbares göttliches Geschenk, dann darf man auch auf der menschlich-geschichtlichen Ebene der Kirchentümer und Konfessionen nicht so tun, als wäre sie doch eher eine Sache von menschlicher Leistung und Organisation oder gar des »kirchlichen Amtes«. Wir kommen darauf noch zurück. Im Grunde sind und bleiben alle Kirchen, alle »Konfessionskirchen« auf die so verstandene Einheit bezogen, und sie haben auch alle an dieser Einheit teil, weil sie im Grund ihrer Existenz durch den Glauben in die göttliche Einheit eingebunden sind und daraus nicht entlassen werden.

Denkt man dies genauer durch, dann ergibt sich auch ein neuer Aspekt für die »Wiedervereinigung«: diese kann nicht als eine »Rückkehr nach Rom« unter die Oberhoheit des Papstes verstanden werden. Sie muß zunächst verstanden werden als die

Frage der Kirchen nach dem wahren geistlichen Grund ihrer Existenz und als je neue Bewegung auf diese innerste Mitte hin. Die Kirchen müssen sich »bei Christus« treffen. Auch der Papst muß an dieser Frage und an dieser Bewegung ehrlichen Anteil nehmen, er ist davon nicht entbunden; auch er verfügt über die Einheit nicht. Allerdings gibt es ein relatives Recht der »traditionellen katholischen« Auffassung, daß die Einheit der Kirche schon da ist und nicht erst von den Konfessionskirchen hergestellt werden muß. Dieses relative Recht besteht in dem Hinweis auf die in Gott und Jesus Christus der Kirche wirklich vor-gegebene Einheit; sofern der Papst für diese Einheit Zeugnis ablegt und sich in ihrem Dienst weiß, ist auch sein Amt legitim. Darüber hinaus ergibt sich aus der »Gabe« auch die »Aufgabe«: in der konkret-geschichtlichen Realität die Einheit zu bewahren, sie herzustellen, sie zu bezeugen usw. Auch bei diesem Bemühen mag man das Wort Pascals bedenken: »Du würdest mich nicht suchen, wenn du mich nicht schon gefunden hättest«. Das Bemühen der Kirchen um Einheit kann deshalb nur verstanden werden als das immer neue Bemühen um den einen, in Gott und Jesus Christus vorgegebenen Grund der Einheit, um sich durch diesen je neu vereinigen und zusammenführen zu lassen. Die entscheidende Problematik liegt dann freilich auf der empirisch-geschichtlichen Seite. Und da zeigt es sich uns heute deutlich, daß man dem Problem der »einen Kirche und den vielen Konfessionskirchen« mit rein dogmatischen Einheits-Forderungen nicht beikommt. Auch wenn Rom, wie oben gesagt, mit seinem Hinweis auf die schon bestehende, nicht erst nachträglich herzustellende Einheit recht hat, so wäre es doch falsch, wenn man dort so täte, als hätte man nicht selbst an der Kirchenspaltung teil, als wäre man immer noch die »Una sancta, catholica et apostolica ecclesia« in geschichtlich-konkreter Fülle der Erscheinung. Die römisch-katholische Kirche ist durch ihre nicht unbeträchtliche Mitschuld zu einer partikularen Konfessionskirche geworden und spiegelt so wie sie ist nicht mehr die

»universelle Fülle des Christlichen«. Die Fülle des Christlichen kommt hier und heute nur zum Ausdruck in allen christlichen Kirchen und Gruppen zusammen.

Die eine Kirche, die dank der göttlichen Gnade nie aufgehört hat zu existieren, existiert in einer geschichtlich-pluralen Welt der Menschen, Völker und Kulturen, der Zeiten, Epochen usw. Sie unterliegt als menschliches Sozialgebilde auch bestimmten welthaften Gesetzmäßigkeiten, wie sie für alle Großgruppen gelten, die man auch mit soziologischen Kategorien beschreiben und deuten kann. Und schließlich ist sie, gerade hinsichtlich ihrer konkret-geschichtlichen Existenz, nicht nur der »fortlebende Christus«, der »Leib Christi«, sondern die Kirche der Sünder, auch wegen ihrer Verstrickungen in die »weltlichen Geschäfte und Händel aller Art«. Solange die »Lehre von der Kirche«, die Ekklesiologie, sich nur auf die theologisch-dogmatische Aussage beschränkt und die soziologisch-geschichtliche Seite mit all ihren zugegebenermaßen schwierigen und oft genug unerfreulichen Problemen außer acht läßt, betreibt man eine Verschleierungstaktik und bleibt in einem »falschen Bewußtsein« befangen.

Auch in bezug auf die Einheit steht die Kirche in der bleibenden eschatologisch-geschichtlichen Spannung zwischen »schon« und »noch nicht«. Die »Einheit« bleibt also auch je neu Aufgabe; sie bleibt »Hoffnungsziel«, und die »Vollendung der Einheit« kann vom eschatologischen Aspekt her nur das vollendete »Werk Gottes« selbst sein. Behält man dies im Auge, dann gewinnt das Faktum der »vielen Konfessions-Kirchen« eine neue positive Bedeutung. Was sich in diesen »vielen Kirchen« darstellt, ist nicht nur »Abfall von der einen wahren Kirche«, sondern wohl auch eine größere geschichtliche Darstellung und Entfaltung der christlichen Fülle; wobei man nicht vergessen darf, daß der »Abfall« der alten Kirche vom Evangelium Jesu oft genug den neuen Spaltungen vorausging und deshalb nicht einseitig gesehen werden darf. Wir müssen uns angewöhnen, im Blick auf die

Vielzahl der Konfessionen auch von einer *felix culpa*, einer »glücklichen Schuld«, zu sprechen.

Für das Verständnis der eschatologisch-geschichtlichen Einheit bietet das geschichtliche Denken dazu eine große, geradezu unerläßliche Hilfe. Ebenso geben die modernen soziologischen und sozialpsychologischen Erkenntnisse reiche Möglichkeiten an die Hand, um die »Spaltungen« und »Irrlehren«, ihre Motive, Entstehung und Entwicklungen besser zu verstehen als allein unter dogmatischem Aspekt. Auf diese Weise läßt sich ein vom Macht-Denken angestecktes Verständnis von »Einheit der Kirche« überwinden.

Wir haben gesehen, wie sich bei Ignatios von Antiochien der Gedanke der Einheit stark auf das institutionelle Moment, insbesondere auf das Bischofsamt, verlagert. Der monarchische Bischof wird jetzt vornehmlich als »Garant der Einheit« verstanden, und das hatte natürlich seine Konsequenzen. Man findet sie klar ausgeprägt in der Schrift des Cyprian (ca. 200–258), des Bischofs von Karthago, *»Über die Einheit der katholischen Kirche«*.[182] Die Formeln dieser Schrift sollten für die Zukunft von der größten Bedeutung sein. Cyprian bezieht das Felsenwort Mt 16,18f. »Du bist Petrus, und auf diesen Felsen will ich meine Kirche bauen . . .« usw. auf die Einheit; der Herr hat, »um die Einheit deutlich hervorzuheben, durch sein Machtwort es so gefügt, daß der Ursprung eben dieser Einheit von *einem* sich herleitet. Gewiß waren auch die übrigen Apostel das, was Petrus gewesen ist, mit dem gleichen Anteil an Ehre und Macht ausgestattet, aber der Anfang geht von der Einheit aus, damit die Kirche Christi als *eine* erwiesen werde« (Kap. 4). Wie kann man daher am Glauben festhalten, wenn man nicht an der Einheit festhält? Vor allem ist es die Aufgabe der Bischöfe, die Einheit zu sichern: »Diese Einheit müssen wir unerschütterlich festhalten und verteidigen, vor allem wir Bischöfe, die wir in der Kirche den Vorsitz haben, damit wir auch das Bischofsamt selbst als ein einziges und ungeteiltes erweisen« (Kap. 5). Jene, die die kirchliche Einheit gefährden oder gar zerstören, begehen, sagt Cyprian, in einem geistlichen Sinn »Ehebruch«. »Jeder, der sich von der Kirche trennt und sich mit einer Ehebrecherin« – gemeint sind häretische oder schismatische Gruppen – »verbindet, schließt sich aus von den Verheißungen der Kirche, und wer die Kirche Christi verläßt, wird nicht zu den Belohnungen Christi gelangen. Er ist ein Fremder, er ist ein Unheiliger, er ist ein Feind *(alienus est, profanus est, hostis est)*. Gott kann der nicht mehr zum Vater haben, der die Kirche nicht zur Mutter hat. Wenn irgendeiner zu entrinnen vermochte, der außerhalb der Arche Noës war, nur dann mag auch einer entkommen, der draußen, außerhalb der Kirche, steht. Der Herr mahnt und sagt: ›Wer nicht mit mir ist, ist wider mich, und wer nicht mit mir sammelt, der zerstreut‹. Wer den Frieden und die Eintracht Christi bricht, der handelt wider Christus; wer anderwärts, außerhalb der Kirche sammelt, der zerstreut die Kirche Christi ... Wer an dieser Einheit nicht festhält, der hält nicht fest an Gottes Gesetz, der hält nicht fest den Glauben an den Vater und den Sohn, der hält nicht fest am Leben und am Heil« (Kap. 6). In diesem 6. Kapitel der »Einheit« kommen jene Formeln auf, die das katholische Kirchenverständnis jahrhundertelang prägen sollten und zum Teil noch immer prägen. Die Kirche ist die »Heilsanstalt«, ohne die man nicht zu Gott gelangen kann. Niemand kann Gott zum Vater haben, der die Kirche nicht zur Mutter hat. Und dann das bekannte *»extra ecclesiam nulla salus«*, außerhalb der Kirche gibt es kein Heil, hier rhetorisch unter dem Bild der Arche Noah formuliert: Sowenig jemand außerhalb der Arche Noah vor der Sintflut gerettet werden konnte, kann einer, der sich außerhalb der Kirche befindet, gerettet werden. Ebenso wird jeder, der die Kirche verläßt, zu einem Fremden (alienus). Cyprian fordert widerholt, daß man mit einem solchen Menschen überhaupt keine Kontakte mehr pflegen soll: »Abwenden muß man sich von einem solchen Menschen und flüchten vor jedem, der sich einmal von der Kirche getrennt hat« (Kap. 17). Er wird zu einem *»profanus«*, das heißt zu einem Menschen, der außerhalb des »heiligen Bezirks« steht. »Profan« besagt den Gegensatz zu »heilig« (sacer und gewinnt in unserem Zusammenhang die Bedeutung von »heillos«, verloren, im kirchlichen Sinn »vogelfrei«. Und noch stärker, er wird zum *hostis*, zum Feind, dem man die Liebe verweigert. Bei Cyprian begegnet auch die Unterstellung, daß es für einen, der die Kirche verläßt oder die Einheit der Kirche in Frage stellt, eigentlich gar keine positiven Motive geben könne, sondern nur schlechte: »Glaube keiner, daß die Guten von der Kirche sich zu trennen vermögen! Den Weizen weht kein Wind davon, und den Baum, der durch starke Wurzeln mit dem Grund verwachsen ist, stürzt kein Sturm um: nur die leere Spreu ist es, die vom Winde hin und her getrieben wird, nur die kraftlosen Bäume werden durch den Anprall eines Wirbelwindes entwurzelt« (Kap. 9). Ein »Guter« kann die Kirche gar nicht verlassen; es sind immer nur die »Schlechten«, die das tun, die »leere Spreu«. All diese moralischen Verdikte werden sich tief im kirchlichen Bewußtsein festsetzen und ihre Spuren bis in die Gegenwart hinterlassen. Ja, sogar dann, wenn Christen, die sich von der Kirche, das heißt von der durch den Bischof repräsentierten Groß-Kirche, getrennt haben, den Martyrer-Tod sterben, nützt ihnen das gar nichts. Selbst dadurch wird die »unsühnbare Schuld der Zwietracht« nicht getilgt. Wer nicht in der Kirche steht, der kann gar kein echter Martyrer sein. Für den gibt es auch keine Gottesgemeinschaft. Und wenn er genau so verbrannt oder den wilden Tieren vorgeworfen wird wie die »echten« Martyrer, dann ist das in diesem Fall nur die Strafe für seine Treulosigkeit, ein Untergang der Verzweiflung: »Getötet werden kann ein solcher, gekrönt werden kann er nicht. Als Christ bekennt er sich in der gleichen Weise, in der auch der Teufel sich oft für Christus ausgibt . . .« (Kap. 14). Der »Abtrünnige« wird bis zum äußersten diffamiert. Man kann für diese Denkweise eines Gemeinde-Bischofs aus dem dritten Jahrhundert ein gewisses Verständnis aufbringen, wenn er »die Kirche«, die *»catholica ecclesia«* mit dem Bischof an der Spitze als den »Heilsraum« definiert, den man auf gar keinen Fall verlassen darf, wenn man gerettet werden will. Verständlich ist auch, daß die »Einheit« dem Bischof besonders am Herzen liegt. Dahinter stehen ja auch ganz konkrete »pastorale« Anliegen. Gleichwohl befremden die scharfen Grenzziehungen und Verdikte doch, auch wenn man dafür die rhetorisch-juristische Ausbildung – und, was wohl schwerer wiegt, die juristische Mentalität – in Rechnung stellt. Wir werden heute auch die geschichtlichen Auswirkungen dieser Formulierungen sehen müssen und sie als »katholische Vergangenheit«, die freilich bis in die Gegenwart reicht, zu bewältigen und aufzuarbeiten haben. Nur ein naives theologisches Gemüt wird sich mit ihnen noch identifizieren wollen.

Worin liegt das Problem bei Cyprian? Es liegt in der für unser Empfinden unglaublichen Sicherheit, wie da die Grenzpfähle der Kirche mit den Möglichkeiten und Unmöglichkeiten Gottes gleichgesetzt werden. Cyprian wagt die Formulierung: »Die unsühnbare, schwere Schuld der Zwietracht wird selbst durch das Leiden nicht getilgt« (Kap. 14). Die »Zwietracht«, der Verstoß gegen die »Einheit« wird hier zur Sünde, die nicht vergeben werden kann, erklärt; auf der anderen Seite ist die »Einheit« zu einem absoluten Wert an sich selbst geworden. Kein Zweifel, daß damit eine ungemein wirksame kirchliche »Sozialkontrolle« errichtet wurde. Cyprians Formeln haben sich denn auch im Lauf der Kirchengeschichte als äußerst gefährlich erwiesen; sie wurden zu Schlagwörtern, um damit alle Außenseiter, Abweichler usw. entweder zu vernichten oder zur Räson zu bringen. Die »Kirche« hat damit oft genug ihre »mütterliche Zwangsherrschaft« begründet, indem sie die Teilhabe an Gott von sich selbst abhängig machte. Wer Gott zum Vater haben wollte, mußte eben die Kirche zur Mutter haben. Und vor allem die Formel von der »alleinseligmachenden Kirche« (extra ecclesiam nulla salus), mit dem Anspruch auf die alleinige Verwaltung von Offenbarungs-Wahrheit und Heil. Man mag sich heute alle Mühe geben, dieses »verehrungswürdige Axiom« (de Lubac) so auszulegen, daß man ihm einen unanstößigen Sinn abgewinnen kann, indem man den positiven Sinn der negativen Formel hervorhebt: durch die Kirche und durch sie allein kommt das Heil. Aber so positiv hatten es Cyprian und die Theologie doch nicht gemeint; es handelt sich eben nicht um eine ausgewogene theologische Sachaussage, sondern um eine *Kampfformel*, wie überhaupt die »Einheit der katholischen Kirche« eine Mahn- und Streitschrift Cyprians ist. Da wird drastisch mit dem Heilsverlust gedroht, den alle »Spaltgeister« zu erwarten haben. Und genau das ist auch der entscheidende Grund, der gegen diese Formeln von der »alleinseligmachenden« Kirche und »außerhalb der Kirche ist kein Heil« einnimmt, daß es sich um Kampfparolen handelt, die dem Christenmenschen eine Heilsangst einjagen sollten, die also durch die Drohung mit dem Heilsverlust »heilsamen Zwang« ausüben sollten. Wenn man das einmal eingesehen hat, dann kann man diese Formeln und die Haltung, die dahinter steht, nicht mehr vertreten.

Einheit und Mannigfaltigkeit, Pluralität: Das Problem kann nur gelöst werden, indem die lebendige Spannung von Einheit und Pluralität angenommen und auf Zukunft hin fruchtbar gemacht wird. Das besagt, daß ein monolithisches Verständnis von »Einheit der Kirche« mit seinen zentralistischen, totalitären und uniformistischen Tendenzen eine echte Kirchengemeinschaft blockiert und deshalb abgebaut werden muß.

Es ist gut, wenn wir uns an dieser Stelle noch einmal auf die ur- und frühchristlichen Anfänge zurückbesinnen. Die neutestamentlichen Zeugnisse spiegeln noch eine echte Pluralität der Bekenntnisformen, Denkweisen und der jeweiligen Gemeinde-Praxis wider. Unsere Evangelien enthalten vier sehr untereinander verschiedene Jesus-Bilder, die man nicht harmonisch auf einen einzigen Nenner bringen kann. Nimmt man noch Paulus und seine Theologie sowie die anderen neutestamentlichen

Schriftsteller dazu, dann zeigt sich klar, daß es in der »Gründerzeit« der Kirche sehr unterschiedliche Christologien gab, unterschiedliche Weisen des Jesus-Verständnisses und -Bekenntnisses, sehr verschiedene »Christentümer«. Das Christentum des Paulus und seiner Missionsgemeinden ist in vielen Zügen anders geprägt als das des Mattäus, aber auch des Markus, des Lukas und des Johannes. Wieder anders ist das Christentum des Jakobusbriefs geprägt, oder das des Hebräerbriefs. Oder man denke an die Verschiedenheiten von Judenchristentum und Heidenchristentum; dieser Unterschied war kaum geringer als der zwischen Katholiken und Protestanten heute. In jahrzehntelanger Forscherarbeit hat die Exegese die Differenzierungen deutlicher als früher zu sehen gelehrt. Schon das Urchristentum bestand aus einer Vielzahl von Christentümern, die je nach dem sozialen und geistigen Milieu beträchtliche Unterschiede aufweisen, auch wenn man nicht von »Konfessionen« im nachreformatorischen Sinn sprechen kann. Die alte Kirche hat glücklicherweise der Gefahr widerstanden, die vier Evangelienschriften zu einer einzigen »Evangelienharmonie« zu vereinigen; der Versuch wurde im zweiten Jahrhundert von dem Syrer Tatian unternommen, offiziell ohne Erfolg. Inoffiziell erfreute sich seine »Harmonie« großer Beliebtheit.

Gibt es bei derart gravierenden Unterschieden überhaupt eine »Einheit« des Neuen Testaments? Gewiß gibt es sie; nur ist diese Einheit keine äußerliche, oberflächliche Einheit, auch nicht die verbale Einheit einer dogmatischen Formel. Letztlich liegt sie in der Gestalt Jesu, von dem die Schriften erzählen. Aber der eine Jesus reflektiert sich in den vier Evangelien, bei Paulus usw. in einer verschiedenen Weise, so wie sich das Licht in verschiedenen Farben auseinanderlegt. Das Licht selbst, das »Licht an sich« läßt sich bekanntlich nicht malen; malen lassen sich nur die verschiedenen Farben – aber deswegen gibt es doch das eine Licht, das die Farben ermöglicht. Weiter, keine einzelne Farbe kann für sich beanspruchen, die Fülle des Lichts zu sein. Der Vergleich ist

hilfreich. Es gibt die Einheit, aber sie ist vordergründig schwer zu fassen. Oder anders gesagt, es gibt die Einheit nur zusammen in und mit der Pluralität der verschiedenen Bekenntnisse und Theologien. Erst vom zweiten nachchristlichen Jahrhundert an beginnt man, die Einheit vorwiegend als »Einheitlichkeit« zu verstehen. Jetzt geht es um die einheitliche Glaubensformel (die »regula fidei«), um die einheitliche Organisation der verschiedenen Ortskirchen, um einheitliche Praktiken für alle Kirchen. Dabei hat die Auseinandersetzung mit den altkirchlichen »Irrlehren« eine wichtige Rolle gespielt. Im Zug der großkirchlich-katholischen Gesamtentwicklung wurden im Einheitsbegriff die Möglichkeiten pluraler Ansätze und Ausprägungen zurückgedrängt, und zwar im römisch-lateinischen Westen stärker als im griechischen Osten. Dieses neue, stark uniforme »lateinische« Einheitsverständnis, das jetzt zur Herrschaft gelangt, verträgt keine Pluralität mehr; darin liegt der Unterschied zum neutestamentlichen Befund, der noch eine Pluralität von Bekenntnissen, Jesus-Bildern und Christentümern kennt. Die Schwierigkeit, speziell im Katholizismus, liegt darin, daß man sich so sehr an das »lateinische« Einheitsverständnis mit seinem Uniformismus gewöhnt hat, daß man »Einheit« sich nur noch so vorstellen kann, wie es hier gelehrt wird, zum Schaden der christlichen Fülle.
Allerdings konnte der Pluralismus nie ganz unterdrückt werden. Wer geschichtlich denkt, der kann nicht übersehen, daß die westlich-lateinische römische Kirche im Verlauf ihrer Geschichte genauso eine partikularische Sonderentwicklung durchgemacht hat wie die Kirchen des Ostens, Byzanz, Rußland, Armenien usw. Aus diesem Grund kann man historisch von einer echten, universalistischen »Katholizität« der lateinischen Kirche nur mit Vorbehalt sprechen. Rom hat bis zu den bescheidenen Anfängen der regionalen Bischofskonferenzen nach dem Zweiten Vatikanum immer noch versucht, das lateinische Kirchenwesen und Christentumsverständnis allen

christlichen Völkern und Gruppen als die »katholische Fülle« aufzuzwingen; in Wahrheit war es die Unterdrückung der echten, wahren Katholizität. Die »Universalität« Roms und der lateinischen Kirche ist, historisch geurteilt, ein Anspruch, der durch die geschichtliche Wirklichkeit nicht gedeckt wird. Richtig und wahr daran ist, daß die Idee der »einen, heiligen, katholischen und apostolischen Kirche« überhaupt festgehalten wurde, so daß sie nicht unterging. Die römisch-lateinische Kirche muß die echte Katholizität selbst erst wieder entdecken und der Pluralität der Kirchen den gebührenden Platz einräumen. Das gilt ganz besonders seit der großen abendländischen Reform des 16. Jahrhunderts. Dem Katholizismus hat die »Gegenreformation« eine enorme Blick-Verengung, einen Verlust an christlicher Universalität eingebracht. In dieser Epoche wurde die römisch-katholische Kirche selbst zu einer partikularen Konfessions-Kirche, eine Entwicklung, die faktisch bis zum Ende des 19. Jahrhunderts angedauert hat. Das Erste Vatikanum hat diese Tendenz zunächst nur noch verstärkt. Erst seit den beiden Weltkriegen hat eine gegenläufige »ökumenische Entwicklung« eingesetzt. Sie hat, was den Katholizismus betrifft, im »Ökumenismus-Dekret« des Zweiten Vatikanums einen ersten greifbaren Niederschlag gefunden.
In welcher Weise könnten die Kirchen ihre Einheit, die sie in Gott und Jesus Christus ja »immer schon« haben, besser zur Geltung bringen und in der geschichtlich-sichtbaren Dimension erweisen? An erster Stelle wäre die selbstkritische Rückbesinnung auf den neutestamentlichen Befund zu nennen. Über die Bibel als »normative Grundlage« herrscht in allen christlichen Kirchen ein Konsens. Dazu kommt, daß die Exegese seit Ende des Zweiten Weltkriegs eine interkonfessionelle Größe geworden ist; biblische Exegese und Theologie ist in allen christlichen Kirchen ein gemeinschaftsfördernder Faktor. Man muß sich auf die gemeinsame Grundlage besinnen und von dort her kritisch befragen lassen. Auch der Papst und das kirchliche Lehramt

müssen sich durch das Neue Testament kritisch befragen lassen. Im Neuen Testament ist Wahrheit »personal«: die dem Menschen in Jesus Christus begegnende Wirklichkeit Gottes. Glaubensformeln preisen und loben diese Wirklichkeit, aber diese Wirklichkeit geht in keine Formel gänzlich ein. Die Kirchen könnten und dürften es für die Erlangung der Einheit nicht untereinander zur Bedingung machen, daß die anderen Kirchen alle »Bekenntnisse« formell anerkennen. Hier müßte das Vertrauen in die überlegene Wahrheit Christi so groß sein, daß man frühere Formulierungen weithin auf sich beruhen läßt. Im Bereich der sozialen Diakonie haben sich Gemeinsamkeiten schon auf vielen Ebenen angebahnt. Der Abendmahlsgemeinschaft steht das leidige »Amtsverständnis« im Weg. Viele Theologen in den verschiedenen Konfessionen sind sich darüber einig, daß dem nicht so sein müßte. Das Argument, die Abendmahlsgemeinschaft könne erst der »krönende Abschluß« sein, die große Feier am Ende, wenn alle Fragen geklärt seien, enthält einen ungeschichtlichen Perfektionismus. Das ist die Vertagung auf den St. Nimmerleinstag – denn wann werden gerade die theologischen Fragen ein Ende finden? Hier wäre mit dem großen jüdischen Rabbi Hillel die Gegenfrage zu stellen: Wenn nicht jetzt, wann denn?

Die »Einheit« bleibt, wie wir gesehen haben, immer Aufgabe, sie bleibt auch Ziel. In dieser Welt kann auch die Einheit der Kirche immer nur eine vorläufige, unvollständige, offene sein; wenn sie nicht totalitär verstanden werden darf, dann allerdings auch nicht »perfektionistisch«. Es geht um die relativ wenigen, aber wichtigen zentralen Dinge, über die man einen Konsens erzielen sollte und vielleicht könnte. Und es geht um den aufrichtigen Dialog, der zur Verständigung nicht nur beim anderen, sondern bei sich selbst, in der eigenen Kirche, bereit ist. Geduldig, auf lange Zeit hin. Und so bewegen sich die Kirchen doch.

ANMERKUNGEN

[1] Abgekürzt werden die folgenden Werke zitiert:
Blank, J., Krisis. Untersuchungen zur johanneischen Christologie und Eschatologie, Freiburg 1964 (= Krisis).
Bultmann, R., Das Evangelium des Johannes (KEK 2.Abt.), Göttingen (1941), [19]1968 = Berlin 1963 (= Johannes).
Käsemann, E., Jesu letzter Wille nach Johannes 17, Tübingen (1966), [3]1971 (= Jesu letzter Wille).
Schnackenburg, R., Das Johannesevangelium (HThK IV), I. Teil Freiburg 1965 = Leipzig 1966; II. Teil Freiburg 1971 = Leipzig 1971; III. Teil Freiburg 1975 = Leipzig 1977 (= Schnackenburg I, II, III).
Schulz, S., Das Evangelium nach Johannes (NTD 4), Göttingen [12]1972 = Berlin 1975 (= Johannes).
Strathmann, H., Das Evangelium nach Johannes (NTD 4), Göttingen ([6]1951), [11]1968 (= Johannes).

[2] *Blank*, Krisis, Freiburg 1964.

[3] *Käsemann*, Jesu letzter Wille, S. 11.

[4] Im übrigen verweise ich vor allem auf die ausführliche Erörterung dieser Probleme in dem großen Johanneskommentar von *R. Schnackenburg* I, S. 2–196.

[5] Vgl. auch die Werke zur ntl. Einleitungswissenschaft.

[6] Vgl. dazu *S. Kierkegaard*, Philosophische Brosamen und Unwissenschaftliche Nachschrift, hgg. von H. Diem und W. Rest, 1959.

[7] *H. Schürmann*, Der Abendmahlsbericht Lukas 22,7–38 als Gottesdienstordnung, Gemeindeordnung, Lebensordnung, in: Ursprung und Gestalt, Düsseldorf 1970, S. 108–150 (150) = Leipzig 1958, S. 95.

[8] Ferner aus der jüdischen Literatur die »Testamente der zwölf Patriarchen«; diese Schrift gehört in ihren ältesten Partien, die theologisch dem Kreis der Qumran-Texte nahestehen, in die Zeit um 100 v. Chr. Aber es scheint, daß diese Texte später christlich überarbeitet wurden. Möglicherweise hat Johannes die Traditionen der Zwölfer-Testamente gekannt. Am besten jedoch läßt sich der Sinn solcher Abschiedsreden am Beispiel des Deuteronomium verdeutlichen.

[9] Vgl. dazu die Einführung von *G. von Rad*, Das Fünfte Buch Mose (ATD 8), Göttingen 1964 = Berlin 1965, S. 7–21. In der alttestamentlichen Forschung herrscht heute kein Zweifel mehr darüber, daß die im Deuteronomium enthaltene Gesetzessammlung als Codex einer sehr viel späteren Zeit angehört, nämlich der Zeit des Königs Josia (609–539 v. Chr.), und daß diese Sammlung identisch sein dürfte mit dem im Tempel gefundenen Gesetzesbuch, das 2 Kön 22,3–13 erwähnt wird. Die Rahmenhandlung dürfte noch später entstanden sein; wahrscheinlich geht sie auf die »deuteronomistische Schule« zurück.

[10] *G. v. Rad*, ebd., S. 20.

[11] Vgl. *Blank*, Krisis, S. 109ff.

[12] Zum ganzen Problem siehe *Blank*, Krisis, bes. S. 281ff.

[13] Vgl. dazu den wichtigen Exkurs 5: Der Menschensohn im Johannesevangelium bei *Schnackenburg* I, S. 411ff.; Johannes sei danach »ein Neuinterpret der vor ihm liegenden urchristlichen Tradition« S. 420.

[14] Vgl. oben S. 10f.

[15] Auch die neue Einheitsübersetzung hat »Beistand«. Die ältere Wiedergabe als »Tröster« hat zwar eine ehrwürdige Tradition, ist aber philologisch nicht zu halten.

[16] Wird der Beistand als »Geist der Wahrheit« verstanden, dann denkt der kundige Leser an gewisse Parallelen in den Qumran-Texten; aber er hat dann auch den Unterschied vor Augen. Einen Dualismus im Sinn der qumranischen Zwei-Geister-Lehre (Sektenregel, 1QS 3,13–4,26), wo die Geister der Wahrheit und des Unrechts einander seit Beginn der Schöpfung bis zum Ende gegenüberstehen, kennt Johannes nicht. Dazu kommt als wichtigster Unterschied die radikale Bindung des »Geistes der Wahrheit« an Jesus. Die »Wahrheit«, die der Geist erschließt und in die er die Glaubenden »einführt« usw., ist die Wahrheit Jesu und der Jesus-Offenbarung, keine andere.

[17] In dieser Weise bestimmt *F. Mussner* mit Recht das Johannesevangelium als »eine sinnerschließende Anamnesis des Lebens Jesu«: *F. Mussner*, Die johanneische Sehweise und die Frage nach dem historischen Jesus, Freiburg 1965, S. 45.

[18] *Sueton*, Caligula 26: »Nicht achtungsvoller oder milder behandelte Caligula den Senat. Senatoren, welche die höchsten Ehrenstellen bekleidet hatten, ließ er in der Toga mehrere tausend Schritt neben seinem Wagen herlaufen oder bei Tisch hinter seinem Polster oder zu seinen Füßen wie Sklaven im Linnenschurz aufwarten.« Zitiert nach *Sueton*, Cäsarenleben, hg. und erläutert von M. Heinemann, mit einer Einleitung von R. Till, Stuttgart 1957, S. 249.

[19] Vgl. dazu S. ...

[20] So mit *Bultmann*, Johannes, S. 357f, u. a.

[21] *Bultmann*, Johannes, S. 365.

[22] Nach *H. J. Kraus*, Psalmen I, Neukirchen (1960) ²1961 = Berlin 1972, S. 314.

[23] Die »Offenbarungsformel«; vgl. dazu *Schnackenburg* II, Exkurs 8, S. 59–80.

[24] Vgl. *J. Blinzler*, Art. Judas Iskariot, in: LThK 5, Sp. 1152ff.

[25] Vgl. oben zu 13,18ff. S. 44.

[26] Vgl. dazu *Schnackenburg* I, S. 81ff.

[27] Der Hoheitstitel »Menschensohn« geht auf die jüdische Apokalyptik zurück, wo er den himmlischen »Menschen« bezeichnet, der am Ende der Tage in Erscheinung treten wird (vgl. Dan 7; ÄthHen Kap. 37–71). In der jüdisch-apokalyptischen Tradition findet bereits eine gewisse Annäherung an den Messiasbegriff statt; vgl. zum Problem *S. Mowinckel*, He that cometh, Oxford 1956, S. 346–450. Die Urkirche hat, wahrscheinlich im Anschluß an authentische Menschensohnaussagen Jesu, diesen Titel aufgenommen und ihn als christologische Hoheitsbezeichnung für Jesus verwendet; vgl. *F. Hahn*, Christologische Hoheitstitel, Göttingen (1963) ²1964 = Berlin 1965, S. 13–53.

Der Sinn dieser Übertragung liegt darin, daß die Urkirche der Person und dem Schicksal Jesu (Kreuz und Auferstehung) heilsentscheidende, eschatologische Bedeutung zuerkannte.

28 *Schnackenburg* I, Exkurs 5: Der Menschensohn im Johannes-Evangelium, S. 411–423.

29 In der Apokalyptik ist das Prädikat »Herrlichkeit« mit dem Menschensohn verbunden als Zeichen dafür, daß er zum göttlichen Bereich gehört.

30 Heutige Forscher sind sogar der Meinung, daß die Entstehung der kanonischen Evangelien, die Sammlung und schriftliche Fixierung der Jesus-Überlieferung und ihre Zusammenstellung zu einer Jesus-Geschichte, wie dies erstmals bei Markus erfolgte, eine Reaktion gegen eine pneumatisch-enthusiastische Verflüchtigung des historischen Jesus gewesen sei.

31 *Irenäus*, Gegen die Häresien, III, 11.3.

32 Vgl. Liturgie-Konstitution des Vatikanum II, 1. Kap., Abs. 7.

33 *Bultmann*, Johannes, S. 463.

34 Zugrunde liegt eine mythologische Vorstellung, die aus der jüdischen Apokalyptik (Hen 41,2; slavHen 61,2f.), aber auch aus der gnostischen Gedankenwelt (vgl. die Hinweise bei *Bultmann*, Johannes, S. 464 Anm. 5) bekannt ist.

35 Vgl. dazu *Schlatter*: »Schwerlich folgen wir Joh., wenn wir das Haus des Vaters dem Himmel gleichsetzen. Der Weggang Jesu, der den Jüngern den Raum verschafft, ist freilich Himmelfahrt; aber die Einführung der Jünger in Gottes Haus geschieht durch die Parusie. Das ›Haus des Vaters‹ und ›das Reich Gottes‹ sind nicht voneinander zu trennen. Dem Vaternamen entspricht die Formel ›Haus‹, dem Königsnamen die Formel ›Reich‹«: *A. Schlatter*, Der Evangelist Johannes, Stuttgart (1930), 1948, S. 292. Diese Formulierung trifft zwar kaum den von Johannes gemeinten Sachverhalt, aber sie bezeichnet genau das Problem, um das es geht. Die christologisch begründete Eschatologie des vierten Evangelisten führt an dieser Stelle den Gedanken des in Christus schon gegenwärtigen Heils von ihrem spezifischen Ansatz her konsequent zu Ende.

36 Vg. Apg 9,2; 16,17; 18,25.26; 19,9.23; 22,3; 24,14.22.

37 Zum gesamten Problem vgl. *Schnackenburg* II, Exkurs 8, S. 59–80; dort auch weitere Literaturhinweise.

38 *Schnackenburg* II, S. 69.

39 Das würde auch dem Befund entsprechen, daß schon die alttestamentliche »Ich-bin-Formel« eine kultische Offenbarungsformel war: vgl. *W. Zimmerli*, Ich bin Jahwe, in: Gottes Offenbarung, München 1963, S. 11–40.

40 Hier liegt ein Ansatz, der vom christlichen Offenbarungsgedanken her notwendig zur Religionskritik führt und in der Geschichte auch immer wieder geführt hat.

41 *Bultmann*, Johannes, S. 467.

42 Vgl. dazu *Schnackenburg* II, Exkurs 10: Der johanneische Wahrheitsbegriff, S. 265–281; dort auch Lit.

43 Vgl. dazu *F. Mussner*, Z Ω H. Die Anschauung vom »Leben« im vierten Evangelium, München 1952.

[44] Vgl. *R. Borig*, Der wahre Weinstock, München 1967, S. 199–236.

[45] An solchen Formulierungen hat später die Trinitätstheologie der alten Kirche und der Kirchenväter angeknüpft. Doch hat Johannes noch nicht an solche theologischen Interpretationen gedacht. Für ihn gehört die »Immanenzformel« ganz und gar in den Rahmen seines Offenbarungsgedankens.

[46] Zum joh. Verständnis der Begriffe »Werk«, »Werke« und »wirken« vgl. die umfangreiche Arbeit von *J. Riedl*, Das Heilswerk Jesu nach Johannes, Freiburg 1973.

[47] *Riedl*, ebd., S. 285.

[48] Nach *Bultmann* bezieht sich das »größer« auf die nachösterliche Predigt der Gemeinde, die deshalb so bestimmt werden kann, weil das Wirken Jesu als zeitlich begrenztes noch »unvollständig« war und seinen Sinn noch nicht erfüllt hatte. Es geht dabei um das Offenbarungswort »in seiner ständigen Neuheit in seiner jeweiligen Gegenwärtigkeit«, nicht um eine quantitative Ergänzung oder Überbietung: *Bultmann*, Johannes, S. 472.

[49] Zum Ganzen vgl. den Artikel Gebet, in: RGG[3] II, Sp. 1209–1234; das Zitat ebd., 1230, VI.

[50] *P. L. Berger*, Soziologische Betrachtungen über die Zukunft der Religion, in: O. Schatz (Hrsg.), Hat die Religion Zukunft?, Graz 1971, S. 67f.

[51] Man wird diesen Fragen im Hinblick auf manche pseudofrommen Gebetsformeln und -riten zweifellos Recht geben müssen; auch das Gebet, vor allem die Gebetssprache, bedürfen einer biblisch fundierten Kritik.

[52] *Bultmann*, Johannes, S. 473.

[53] Vgl. 8,51.52.55; 14,15.21.23.24; 15,10.20; 17,6; 1 Joh 2,3.4.5.

[54] 8,42; 14,15.21.23.24.28; 21,15.16,

[55] So *Bultmann*, Johannes, S. 473.

[56] Vgl. dazu die Einleitung S. ...

[57] *Bultmann, Johannes*, S. 475.

[58] *Vgl. Blank*, Krisis, S. 323f.

[59] Man wird deshalb von einem »theo-anthropologischen Begriff« sprechen müssen; vgl. *H. W. Wolff*, Anthropologie des Alten Testaments, München 1973, S. 57.

[60] Vgl. Einleitung S. ...

[61] *Bultmann*, Johannes, S. 479.

[62] Vgl. dazu S. 87.

[63] Vgl. *Blank*, Krisis, S. 70 Anm. 61.

[64] Interessant ist in diesem Fall, daß in der Mitte des 2. Jahrhunderts der Gründer der montanistischen (»phrygischen«) Häresie, Montanus, mit dem Anspruch aufgetreten ist, selbst der verheißene Paraklet zu sein, und damit der geisterfüllten Prophetie eine selbständige, über die Jesus-Offenbarung hinausgehende Offenbarungsfunktion zusprach, ähnlich wie dann im Mittelalter der Abt Joachim von Fiore; vgl. Art. Montanismus in: RGG[3] IV, Sp. 1117f. Demgegenüber vertritt Johannes offenbar die Tendenz, christliches Lehren an das Wort Jesu zurückzubinden.

[65] Vgl. 2,17.22; 12,16; 15,20; 16,4.

[66] Vgl. *G. R. Schmidt*, Handbuch der Religionspädagogik 2, Gütersloh 1974, S. 25.

[67] Vgl. dazu vor allem *E. Gilson*, Der heilige Augustin. Eine Einführung in seine Lehre, Leipzig 1930, K. V,1; Der innere Lehrer S. 124–145, dort auch zahlreiche Belege.

[68] Vgl. *Bultmann*, Johannes, S. 484–489, der versucht hat, die ursprüngliche Reihenfolge zu rekonstruieren; wir bleiben in unserer Auslegung bei der traditionellen Reihenfolge des Textes.

[69] Vgl. *von Rad*, *Foerster*, Art. *eiréne*, in: TheolWbNT II, S. 398–416.

[70] Diesen Sachverhalt suchte das spätere chalkedonische Dogma mit der »Zwei-Naturen-Lehre« zu umschreiben. Dem Bibelleser wird freilich die eher offene, nicht so »dogmatisch« festgelegte Formulierung lieber sein.

[71] Zum ganzen Problemkreis vgl. *Blank*, Krisis, S. 281 ff.

[72] Vgl. *I. Kant*, zum ewigen Frieden. Ein philosophischer Entwurf, 1795.

[73] *Augustinus*, Traktate zum Johannesevangelium 77,3–4.

[74] K. 5: »Die Förderung des Friedens und der Aufbau der Völkergemeinschaft; das Zitat aus Nr. 77.

[75] Zur johanneischen Ich-bin-Formel vgl. S. 76ff.; ferner *R. Borig*, Der wahre Weinstock, München 1967; *E. Schweizer*, Ego eimi. Die religionsgeschichtliche Herkunft und theologische Bedeutung der johanneischen Bildreden, Göttingen² 1965.

[76] Im Anschluß an *E. Schweizer* (Ego eimi, S. 40ff., 69, 79) hat vor allem *R. Bultmann* die Auffassung vertreten, daß der Weinstock in Kap. 15 auf den Mythos vom Lebensbaum zurückgehen soll. Die wichtigsten Belege für diese Hypothese bilden die Texte der sogenannten »Mandäer«, einer noch heute existierenden Tauf-Sekte am unteren Euphrat und Tigris, deren Ursprünge in die frühjüdische und frühchristliche Zeit zurückreichen. Ihre religiöse Mythologie trägt noch ausgesprochen gnostische Züge; vgl. *C. Colpe*, Art. Mandäer, in: RGG³ IV, Sp. 709–712. »Der Weinstock ist der Lebensbaum . . . Wie der Mythos von einem Lebenswasser und Lebensbrot träumt, so auch von einem Lebensbaum. Aber was er träumt, ist hier Wirklichkeit: *egó eimí*«, so daß Jesus nach Johannes sagen würde: »der wahre Lebensbaum bin ich«, so *Bultmann*, Johannes, S. 407f.

[77] Z. B. das berühte »Weinberglied« des Jesaja (Jes 5,1–7) oder Jer 2,21: »Ich habe dich gepflanzt als edle Rebe, ganz echtes Gewächs; wie bist du mir verwandelt zum faulen, zum entarteten Weinstock!«; ferner Ez 15,1–6; 19,10–14; Ps 80,9–15.

[78] Nach dem Bericht des jüdischen Historikers *Flavius Josephus* befand sich in Jerusalem über dem Tor zum eigentlichen Tempelraum, dem *hekal*, ein goldener Weinstock mit herabhängenden Trauben: Jüdischer Krieg V, 210; Altertümer XV, 395; auch *Tacitus*, Historien V, 5, weiß davon zu berichten, daß man im Jerusalemer Tempel eine goldene Rebe fand. »Weinstock, Weintraube und Kelch zählten zu den ältesten von den Juden verwendeten Symbolen. In der neutestamentlichen Zeit wurden sie vielfach in Grabanlagen, an Ossuarien und Münzen angebracht; sie fehlten selbst nicht auf den Münzen der Prokuratoren,

die sich dabei den jüdischen Vorstellungen anpaßten, und auf den Münzen aus dem ersten und zweiten Aufstand. Später erscheinen diese Symbole vor allem in den Synagogen«: *Flavius Josephus*, De bello Judaico – der jüdische Krieg, hg. von O. Michel und O. Bauernfeind, Band II, 1, Darmstadt 1963, S. 253f. Anm. 77.

79 *Borig*, a. a. O. S. 97.

80 Vgl. 14,6; dazu *J. Blank*, Der johanneische Wahrheitsbegriff, in: BZ 7 (1963), S. 163–173.

81 *Borig*, a. a. O. S. 33.

82 *Borig*, a. a. O. S. 97.

83 Damit ist auch gesagt, daß eine »eucharistische« Interpretation der Weinstock-Rede nicht in Frage kommt, und erst recht keine kirchenrechtliche: vgl. etwa *K. Mörsdorf*, Art. Kirchengewalt, in: LThK[2] VI, Sp. 218–221, Vor allem 220.

84 Es handelt sich, wie V. 5 zeigt, um eine Inklusion.

85 Vgl. z. B. Ps 1; aber auch Mt 3,8.10; 7,16–20; 12,33.

86 *Bultmann*, Johannes, S. 410 Anm. 3.

87 Vgl. *Borig*, a. a. O. S. 48f.

88 Vgl. *Borig*, a. a. O. S. 199–236.

89 So *Borig*, a. a. O. S. 59.

90 So *Bultmann*, Johannes, S. 415.

91 Vgl. zu 14,3. S. ...

92 »Kleinasien ... ist das christliche Land kat'exochen in vorconstantinischer Zeit gewesen«, urteilt *A. von Harnack*, Mission und Ausbreitung des Christentums in den ersten drei Jahrhunderten, Leipzig 1906, Band II, S. 153.

93 *C. Plinius*, Ep. X, 96; »Häterien« sind Bruderschaften, Genossenschaften, Privatvereine.

94 Vgl. *J. Blank*, Der historische Jesus und die Kirche, in: Jesus von Nazareth. Geschichte und Relevanz, Freiburg 1972, S. 122–150.

95 Vgl. 16,20.21.22.24; 17,13; 20,20.

96 Vgl. 13,34f.; dazu die Auslegung S. ...

97 Vgl. 10,11.15.17.18; 13,37f.; 1 Joh 3,16; bei der Wendung handelt es sich um einen Semitismus; vgl. *Billerbeck* II, S. 537.

98 *Bultmann*, Johannes, S. 421.

99 Vgl. Mk 13,9–13 par. Mt 24,9–14; Lk 21,12–19; Mt 5,11ff. par Lk 6,22f.

100 Man braucht daher auch hier nicht auf gnostische Vorlagen zu rekurrieren; anders *Bultmann*, Johannes, S. 421. Dort mögen allenfalls einige terminologische Anleihen gemacht worden sein.

101 Zum Problem der Christenverfolgungen in der Antike vgl. Art. Christenverfolgung I, historisch. Bewertung durch Heiden und Christen von *J. Vogt*, in: RAC III, Sp. 1159–1208; Christenverfolgung II, juristisch von *H. Lost*, in: RAC III, Sp. 1208–1228; *J. Moreau*, Die Christenverfolgung im Römischen Reich, Berlin 1961.

102 Vgl. 8,23; 15,19; 17,14.16; 18,36; 1 Joh 2,16; 4,5.

[103] Vgl. dazu auch 12,37–50; *Schnackenburg* II, S. 513 ff.

[104] *Bultmann*, Johannes, S. 424.

[105] Vgl. *Blank*, Krisis, S. 198 ff.

[106] Vgl. *N. Brox*, Zeuge und Märtyrer, München 1961; *ders.*, Der Glaube als Zeugnis, München 1966.

[107] Vgl. Babylonischer Talmud, Traktat Berakhot 28b. 29; Art. Rabban Gamaliel II., in: Encyclopaedia Judaica, Jerusalem 1971, Band 7, S. 296–298.

[108] Übs. nach *P. Riessler*, Altjüdisches Schrifttum außerhalb der Bibel, Augsburg 1928, S. 9.

[109] *Billerbeck* IV, S. 330f.

[110] Vgl. *P. Stockmeier*, Glaube und Religion in der frühen Kirche, Freiburg 1973, S. 81 ff.

[111] Zitiert nach *Stockmeier*, ebd., S. 101.

[112] Zum Problem vgl. *M. Simon*, Verus Israel, Étude sur les relations entre Chrétiens et Juifs dans l'empire Romain, Paris [2]1964.

[113] Vgl. *Simon*, ebd., S. 264 ff.

[114] Vgl. dazu *Blank*, Krisis, S. 332–339.

[115] *Bultmann*, Johannes, S. 434.

[116] *Bultmann*, Johannes, S. 436.

[117] Das griechische Wort *pneuma* hat ähnlich wie das hebräische *ruach* und das lateinische *spiritus* die doppelte Bedeutung von »Windhauch« und »Geist«; die Vokabel »Geistbraus« stammt von *Martin Buber*.

[118] *Bultmann*, Johannes, S. 476.

[119] Vgl. *Bultmann*, Johannes, S. 432.

[120] Es sei noch am Rande vermerkt, daß das herkömmliche Schema von »natürlich/übernatürlich« kaum geeignet ist, diesen Sachverhalt richtig zu erfassen. Es verführt, vor allem im Begriff der »Übernatur« dazu, die Religion als »Überbau« zu verstehen und auf diese Weise einen statischen Dualismus zu konstruieren, wo es um existentielle Verhaltensweisen geht.

[121] Vgl. Apg 2,17f.; 19,6; 21,9; Röm 12,6; 1 Kor 12,10; 13,2.8; 14,6.22; 1 Thess 5,20; Eph 2,20; 3,5; 4,11.

[122] Vgl. vor allem 14,18–20 S. . . .

[123] *M. Werner*, Die Entstehung des christlichen Dogmas, gekürzte Ausgabe: Urban-Bücher 38, Stüttgart 1959, S. 30

[124] Vgl. *Blank*, Krisis, S. 53–108.

[125] *Bultmann*, Johannes, S. 445.

[126] Pesiqtha Rabbathi 36/162a; *Billerbeck* IV/2, S. 982; vgl. auch *P. Volz*, Die Eschatologie der jüdischen Gemeinde im ntl. Zeitalter, Tübingen 1934, S. 147 ff.

[127] *Bultmann*, Johannes, S. 448.

[128] Vgl. *R. Schnackenburg*, Gottes Herrschaft und Reich, Freiburg [1]1959, S. 135–148; *ders.*, Art. Naherwartung, in: LThK 7, Sp. 777 ff.; *A. Strobel*, Art. Naherwartung, in: BHHW II, Sp. 1281 f.

[129] Vgl. Insel-Ausgabe, Leipzig 1939, S. 428 ff.

[130] *Bultmann*, Johannes, S. 454.

[131] Vgl. Am 5,16–20; Joel 2,1–11; Sach 12,1–11; dazu *G. von Rad*, Theologie des Alten Testaments II, München 1960 = Berlin 1964, S. 133–137; *Volz*, Eschatologie, S. 93.

[132] Vgl. Mk 12,32; Mt 7,22; 24,38; Lk 6,23; dann vor allem Paulus: 1 Kor 1,8; 3,13; 5,5; 2 Kor 1,14; Phil 1,6; Röm 13,12f.

[133] *Bultmann*, Johannes, S. 449.

[134] Vgl. ThW V, Sp. 852–855.

[135] Vgl. ThW V, Sp. 869–884.

[136] ThW V, Sp. 852.

[137] Wie *H. Schlier*, in: ThW V, Sp. 869ff. dartut.

[138] Apg 2,29; 4,13.29.31; 28,31.

[139] Vgl. 7,4.13.26; 10,24; 11,14.54; 16,25.29.

[140] *Bultmann*, Johannes, S. 452.

[141] Vgl. 1,12; 11,52; 1 Joh 3,1.2.10; 5,20.

[142] Vgl. *E. Coreth*, Art. Frage, in: Handbuch philosophischer Grundbegriffe 2, München 1973, S. 485–493.

[143] *Blaise Pascal*, Über die Religion/Pensées, übs. von E. Wasmuth, Heidelberg 1963, Nr. 434; Brunschvicg S. 202.

[144] *Karl Marx*, Zur Kritik der Hegelschen Rechtsphilosophie. Einleitung, in: *K. Marx/F. Engels*, Werke Band 1, Berlin 1970, S. 378f.

[145] Ebd., S. 378.

[146] Das Mysterium Jesu: Pensées, übs. nach Wasmuth, S. 244.

[147] So *Strathmann*, Johannes, S. 229.

[148] *Schulz*, Johannes, S. 208.

[149] *Schulz*, Johannes, S. 208.

[150] *Bultmann*, Johannes, S. 457.

[151] *Volz*, Eschatologie, S. 147.

[152] Vgl. ferner Offb 2,17.26; 3,5.21.

[153] *Eusebius*, Kirchengeschichte X, 2.1–2, Deutsche Übs. Darmstadt 1967, S. 412.

[154] *Leo der Große*, Sermo LXXXII,1; zit. nach *Leo der Große*, Sämtliche Predigten, übs. von Th. Steeger II, Kempten 1927, S. 242f.

[155] Quelle: Das Tagebuch des Fray Celso Gargia, in: Die Eroberung von Peru. Pizarro und andere Conquistadoren 1526–1712; hg. und bearb. von *R.* u. *E. Grün*, Tübingen und Basel 1973.

[156] Vgl. Eroberung von Peru, S. 47–54.

[157] *Käsemann*, Jesu letzter Wille, S. 14; vgl. nach *W. Thüsing*, Herrlichkeit und Einheit. Eine Auslegung des Hohenpriesterlichen Gebets, Düsseldorf 1961 = Leipzig 1961.

[158] *R. Bultmann* hat die folgende Gliederung: Die Einführung (13,1); Die Bitte um Verherrlichung (17,1–5); Die Fürbitte für die Gemeinde (17,6–26) mit dieser Gliederung: 1. Die Begründung der Gemeinde (17,6–8); 2. Die Bitte um Bewahrung und Heiligung der Gemeinde (17,9–19); 3. Die Bitte um die Einheit

der Gemeinde (17,20–23); 4. Die Bitte um Vollendung der Glaubenden (17,24–26). In dieser Einteilung ist richtig gesehen, daß die Verse 6–26 in ihrer Gesamtthematik enger zusammengehören und ineinander übergehen. Eine saubere Trennung zwischen den ersten Jüngern des irdischen Jesus und der Gemeinde der Glaubenden ist bei Johannes in der Tat nicht möglich. Gleichwohl wird man die Tatsache berücksichtigen müssen, daß Johannes zumindest verbal zwischen der »ersten« und der »späteren« Jüngergemeinde unterscheidet, offenbar auch, um seiner Darstellung eine gewisse »geschichtliche Tiefenschärfe« zu geben. Das heißt aber, daß ihm das Problem einer »historischen Differenz« zwischen den ersten und den späteren Jüngern durchaus bewußt ist, was auch dann noch immer Beachtung verdient, wenn ihm bei seiner eigenen Lösung des Problems die Konturen verschwimmen.

159 Vgl. *Bultmann*, Johannes, S. 371; dazu die Begründung S. 373.

160 Vgl. Mt 11,25 par. Lk 10,21; aber auch Mk 14,36 par. Mt 26,39b; Lk 22,42.

161 Zum Thema vgl. *P. Hoffmann*, Studien zur Teologie der Logienquelle, Münster 1972, S. 102–142.

162 Das Offenbarungsverständnis hat seine Wurzeln in der frühjüdischen Apokalyptik; Johannes hat es freilich radikal christologisch interpretiert.

163 Vgl. dazu *Blank*, Krisis, S. 135ff.

164 Vgl. zu 13,31f. S. 57ff.

165 Vgl. die Perikope von der »Vollmachtsfrage« Mk 11,27–33 par. Mt 21, 23–27; Lk 20,1–8.

166 Vgl. besonders Dan 7,9–14.22.26.27; äthHen 45,3; 46,1–6; 49,2–4; 61,8–9; 62,1–3; dazu *Blank*, Krisis, S. 89 Anm. 125; S. 120ff.

167 Vgl. *Blank*, Krisis, S. 75ff.

168 Vgl. *F. Mussner*, Z Ω H. Die Anschauung von »Leben« im vierten Evangelium, München 1952.

169 *Mussner*, ebd., S. 144; vgl. 3,36; 5,24; 6,47.53.54; 8,12; ferner 1 Joh 3,15; 5,12.13.

170 Vgl. *Blank*, Krisis, S. 70 bes. Anm. 61; auch *Riedl*, Heilswerk, S. 57ff.

171 Vgl. *Billerbeck* III, S. 2.

172 Vgl. dazu besonders *Riedl*, Heilswerk, S. 81–186.

173 *Riedl*, Heilswerk, S. 92. Mit Recht hat *Riedl* besonders darauf hingewiesen, daß die »Verherrlichung« nach Johannes eine wechselseitige ist und als solche letztlich der Ausdruck der zwischen Jesus und dem Vater obwaltenden Liebe: ebd., S 118f.

174 Vgl. dazu *Schnackenburg* I, Exkurs 2: Der Präexistenzgedanke, S. 290–302.

175 *Bultmann*, Johannes, S. 382.

176 Vgl. auch 15,11; 16,20.21.22.24.

177 *Bultmann*, Johannes, S. 388.

178 «Die Einheit muß vielmehr als ein wesentlicher Charakter der Gemeinde als eschatologischer verstanden werden, wenn sie als etwas Besonderes vom Sein der Gemeinde als einer Glaubensgemeinde abgehoben und als ihr Sinn bezeichnet werden kann«: *Bultmann*, Johannes, S. 397.

[179] *Bultmann*, Johannes, S. 397.

[180] Vgl. die Art. »Einheit« von *K. Rahner*, in LThK 3, Sp. 749 f. und von *M. Zahn*, in: HPhG 2, S. 320–337. Nach *Rahner* ist der Begriff der Einheit »durch Analogie gekennzeichnet wie der Begriff des Seienden; er beinhaltet in eigentümlicher Weise einendes Umfassen und unterscheidendes Absetzen, die Aufhebung der Unterschiedenheit ... und deren Setzung«. Demnach gehört es zum richtigen Verständnis von »Einheit«, daß »Mannigfaltigkeit« und »Verschiedenheit« keineswegs im Widerspruch zur Einheit stehen, sondern mit dieser zusammen gesehen und gedacht werden müssen. Oder wie *Zahn* formuliert: »Man spricht etwa von einer Münzeinheit, aber auch von der Einheit eines Kunstwerkes, eines Volkes, der Persönlichkeit und des Individuums, des Organismus und des Lebens, der Zeit, des Raumes und der Handlung, sowie von der Einheit des Seienden überhaupt. Neben verschiedenartigen Einheitsbegriffen, die sich durch den Bezug auf verschiedenartige *Gegenstände* bestimmen, ist der Begriff auch durch andere Gesichtspunkte verschiedenartig artikuliert worden. So ergeben sich andere Einheitsbegriffe, wenn Einheit als Ursprung oder als (noch zu erreichendes) Ziel gedacht wird, wenn sie als Gemeinsamkeit der Abhängigkeit, die ein Mannigfaltiges zusammenhält, erscheint oder als durch und für sich selbst seiende Ordnung«: *Zahn*, ebd., S. 321.

[181] *H. Schlier*, Art. Einheit der Kirche I, in: LThK 3, Sp. 754.

[182] Deutsche Übs. BKV, Cyprian I, übs. von J. Baer, Kempten und München 1918.